"浙学大家"丛书

浙江省习近平新时代中国特色社会主义思想研究中心课题成果

明道计功

叶 适

吴 光 主编

何 俊 陈正祥 著

浙江人民出版社

图书在版编目（CIP）数据

明道计功 ：叶适 / 何俊，陈正祥著 ；吴光主编.
杭州 ：浙江人民出版社，2025. 6. -- ISBN 978-7-213
-11958-3

Ⅰ. K825. 1

中国国家版本馆CIP数据核字第202506EQ79号

明道计功：叶适

何 俊 陈正祥 著 吴 光 主编

出版发行：浙江人民出版社(杭州市环城北路177号 邮编 310006)
市场部电话：(0571)85061682 85176516

责任编辑：张苗群　　　　　　　　　　责任校对：汪景芬
责任印务：程 琳　　　　　　　　　　封面设计：厉 琳
电脑制版：杭州天一图文制作有限公司
印　　刷：杭州钱江彩色印务有限公司
开　　本：880毫米×1230毫米　1/32　　印　　张：10.875
字　　数：214.3千字　　　　　　　　　插　　页：2
版　　次：2025年6月第1版　　　　　　印　　次：2025年6月第1次印刷
书　　号：ISBN 978-7-213-11958-3
定　　价：79.00元

如发现印装质量问题，影响阅读，请与市场部联系调换。

"浙江文化研究工程成果文库"总序

  有人将文化比作一条来自老祖宗而又流向未来的河，这是说文化的传统，通过纵向传承和横向传递，生生不息地影响和引领着人们的生存与发展；有人说文化是人类的思想、智慧、信仰、情感和生活的载体、方式和方法，这是将文化作为人们代代相传的生活方式的整体。我们说，文化为群体生活提供规范、方式与环境，文化通过传承为社会进步发挥基础作用，文化会促进或制约经济乃至整个社会的发展。文化的力量，已经深深熔铸在民族的生命力、创造力和凝聚力之中。

  在人类文化演化的进程中，各种文化都在其内部生成众多的元素、层次与类型，由此决定了文化的多样性与复杂性。

  中国文化的博大精深，来源于其内部生成的多姿多彩；中国文化的历久弥新，取决于其变迁过程中各种元素、层次、类型在内容和结构上通过碰撞、解构、融合而产生的革故鼎新的强大动力。

中国土地广袤、疆域辽阔，不同区域间因自然环境、经济环境、社会环境等诸多方面的差异，建构了不同的区域文化。区域文化如同百川归海，共同汇聚成中国文化的大传统，这种大传统如同春风化雨，渗透于各种区域文化之中。在这个过程中，区域文化如同清溪山泉潺潺不息，在中国文化的共同价值取向下，以自己的独特个性支撑着、引领着本地经济社会的发展。

从区域文化入手，对一地文化的历史与现状展开全面、系统、扎实、有序的研究，一方面可以借此梳理和弘扬当地的历史传统和文化资源，繁荣和丰富当代的先进文化建设活动，规划和指导未来的文化发展蓝图，增强文化软实力，为全面建设小康社会、加快推进社会主义现代化提供思想保证、精神动力、智力支持和舆论力量；另一方面，这也是深入了解中国文化、研究中国文化、发展中国文化、创新中国文化的重要途径之一。如今，区域文化研究日益受到各地重视，成为我国文化研究走向深入的一个重要标志。我们今天实施浙江文化研究工程，其目的和意义也在于此。

千百年来，浙江人民积淀和传承了一个底蕴深厚的文化传统。这种文化传统的独特性，正在于它令人惊叹的富于创造力的智慧和力量。

浙江文化中富于创造力的基因，早早地出现在其历史的源头。在浙江新石器时代最为著名的跨湖桥、河姆渡、马家浜和良渚的考古文化中，浙江先民们都以不同凡响的作为，在中华民族的文明之源留下了创造和进步的印记。

浙江人民在与时俱进的历史轨迹上一路走来,秉承富于创造力的文化传统,这深深地融汇在一代代浙江人民的血液中,体现在浙江人民的行为上,也在浙江历史上众多杰出人物身上得到充分展示。从大禹的因势利导、敬业治水,到勾践的卧薪尝胆、励精图治;从钱氏的保境安民、纳土归宋,到胡则的为官一任、造福一方;从岳飞、于谦的精忠报国、清白一生,到方孝孺、张苍水的刚正不阿、以身殉国;从沈括的博学多识、精研深究,到竺可桢的科学救国、求是一生;无论是陈亮、叶适的经世致用,还是黄宗羲的工商皆本;无论是王充、王阳明的批判、自觉,还是龚自珍、蔡元培的开明、开放,等等,都展示了浙江深厚的文化底蕴,凝聚了浙江人民求真务实的创造精神。

代代相传的文化创造的作为和精神,从观念、态度、行为方式和价值取向上,孕育、形成和发展了渊源有自的浙江地域文化传统和与时俱进的浙江文化精神,她滋育着浙江的生命力、催生着浙江的凝聚力、激发着浙江的创造力、培植着浙江的竞争力,激励着浙江人民永不自满、永不停息,在各个不同的历史时期不断地超越自我、创业奋进。

悠久深厚、意韵丰富的浙江文化传统,是历史赐予我们的宝贵财富,也是我们开拓未来的丰富资源和不竭动力。党的十六大以来推进浙江新发展的实践,使我们越来越深刻地认识到,与国家实施改革开放大政方针相伴随的浙江经济社会持续快速健康发展的深层原因，就在于浙江深厚的文化底蕴和文化传统与当今时代精神的有机结合，就在于发展先进生产力与发展先进文化的有机结合。今后一个时期浙江能否在全面建设小康社会、加快社会主义现代化建设进程中继续走在前列，很大程度上取决于我们对文化力量的深刻认识、对发展先进文化的高度自觉和对加快建设文化大省的工作力度。我们应该看到，文化的力量最终可以转化为物质的力量，文化的软实力最终可以转化为经济的硬实力。文化要素是综合竞争力的核心要素，文化资源是经济社会发展的重要资源，文化素质是领导者和劳动者的首要素质。因此，研究浙江文化的历史与现状，增强文化软实力，为浙江的现代化建设服务，是浙江人民的共同事业，也是浙江各级党委、政府的重要使命和责任。

2005 年 7 月召开的中共浙江省委十一届八次全会，作出《关于加快建设文化大省的决定》，提出要从增强先进文化凝聚力、解放和发展生产力、增强社会公共服务能力入手，大力实施文明素质工程、文化精品工程、文化研究工程、文化保护工程、文化产业促进工程、文化阵地工程、文化传播工程、文化人才工程等"八项工程"，实施科教兴国和人才强国战略，加快建设教育、科技、卫生、体育等"四个强省"。作为文化建设"八项工程"之一的文化研究工程，其任务就是系统研究浙江文化的历史成就和当代发展，深入挖掘浙江文化底蕴、研究浙江现象、总结浙江经验、指导浙江未来的发展。

浙江文化研究工程将重点研究"今、古、人、文"四个方面，即围绕浙江当代发展问题研究、浙江历史文化专题研究、浙江名人研究、浙江历史文献整理四大板块，开展系统研究，出版系列丛书。在研究内容上，深入挖掘浙江文化底蕴，系统梳理和分析浙江历史文化的内部结构、变化规律和地域特色，坚持和发展浙江精神；研究浙江文化与其他地域文化的异同，厘清浙江文化在中国文化中的地位和相互影响的关系；围绕浙江生动的当代实践，深入解读浙江现象，总结浙江经验，指导浙江发展。在研究力量上，通过课题组织、出版资助、重点研究基地建设、加强省内外大院名校合作、整合各地各部门力量等途径，形成上下联动、学界互动的整体合力。在成果运用上，注重研究成果的学术价值和应用价值，充分发挥其认识世界、传承文明、创新理论、咨政育人、服务社会的重要作用。

我们希望通过实施浙江文化研究工程，努力用浙江历史教育浙江人民、用浙江文化熏陶浙江人民、用浙江精神鼓舞浙江人民、用浙江经验引领浙江人民，进一步激发浙江人民的无穷智慧和伟大创造能力，推动浙江实现又快又好发展。

今天，我们踏着来自历史的河流，受着一方百姓的期许，理应负起使命，至诚奉献，让我们的文化绵延不绝，让我们的创造生生不息。

2006 年 5 月 30 日于杭州

"浙学大家"丛书总论

吴 光

一、引言

浙学概念的正式提出虽然始于南宋,但作为一种富有地域特色的学术文化形态则可以追溯到更远,大致萌芽于古越国而成形于秦汉时期的会稽郡时期。习近平同志在浙江工作期间,就很重视对浙学与浙江文化的研究,他曾多次到南孔圣地衢州调研考察,在 2005 年 9 月 6 日第五次到衢州调研时,曾指示:"衢州历史悠久,是南孔圣地,孔子文化值得很好挖掘、大力弘扬,这一'了'要重重地落下去。"2004 年 10 月 27 日,习近平同志在致陈亮国际学术研讨会组委会的贺信中说:"陈亮是我国著名的爱国主义者,杰出的思想家、文学家。他创立的永康学派,强调务实经世,为'浙江精神'提供了重要的历史文化内涵。研究陈亮学说,就是要探寻浙江优秀文化传统,在研究浙江现象、总结浙江经验、提炼'浙江精神'方面取得创造性成果，为我省经济发展、社会进步、文化繁荣，提供重要的精神动力。"2006年3月28日，习近平同志在致黄宗羲民本思想国际学术研讨会组委会的贺信中说："黄宗羲是我国明清之际杰出的思想家、史学家、文学家和教育家，是浙江历史上的文化伟人。他所具有的民主启蒙性质的民本思想，在中国思想文化史上产生了很大影响。"这些重要的贺信、讲话与指示，对于我们今天深入发掘浙学基本精神、开展"浙学大家"系列研究是有指导性意义的。

2023年春，浙江省文史研究馆领导委托我主持编写《浙学与治国理政》一书，主要作者是我与张宏敏研究员。该书出版后，在政界、学界和企业界颇受关注。省委宣传部领导赞同浙学的理念，并积极支持省文史馆组织写作团队策划名为"浙学大家"丛书的项目。于是，文史馆领导召集了多次有馆员与工作人员参加的会议，并组成了汇合馆内外专家参与的项目团队。大家推举我任丛书主编，并遴选了王充、吕祖谦、陈亮、叶适、王阳明、刘宗周、黄宗羲、章学诚、章太炎、马一浮等十大浙学名家作为"浙学大家"丛书第一辑立传对象，各卷作者则分别选定由白效咏、徐儒宗、董平（兼陈亮、王阳明二卷）、何俊、张宏敏、吴光、钱茂伟、宫云维、邓新文等九位专家担任。之所以选这十大浙学名家，是因为王充是浙学史上第一个有系统哲学思想和政治思想的思想家，可视为"浙学开山祖"。吕祖谦、陈亮、叶适分别是南宋浙学鼎盛时期的主要代表，王阳明、刘宗周是明代浙学的领袖，黄宗羲、章学诚则是清代浙东经史学派的创立者和理论代表,章太炎可谓集大成的浙学宗师,马一浮则是富有中华文化自信的杰出代表,被誉为"现代新儒家三圣之一"。总之,这些思想家既是浙学的代表,又各具独立的思想体系。这个项目经文史馆申报后很快获得浙江文化研究工程领导小组评审通过,被列为省重大社科研究项目。后续还将进一步推进"浙学大家"丛书编写工作。

二、"浙学"的文化渊源与思想内涵

既然叫"浙学大家"丛书,不能不就浙学的内涵、外延及其发展脉络、基本精神、当代价值等问题作出较为系统的论述。先从浙学的文化渊源谈起。

浙学之名,虽然始于南宋朱熹,但浙学之实源远流长,甚至可以追溯到史前浙江距今约7000年的"河姆渡文化"与距今约5000年的"良渚文化"等文物遗存。

首先需要强调的是,浙学并不是孤立的存在,而是华夏文化,也即大中华文化中一个具有鲜明地域特色的重要分支。作为地域文化的重要分支,她从古越国时代就已发端,在汉唐时期已具雏形,而在北宋时期形成学派,在南宋时期走向鼎盛,历经元明清以至近现代,绵延不断。总之,浙学在宋元明清时代蓬勃发展,逐渐从文化的边缘走向中心,在中华文化发展史上起到了重要作用。在习近平新时代中国特色社会主义思想的指引下,随着浙江经济社会的长足发展和学术文化的日益繁荣,人们对隐藏在蓬勃发展背后的文化动力日益关注并进行了深层次的探讨。

从地域文化的历史看，浙江在古代属于吴越文化地区。吴、越地区包括现在的苏南、上海和浙江全境，自古以来就有着密不可分的文化联系。据历史文献记载，"吴""越"的称谓始于殷周之际。据《史记·吴太伯世家》《吴越春秋》《越绝书》等书记载，3100多年前，周太王古公亶父的长子泰伯、次子仲雍，为了避让王位而东奔"荆蛮"，"自号勾吴"，"荆蛮义之，从而归之者千有余家，共立以为勾吴"①。后来，周武王伐纣胜利后，"追封太伯于吴"。到吴王阖闾时，国势强盛。其子夫差，一度称霸诸侯，国土及于今之江、浙、鲁、皖数省，后被越王勾践所灭，其地为越吞并。至于"越"之缘起，据史书所载，因夏禹死后葬于会稽②，夏后帝少康封其庶子于此，传二十余世而至允常、勾践父子，自立为越王，号"於越"（"於"读作"乌"）。其时吴越争霸，先是吴胜越败，后来越强灭吴，勾践称霸，再传六世而为楚所灭。

然而，作为诸侯国的吴、越虽然灭亡，但其所开辟的疆土名称及其文化习俗却一直传承发展至今。从地理而言，吴越分

---

① 《吴太伯传》，见赵晔撰、薛耀天译注：《吴越春秋译注》，天津古籍出版社1992年版，第4页。勾（句）吴，在今江苏无锡境内。

② 相传夏朝始祖大禹卒后葬于会稽山麓。今浙江绍兴东南郊的会稽山麓有"大禹陵"建筑群，由禹陵、禹祠、禹庙三大建筑组成。大禹陵始建于明嘉靖年间，清康熙年间重修，20世纪90年代又经绍兴市政府整修，现为全国重点文物保护单位。自1995年以来，当地政府每年都要举行公祭大会祭奠大禹。

属两地却有许多重叠，如"吴会"，或指会稽一郡，又指吴与会稽二郡；如"三吴"，既含吴地，又含越地，跨越今之江、浙、沪二省一市；如"吴山"，却不在吴都（今属苏州）而在越地（今属杭州）。正如《越绝书·纪策考》所记伍子胥言"吴越为邻，同俗并土"，以及同书《范伯》篇所记范蠡言"吴越二邦，同气共俗"。这说明吴、越地区的文化联系历来非常密切，其习俗也相当接近。这也是人们经常合称"吴越文化"的历史原因。

但严格地说，"吴越文化"是有吴文化与越文化的各自特色的。"吴文化"主要指苏南、上海地区的文化传承，"越文化"则主要是指今浙江地区的文化传承。考古发掘的材料已经确证：距今1万年左右的上山文化遗址①，距今8000年以上的跨湖桥文化（在今浙江杭州市萧山区境内）、距今7000年的河姆渡文化（在今浙江余姚市境内），以及稍后兴起的、距今4000—5000年的良渚文化（在今浙江余杭境内），以其在当时堪称先进的制陶、制玉工艺和打制、磨制、编制的石器、骨器、木器、竹器等生产工具、生活用具以及干栏式建筑，向全世界宣告了长江三角洲地区特别是浙江地区史前文明历史的悠久与发达。而在上古文明史上，浙江以其古越国、汉会稽郡、五代吴越国的辉煌历史著称于世。这一切，为浙江人文精神传统的形成及代表这个传统的"浙学"的形成提供了丰富厚重的历史依据。然而，

---

①上山文化遗址最早发现于浙江金华市浦江县上山村，属于新石器时代文化类型，距今8500—11000年。

从学术发展的脉络而言，作为一种具有地域文化特色的"浙学"的思想源头，可以追溯到东汉会稽郡上虞县的杰出思想家王充那里。我研究王充思想历有年所，于1983年6月发表的文章中概括了王充思想的根本特点是"实事疾妄"[①]，又于1993年10月在"全国首届陈亮学术研讨会"上明确提出"王充为浙学开山祖"[②]的观点。2004年，我在《简论浙学的内涵及其基本精神》一文中首次提出浙学内涵的狭义、中义、广义之别，拙文指出：

> 关于"浙学"的内涵，应该作狭义、中义与广义的区分。狭义的"浙学"（或称"小浙学"）概念是指发端于北宋、形成于南宋永嘉、永康地区以陈傅良、叶适、陈亮为代表的浙东事功之学；中义的"浙学"概念是指渊源于东汉、酝酿形成于两宋、转型于明代、发扬光大于清代的浙东经史之学，包括东汉会稽王充的"实事疾妄"之学、南宋金华之学、永嘉之学、永康之学、四明之学以及明代王阳明心学、刘宗周慎独之学和清代以黄宗羲、万斯同、全祖望为代表的浙东经史之学；广义的"浙学"概念即"大

---

① 吴光：《王充学说的根本特点——"实事疾妄"》，载《学术月刊》1983年第6期。

② 萧文在《全国首届陈亮学术讨论会综述》中指出，"对陈亮思想的渊源，前人无甚论说。吴光认为，首先是荀子，在先秦儒家中，他的富国强兵，关注现实的态度得到了陈亮充分的回应。其次是王充，作为浙学的开山祖，应该是陈亮思想的一个源头"。参见永康市陈亮研究会编：《陈亮研究论文集》，杭州大学出版社1994年版，第212页。

浙学"概念，指的是渊源于古越、兴盛于宋元明清而绵延
于当代的浙江学术思想传统与人文精神传统。这个"大浙
学"，是狭义"浙学"与中义"浙学"概念的外延，既包括
浙东之学，也包括浙西之学；既包括浙江的儒学与经学传
统，也包括浙江的佛学、道学、文学、史学、方志学等人
文社会科学传统，甚至在一定意义上涵盖了有浙江特色的
自然科学传统。当然，"大浙学"的主流，仍然是南宋以来
的浙东经史之学。①

我之所以将王充判定为"浙学开山祖"和中义浙学的源头，
首先是因为王充是浙江思想文化史上第一个建立了系统的哲学
理论、形成了思想体系的思想家。他的"实事疾妄"的学术宗
旨代表了务实、批判的实学精神，"先富后教"②的治理主张代
表了民生为重的民本精神，"文为世用"③的主张则体现了经世
致用的实学精神，"德力具足"的"治国之道"④体现了一种儒

①吴光：《简论"浙学"的内涵及其基本精神》，载《浙江社会科学》2004年第6期。

②"先富而后教"的思想，见《论衡·问孔篇》中引用孔子答学生冉求之语。尽管王
充认为此语与孔子答子贡"去食存信"的思想有矛盾，但显然王充是主张"富而后教"
观点的。

③《论衡·自纪篇》曰："（文）为世用者百篇无害，不为用者一章无补。"这句话强
调文章须为世用，正是一种"经世致用"的观念。

④《论衡·非韩篇》曰："治国之道，所养有二：一曰养德，二曰养力。养德者，养名
高之人，以示能敬贤；养力者，养气力之士，以明能用兵。此所谓文武张设，德力具
足者也。"显然这是儒法兼治的政治思想。

法兼容的多元包容精神。而这些正是宋元明清乃至近现代薪火相传的"浙学"基本精神。其次，王充的《论衡》及其"实事疾妄"思想极大地影响了后世学者、思想家，尤其是浙学家。我曾系统检索《四库全书》电子版等工具书，竟有重大发现可以佐证"王充是浙学开山祖"观点：非浙籍名家中，有范晔、韩愈、王夫之、顾炎武、方以智、惠栋等数十人引用了《论衡》。浙籍名家中，则有高似孙、毛晃、吕祖谦、王应麟、黄震、方孝孺、黄宗羲、万斯同、陆陇其、朱彝尊、胡渭等名家引用了《论衡》。比如，南宋文献大师、鄞县人王应麟引《论衡》十一条，其《玉海》卷五十八《越纽录》云："王充《论衡》，吴君高之《越纽录》，周长生之《洞历》，刘子政、杨子云不能过也。"黄宗羲的高足、鄞县万斯同著《儒林宗派》，卷三将"王充，班彪门人"列为"诸儒兼通五经"者。清初浙西名儒如萧山人毛奇龄、德清人胡渭、平湖人陆陇其、嘉兴人朱彝尊等都多处征引王充《论衡》以伸其说。上述《四库全书》著者引用《论衡》的史料足以证明，王充及其《论衡》在中国学术思想史和浙江思想文化史上确有巨大影响，因此，我们誉之为"浙学开山祖"并不为过。

虽然王充本人影响较大，但王充时代并没有形成人才济济的"浙学"学派。"浙学"的直接源头还是北宋初期在湖州府因讲学闻名而被延请至太学讲学的安定先生胡瑗。诚如全祖望《宋元学案·士刘诸儒学案》叙录中所言："庆历之际，学统四起"，其中浙东、浙西之学"皆与安定湖学相应"，说明湖学是浙学的直接源头。但浙学的兴盛还是在永嘉、永康、金华、四明之学异军突起的南宋。到了明代中后期,以王阳明为宗主的姚江学派不仅遍及两浙,而且风靡全国,确立了良知心学。而在明清之际,刘宗周的慎独之学独树一帜,形成了涵盖两浙的蕺山学派;其高足弟子黄宗羲接踵而起,力倡重视经世实践的"力行"实学,开创了具有民主启蒙性质和实学特征的浙东经史学派,从而使"浙学"升华到深刻影响中国思想潮流的地位,成为推动近代思想解放和民主革命运动的思想大旗。

三、"浙学"的演变与学派分合

(一)"浙学"内涵的延伸与扩展

过去,在论及浙江学术文化时,谈得较多的是"浙东学派"与"浙东史学",而忽略了起源更早的"浙学"之说。究其原委,盖因清代浙东史学家章学诚写了一篇题名《浙东学术》的文章,近代学术大师梁启超在20世纪初撰写了《清代学术概论》与《中国近三百年学术史》这两部名著,极力推崇"浙东学派"和"浙东史学"。

其实,"浙学"比"浙东学派"的概念要早出现400多年。最早是由南宋理学家朱熹(1130—1200)提出,而"浙东学派"的概念则始见于清初大儒黄宗羲(1610—1695)的著作。

朱熹论"浙学",一见于《晦庵集》卷五十《答程正思书》,曰:"浙学尤更丑陋,如潘叔昌、吕子约之徒,皆已深陷其中。不知当时传授师说，何故乖讹便至于此，深可痛恨！"再见于门人黎靖德编《朱子语类》，曰："江西之学（指陆九渊心学）只是禅，浙学（指永嘉、永康之说）却专是功利。禅学，后来学者摸索一上，无可摸索，自会转去。若功利，则学者习之便可见效，此意甚可忧。"①可见朱熹论浙学相当偏颇。然其论虽偏，但他最早提出"浙学"名称之功是不可抹杀的。

明代中期以后，阳明心学风靡两浙，"浙学"获得正面评价。时任浙江提学副使的福建晋江人刘鳞长编著《浙学宗传》一书，共立案44人，其中浙籍学者39人，非浙籍5人。其长在于涵盖了"两浙诸儒"，并将王阳明心学人物入传，已粗具"大浙学"的框架。然失之于简略，有以偏概全之弊。

"浙东学派"的概念首见于黄宗羲。黄宗羲在《移史馆论不宜立理学传书》一文中首次使用了"浙东学派"一词，他在该文批评当时明史馆修史诸公所传《修史条约·理学四款》之失，驳斥其所谓"浙东学派，最多流弊"之言说："有明学术，白沙（陈献章）开其端，至姚江（王阳明）而始大明。……逮及先师蕺山（刘宗周），学术流弊，救正殆尽。向无姚江，则学脉中绝；向无蕺山，则流弊充塞。凡海内之知学者，要皆东浙之所衣被也。今忘其衣被之功，徒訾其流弊之失，无乃刻乎！"②在

---

① 《陈君举》，见黎靖德编、王星贤点校：《朱子语类》第八册，中华书局1994年版，第2967页。

② 黄宗羲：《南雷诗文集·移史馆论不宜立理学传书》，见沈善洪主编、吴光执行主编：《黄宗羲全集》第十册，浙江古籍出版社2005年版，第221页。

这里，黄宗羲明确说明史馆诸臣已经批评了"浙东学派"的"流弊"（可见"浙东学派"一词的最早提出者应早于黄宗羲），并把王阳明心学和刘蕺山慎独之学归入浙东学派，等于建立了明清浙学的学术统系。据考证，黄氏还在明崇祯年间汇编过一部集数十名浙东学者著作于一编的《东浙文统》若干卷。但黄宗羲所谓学派，指的是学术脉络，并非现代意义的学派，他对"浙东学派"的理论内涵也未作出界定。

黄宗羲之后，首先是作为"梨洲私淑"的全祖望在所撰《宋元学案》中对"浙学"的内涵作了外延，并对浙学作了肯定性评价。如他在《宋元学案·士刘诸儒学案》叙录中称：

> 庆历之际，学统四起，齐、鲁则有士建中、刘颜夹辅泰山而兴；浙东则有明州杨、杜五子、永嘉之儒志、经行二子，浙西则有杭之吴存仁，皆与安定（胡瑗）湖学相应。①

此外，全氏在《周许诸儒学案》叙录中称"浙学之盛，实始于此（指永嘉九先生）"，在《北山四先生学案》叙录中称赞金华四先生（何基、王柏、金履祥、许谦）为"浙学之中兴"，在《东发学案》叙录中将四明朱学传人黄震归入"浙学"之列，

①全祖望：《宋元学案·士刘诸儒学案》，见沈善洪主编、吴光执行主编：《黄宗羲全集》第三册，浙江古籍出版社2005年版，第316页。

赞其"足以报先正拳拳浙学之意"。全祖望的"叙录"说明了三点：第一，他所说的"浙学"主要是指"浙东之学"，但也包括了"浙西之学"（如杭之吴存仁属浙西），其内部各派的学术渊源和为学宗旨不尽一致，但有共同特色；第二，他认为"浙东之学"与"浙西之学"的学术渊源，都与宋初大儒胡安定（瑗）在湖州讲学时形成的"湖学"相呼应。显然，在全祖望看来，安定"湖学"也属于"浙学"范围，而胡瑗湖学的根本宗旨就是"明体达用"；第三，"浙学"在当时的地位，堪与齐鲁之学、闽学、关学、蜀学相媲美，而且蔚为一大学统，对于宋、元学风有开创、启迪之功。

全祖望之后，乾嘉时代的浙东学者章学诚在《文史通义·浙东学术》中论述了"浙东之学"与"浙西之学"的异同，并分析了各自的学术渊源。他说：

浙东之学，虽出婺源，然自三袁之流，多宗江西陆氏，而通经服古，绝不空言德性，故不悖于朱子之教。至阳明王子，揭孟子之良知，复与朱子抵牾。蕺山刘氏，本良知而发明慎独，与朱子不合，亦不相诋也。梨洲黄氏，出蕺山刘氏之门，而开万氏弟兄经史之学；以至全氏祖望辈尚存其意，宗陆而不悖于朱者也。……世推顾亭林氏为开国儒宗，然自是浙西之学。不知同时有黄梨洲氏，出于浙东，虽与顾氏并峙，而上宗王、刘，下开二万，较之顾氏，源远而流长矣。顾氏宗朱，而黄氏宗陆。盖非讲学专家，各

持门户之见者,故互相推服,而不相非诋。学者不可无宗
主,而必不可有门户;故浙东、浙西,道并行而不悖也。
浙东贵专家,浙西尚博雅,各因其习而习也。……浙东之
学,言性命者必究于史,此其所以卓也。

在章学诚看来,"浙东之学"与"浙西之学"的学术渊源及
其学风虽有所不同,但都是儒家之学,其根本之道是可以并行
不悖、互相兼容的。

如果说宋元学者眼中的"浙学"仅限于金华、温州地区的
"婺学"与"永嘉、永康之学"的话,那么明末清初的黄宗羲、
全祖望已经将"浙学"的地域延伸到宁波、绍兴等大浙东地区,
而且所包含的学术流派也不限于"婺学"与"永嘉、永康之
学",而是包括了"庆历五先生"、"甬上四先生"(即所谓"明
州学派")以及姚江学派与蕺山学派。及至章学诚,他在《浙
东学术》中强调"浙东、浙西,道并行而不悖"的特色,这实
际上已是"大浙学"的观念了。

自章学诚以后,近现代以至当代的许多学者,从章炳麟、
梁启超、钱穆、何炳松、陈训慈到陈荣捷、金毓黻、杜维运、
何冠彪、詹海云,以及当代浙江籍的众多学者(如北京的方立
天、陈来、张义德,上海的冯契、谭其骧、潘富恩、罗义俊、
杨国荣,南京的洪焕椿,杭州的仓修良、王凤贤、吴光、董平、
何俊,宁波的管敏义,金华的黄灵庚,温州的周梦江,等等),
都发表过有影响的学术论著,从各个角度研讨、评论"浙学"

"浙东学派""浙东学术"的理论内涵、历史沿革、学术脉络、思想特色、根本精神、研究成果等问题，从而把对"浙学"的研究推向了一个"百花齐放，推陈出新"的新阶段。

那么，我们在当代应该如何定位"浙学"的思想内涵？我在上述《简论"浙学"的内涵及其基本精神》等文中，已经明确区分了"浙学"内涵的狭义、中义与广义之不同。

我认为，我们在总结浙江学术思想发展史时，必须对狭义、中义与广义的"浙学"分别加以系统的研究与整理，但站在当今建设浙江文化大省的立场上，则应采取广义的"浙学"概念，不但要对两浙经史之学作系统的研究，也要对浙江文学、艺术、科学、宗教等作系统的全方位的研究，而不应仅仅局限于"浙东学派"或"浙东史学"的视野。

如果从广义的"大浙学"视野观察与反思浙江的学术文化传统，那么显而易见的是，所谓"浙学"，是多个学派"和齐斟酌，多元互补，互相融通"而形成的一种地域性学术格局与学术传统，这个学术格局虽然异见纷呈，但也培养了共通的文化精神。

事实上，浙江这块土地虽有浙东、浙西之分，但仅仅一江之隔，从人文传统上无法将其截然分开或将两者对立起来。在浙江学术史上，浙东、浙西往往是你中有我、我中有你、关系密切、互相影响的。因此，我们在当代应当坚持"广义浙学"的研究方向。

（二）浙学的学派与人物

浙江在北宋以前，虽有名家（如王充、虞翻），但无学派。而自北宋以至民国，浙江大地名家辈出，学派林立，可谓盛矣。

1.北宋浙学

北宋浙学首推胡瑗与湖学。北宋初年，号称"宋初三先生"之一的安定先生胡瑗在湖州讲学，创立了"湖学"。

据《宋史·胡瑗传》记载，胡瑗以经术教授吴中（苏州），受到范仲淹的推荐，后教授湖州，教人有法，严守师弟子之礼。庆历中，兴太学，朝廷下湖州取其教学法树为典范。他在太学讲学，学舍至不能容。礼部所得士，瑗弟子十常居四五。《宋元学案·安定学案》"胡瑗"小传记载，胡瑗"以明体达用之学教诸生"，"始于苏、湖，终于太学。出其门者无虑数千余人"，其佼佼者如程颐、刘彝、范纯仁、钱公辅等，皆其太学弟子也。[①]

次推明州"庆历五先生"。杨适、杜醇、王致、王说、楼郁五子，以经史、实学为圭臬，传承发展儒学。

此外，二程弟子游酢在萧山，杨时在余杭、萧山从政期间也有讲学活动，故程颢有"吾道南矣"之叹。于是，以二程洛学为主的理学分别在浙西（杭州）、浙东（明州、永嘉）都有

①黄宗羲等：《宋元学案·安定学案》"胡瑗"小传，见沈善洪主编、吴光执行主编：《黄宗羲全集》第三册，浙江古籍出版社2005年版，第55—57页。

传播。

2.南宋浙学

以陈傅良、叶适为代表的永嘉学派，以陈亮为代表的永康学派，以吕祖谦为代表的金华婺学，以北山四先生何基、王柏、金履祥、许谦为代表的金华朱学，以浙东甬上四先生杨简、袁燮、舒璘、沈焕为代表的四明心学，形成南宋浙学之盛。

3.明代浙学——王阳明与姚江学派

王阳明一生活动足迹几乎遍及中国，其讲学活动也遍布大江南北，形成了姚江学派。姚江学派共有王门八派，其中浙中王门包括徐爱、钱德洪、王畿、季本、黄绾、董沄、陆澄等约20人。

4.明末刘宗周与蕺山学派

以明末大儒刘宗周为领袖的蕺山学派，其著名弟子有祁彪佳、张应鳌、刘汋、董瑒、黄宗羲、邵廷采、陈确、张履祥等35人。

5.黄宗羲与清代浙东经史学派

清代浙东经史学派的领袖人物是黄宗羲，其代表人物包括：以经学为主兼治史学的黄宗炎、万斯大，以史学为主兼治经学的万斯同、邵廷采、全祖望、章学诚，经史兼治而偏重文学的李邺嗣、郑梁、郑性，偏重历算的黄百家、陈訏、黄炳垕，偏重考据的邵晋涵、王梓材。

6.张履祥与清初浙西朱学

张履祥是刘宗周弟子，也是从蕺山学派分化而来的清初浙西朱学的领袖人物,其代表人物有吕留良、陆陇其等。

7.乾嘉考据学在浙江的展开

乾嘉考据学在浙江的代表主要是胡渭、姚际恒、杭世骏、严可均等,他们在文献辑佚、学术考辨方面各有贡献。

8.近现代浙学

近现代浙学名家辈出,有龚自珍、黄式三、黄以周、俞樾、孙诒让、章太炎、王国维、马一浮等经学家,他们在传承浙学人文传统、经典诠释与古籍整理方面各自作出了重要贡献。

四、浙学的基本精神与当代启示

在经历千百年的磨合过程中,浙学各派逐渐形成了一些共通的人文精神传统。这种人文精神是从王充到陈亮、叶适、吕祖谦、王阳明、黄宗羲、全祖望、章学诚以至近现代的龚自珍、章太炎、蔡元培、马一浮等著名浙江思想家都一致认同的文化精神。

那么,浙学的基本精神是什么呢?我曾在《简论"浙学"的内涵及其基本精神》一文中将它概括为"民本、求实、批判、兼容、创新"五个词、十个字,又在《论浙江的人文精神传统及其在现代化中的作用》一文中从五个方面概述了浙学人文精神的主要内容,即"一、'天人合一,万物一体'的整体和谐精神;二、'实事求是,破除迷信'的求实批判精神;三、'经世致用,以民为本'的实学精神;四、'四民同道,工商皆本'的人文精神;五、'教育优先、人才第一'的文化精神"。

　　我认为，在历代浙学家中，最能代表浙学基本精神的有五大家的五大名言。

　　一是王充的"实事疾妄"名言。"浙学开山祖"王充在回应人们对其写作《论衡》宗旨的疑问时说："《论衡》实事疾妄，无诽谤之辞"（见《论衡·对作篇》）。这充分体现了浙学坚持实事求是、反对各种虚妄迷信的务实批判精神。

　　二是叶适的"崇义养利"名言。叶适针对董仲舒名言"仁人者正其谊不谋其利，明其道不计其功"批判说："'仁人正谊不谋利，明道不计功'，此语初看极好，细看全疏阔。古人以利与人而不自居其功，故道义光明。后世儒者行仲舒之论，既无功利，则道义者乃无用之虚语尔。"①因此，叶适究心历史，称古圣人唐、虞、夏、商之世，能够"崇义以养利，隆礼以致力"②，是真正的"治道"。

　　三是王阳明的"知行合一"名言。王阳明说："知之真切笃实处即是行，行之明觉精察处即是知，知行工夫本不可离。……真知即所以为行，不行不足谓之知。"③这是王阳明"知行合一"说的基本论述。

　　四是黄宗羲的"经世应务"名言。黄宗羲主张"学必原本

---

①叶适：《习学记言》卷二十三，上海古籍出版社1992年版，第201页。

②杨士奇编：《历代名臣奏议》卷五十五引叶适《士学上》语。

③王阳明：《传习录中》，见王守仁撰、吴光等编校：《王阳明全集》上册，上海古籍出版社2012年版，第37页。

于经术而后不为蹈虚，必证明于史籍而后足以应务"①、"经术所以经世"②。在著名的《明夷待访录》中，黄宗羲明确提出了"天下为主，君为客"的命题，从而使其民本思想提升到了"主权在民"的民主启蒙高度，并影响到清末民初的民主启蒙运动。

五是蔡元培的"兼容并包"名言。浙学传统从王充以来，就有一种多元包容、兼收并蓄的思想特色。蔡元培从小就受到浙学传统的熏陶，在其思想深处就有一种多元包容的思想倾向。因此，他在辛亥革命后接掌北京大学校长时，提出了"思想自由，兼容并包"的办校方针，从而使北京大学成为包容多元、引领近现代思想解放潮流的新型教育阵地。

以上总结的五个词、十个字、五大精神、五大名言，就是我对浙学人文精神和历代"浙学大家"基本精神的概括性总结。在这一认识的基础上，我们进一步深入探讨浙学的当代价值与启示，也有五点值得借鉴发扬。

第一，浙学中"天人合一，万物一体"的整体和谐精神，启示我们要实现的中国式现代化必须是低碳、绿色、人与自然和谐相处的，而非将人与自然置于对立斗争地位的物本主义的

---

① 全祖望：《甬上证人书院记》，见全祖望原著、黄云眉选注：《鲒埼亭文集选注》，齐鲁书社1982年版，第347页。

② 全祖望：《梨洲先生神道碑文》，见全祖望原著、黄云眉选注：《鲒埼亭文集选注》，齐鲁书社1982年版，第105页。

二元对抗境地。所以，我们必须避免陷入"征服自然"式的斗争哲学思维。近年来，气候日益变暖，甚至出现40度以上的连续高温天气，使我们深切感受到气候变暖趋势的可怕与危害，也更促使我们要努力设法保持人与自然和谐相处的必要性与紧迫性。

第二，"以人为本，人民至上"的民本精神。这是以人民利益为最高利益的民本主义论述，是古越国"十年生聚，十年教训"从而由弱变强战胜强吴的法宝，也是在中国式现代化实践中经历40年艰苦奋斗，使资源贫乏的浙江成为经济大省的一大政策法宝，更是今后几十年建设共同富裕示范区的战略法宝，值得我们继承发扬光大。

第三，"自强自立，开拓创新"的创业精神。这尤其体现在温州人"敢为天下先"的创业精神以及义乌人建设小商品市场的创业开拓精神上。这一点一直是温州、义乌、宁波、龙游、湖州等地浙商的优良传统，值得发扬光大。

第四，"实事疾妄"的求实批判精神，这是浙学家留给我们的科学思维方法。浙学传统中，从王充到陈亮、叶适、王阳明、黄宗羲以至章太炎、马一浮，都是富有求实批判精神的大家。我们在实现新时代的中国式现代化、实现中华民族伟大复兴的实践中，尤其需要坚持实事求是、反对弄虚作假、批判各种不切实际的虚妄迷信。

第五，"多元和谐，兼容并包"的精神。改革开放以来的实践证明，坚持改革开放的基本国策，能让我们的社会主义现代化事业实现长足发展。可以说,"改革开放,多元包容",是我们不断从胜利走向新胜利的政策法宝。

上述五个方面构成一个有机的思想整体,在这个思想整体中,"万物一体"是我们的宇宙观,"以人为本"是制定政策的根本前提,是一切工作的出发点;"实事疾妄"是必须坚持的思想路线,是民族精神的脊梁;"开拓创新,多元包容"既是科学的思维方式,也是创业者必备的人文素质,是建设现代化新浙江的政策法宝。近40年来,我在多家报纸杂志和各种学术讲座中发表了多篇文章,论浙学文化观与科学发展观的关系。我认为,科学发展观的根本精神包含着三大要素:一是"以人为本"的人文精神,人是最重要的,一切为人民的根本利益着想,这是中国共产党人的根本出发点;二是"实事求是"的务实精神,在任何工作中都必须坚持"实事求是"的思想路线,才能做到无往不胜;三是"多元包容"的和谐精神,这是一种全面开放、深化改革、包容多元、追求和谐的精神,而不是一元的封闭主义。这也算是我论浙学的一得之见吧。

上述五点启示在根本上体现了浙学的人文精神传统。这个精神传统落实到社会实践中,就转化为"改天换地、建功立业"的巨大物质力量。浙江人民在现代化建设中之所以能取得伟大成就,与浙江的历史文化、思想传统是密不可分的。现在的社会主义现代化是一项前人未曾从事过的伟大事业,不仅吸收了中华优秀传统文化的精华,也吸收了全人类优秀文化的精华。我们在建设人文浙江、和谐浙江、现代浙江的过程中,必须充分发掘浙江人文思想的深厚资源，同时面向全世界，坚持多元和谐发展，真正提供服务于中华民族伟大复兴的文化软实力。

综上所述，浙学作为一种富有特色、充满活力的地域文化形态，是中华文化大厦的重要组成部分，她不但在历史上促进了社会文明进步，而且在当代中国现代化的实践中，仍然具有强大的精神感召力和实践推动力。我们应当倍加珍惜这份资源，并使之发扬光大，日臻完善。

2024 年 9 月 3 日草成于杭州

目　录

前　言

在南宋乾道、淳熙年间（1165—1189）儒家道学运动兴起以后，随着湖湘学派代表人物张栻（1133—1180）和婺学代表人物吕祖谦（1137—1181）去世，道学的思想话语权与影响力分归朱熹（1130—1200）和陆九渊（1139—1193）两家。叶适（1150—1223）作为相对晚期的思想家，集永嘉学派之大成，与朱熹的理学、陆九渊的心学形成鼎足之势。

叶适，字正则，浙江温州人，晚年定居温州城外水心村，世称水心先生，《宋史》有传。叶适自青年起就颇具家国情怀，《宋史》本传称他"志意慷慨，雅以经济自负"。然而，他虽历任地方与朝廷官员，但未能尽展其才。叶适的生平事迹大致可以按他59岁（嘉定元年，1208）被夺官后息影于水心村，分为前后两个时期：前期（从政生涯）实践其政治理想，思想初步形成并定型；后期（被夺官后）总结思想并加以阐发，倡导永嘉学说，以斯文为己任。叶适的思想宗旨是前后一贯的，区别仅在于思考重点与呈现形式。前期的思想主要见于《叶适集》，尤其是其中的《进卷》《外稿》及奏札部分；后期的思想著作则以《习学记言序目》为代表。叶适的著作《叶适集》和《习学记言序目》分别于1961年和1977年由中华书局整理出版。《叶适集》包括《水心文集》与《水心别集》。由于《水心文集》与《水心别集》原有重复，中华书局在合刊为《叶适集》时去其重复，但保留了各自集名与目录。

作为浙学大家之一，叶适继承永嘉学派思想，提倡明道计功。然而，学术界对叶适的研究相对不足，许多人对叶适的思想存在很深的误解，甚至将叶适的思想与陈亮创立的永康学派的思想一同归为功利主义。实际上，宋代永嘉事功学的源头主要是伊洛程学。叶适作为永嘉学派的集大成者，继承了永嘉学术的两大传统，即"必兢省以御物欲"和"必弥纶以通世变"，开辟了自己的"内圣外王"之道。

从省级层面来看，浙江目前正处于建设共同富裕示范区的关键时期；从区域发展视角来看，浙江正处于长三角区域一体化发展的进程中。时代要求我们进一步深入挖掘浙江历史上的宝贵文化资源，弘扬浙江精神，以期对当代治国理政等有一定的助益。叶适作为浙商文化、浙江精神、民本思想的重要源头之一，无疑是不可忽视的关键人物，其经世致用的思想对如今各方面建设具有重要的推动作用。因此，我们编写此书，希望读者能够更加充分、全面地认识叶适，也期望叶适思想的丰富内涵能对当代有所借鉴和启发。

本书通过五个章节展开论述。

第一章主要纵向考察叶适所处的历史背景，通过三个小节讨论叶适与永嘉学派。第一节详细探讨宋代永嘉学派的兴起，梳理永嘉学派各个历史时期代表人物的思想和特点，让读者大致了解其发展脉络；并进一步细致解释伊洛程学入浙后何以转变成事功学，分析永嘉学派在发展过程中暴露的亟须解决的问题，使读者明白叶适所面临的处境。第二、第三节则主要叙述叶适的生平，分别介绍其前期与后期经历，通过呈现叶适生命中的六件大事，让读者深刻了解叶适的思想渊源及其波澜壮阔的一生。

第二章主要论述叶适与道学运动。一直以来，对道学运动的研究多集中在中国哲学领域，且宋代道学的理论成熟主要在绍兴末年至"庆元党禁"阶段，相关研究也多聚焦于此，但多囿于理论性分析，忽视了其中重要的历史过程，影响了对道学的完整认识。本章第一、第二节勾勒这一阶段的道学活动，介绍并探讨南宋"乾淳诸老"的共同特征及其所代表的道学士群的文化逻辑。同时，通过呈现叶适对道学和道统的论证，让读者进一步理解叶适思想的重要起点及其学术展开的中心。此外，通过对叶适道学与道统观念的分析，从其在政治问题上的"从权"入手，理解他在义理问题上的极严持论。作为永嘉学派的集大成者，叶适虽在思想上与朱熹理学、陆九渊心学存在重大分歧，但在政治上与他们同属道学士群，与整个道学士群有着广泛的思想交流，是道学运动的重要参与者。

第三章正式开始论述叶适的思想，主要从其道物观、"内外交相成"以及"还理于象，因象用德"三方面展开讨论，以期让读者对叶适宏大的思想有较为全面的了解。

第四章分析叶适对事功学的自我疏证，主要以叶适晚年所著《习学记言序目》为基础，分为四个小节对其事功学展开全面、详细的论述。

第五章则介绍叶适思想的当代价值，介绍叶适的士风和学风，并探讨其"利者，义之和"思想和各得中庸的"皇极"社会构思对当代困境的借鉴价值，以及在人才培养乃至治国理政方面的意义。

第一章 ┃ 叶适与永嘉学派

　　宋代永嘉事功学的源头主要是伊洛程学，这一观点几乎已成为传统定论。然而，伊洛程学入浙后何以转变成事功学？近人何炳松在《浙东学派溯源》中认为，程颐、朱熹、陆九渊实各宗儒、道、释，程学与永嘉事功学同属儒家学派，彼此间的区别仅在于源与流，思想宗旨及方法是一脉相承的。但事实上，宋代已有学者指出永嘉事功学与程学有别，前者是后者的蜕变，这一观点至今仍是学界的共识。另有学者以为，促成这种蜕变的原因，乃是南宋的经济与政治的发展。[1]还有学者进一步从南宋温州地区农工商业的发展予以证明。[2]经济与政治的发展，尤其是经济的发达，与功利主义思想之间确实存在内在关联，但如果简单地将二者建立因果联系，未免过于片面，因为特定的经济与政治环境并非只能引发一种特定的思想反应。因此，关

---

[1]参见侯外庐主编：《中国思想通史》（第四卷下），人民出版社2011年版，第133页。

[2]参见周梦江：《试论薛季宣的事功思想》，杭州大学历史系宋史研究室：《宋史研究集刊》，浙江古籍出版社1986年版，第316—330页。

于永嘉事功学的兴起仍需进一步的细致探讨。

一、永嘉思想的起源

永嘉事功学作为一种与理学、心学相抗衡的学派，是宋室南渡以后逐渐兴起的，但要弄清楚其兴起的原因，则必须从其最初的渊源谈起。按《宋元学案》记载，永嘉思想的源头应当有两个：一是为后来永嘉文学兴盛奠基的王开祖（字景山，人称儒志先生），二是受业于程颐并兼及吕大临的"元丰太学九先生"。前者是宋学初兴时期的人物，后者则是中期宋学中理学宗师的传人。不同时期的人物共同成为同一学派的源头，这本身就值得深入研究。

北宋建国后的七八十年间，兴起了一场旨在重振中国旧传统、再建社会政治教育理论的文化运动，即宋学。[1]它遍及大江南北，全祖望所谓的"庆历之际，学统四起"[2]，指的就是宋学初兴时的蓬勃气象。在这一潮流中，浙东永嘉地区涌现出的代表人物便是王开祖。

王开祖，宋皇祐五年（1053）进士，不仕而杜门著书，在家乡永嘉东山书院讲学，从学者常达数百人。他认为"由孟子以来，道学不明"，故他"今将述尧、舜之道，论文、武之治，

---

①参见邓广铭：《略谈宋学——附说当前国内宋史研究情况》，《邓广铭治史丛稿》，北京大学出版社2022年版，第164—165页。

②黄宗羲原著、全祖望补修：《宋元学案》卷六《士刘诸儒学案序录》，陈金生、梁连华点校，中华书局1986年版，第251页。

杜淫邪之路，开皇极之门"。^①他的思想和实践与开宋世学术之先河的"安定（胡瑗）湖学相应"。湖学的精神在于"明体"与"达用"并重，其"经义"与"治事"二斋即是这种精神的体现。胡瑗弟子刘彝曾解释说：

> 圣人之道，有体、有用、有文。君臣父子，仁义礼乐，历世不可变者，其体也；《诗》、《书》、史、传、子、集，垂法后世者，其文也；举而措之天下，能润泽斯民归于皇极者，其用也。^②

质言之，这种体用并重的精神表明宋学初兴时的目标：一是要确立道德精神，二是要追求经世致用。但是，处于"儒林之草昧"时期的胡瑗、王开祖尚未从理论上真正厘清"明体"与"达用"的关系，他们的贡献主要体现在体用并重精神指导下的教育实践。纪昀评论王开祖的《儒志编》时指出：

> （王开祖）以上诸儒，皆在濂洛未出以前，其学在于修己治人，无所谓理气心性之微妙也，其说不过诵法圣人，

①参见黄宗羲原著、全祖望补修：《宋元学案》卷六《士刘诸儒学案序录》，陈金生、梁连华点校，中华书局1986年版，第251—252页。
②黄宗羲原著、全祖望补修：《宋元学案》卷一《安定学案》，陈金生、梁连华点校，中华书局1986年版，第25页。

未尝别尊一先生号召天下也。①

这揭示了当时理论上的不足。其也为后来者留下了发展空间。

"永嘉师道之立，始于儒志先生王氏，继之者为塘奥先生林氏"②，而经行先生丁氏参之。因此，林、丁二先生是永嘉思想的第二代代表人物。

林石，字介夫，瑞安人，受学于龙泉管师常，系胡瑗、陈襄再传弟子。《宋元学案·古灵四先生学案》载：

> （时）临川王氏（安石）《三经》行，先生独不趋新学，以《春秋》教授乡里。既而《春秋》为时所禁，乃绝意仕进，筑室躬耕，作萱堂以养母。或劝以仕，不答。讲论古今，必先实行而后文艺，曰："本之不立，末之何有？"③

林石反对王安石的新学，仍着力于《春秋》之学，这表明他与王安石的对立。他选择隐居不仕，主要是基于政治上的分歧，但在追求经世致用的宗旨上，二者是一致的。林石没有沿用"体""文""用"这些术语，而是改用"本""末"的说法，

---

①永瑢等撰：《四库全书总目》，中华书局1965年版，第774页。

②黄宗羲原著、全祖望补修：《宋元学案》卷六《士刘诸儒学案序录》，陈金生、梁连华点校，中华书局1986年版，第255页。

③黄宗羲原著、全祖望补修：《宋元学案》卷五《古灵四先生学案》，陈金生、梁连华点校，中华书局1986年版，第247页。

其"末"与刘彝的"文"对应，而其"本"则是刘彝所说的"用"，这表明林石在理论上已偏重"达用"。林石被"元丰太学九先生"中最重要的周行己（字恭叔，世称浮沚先生）誉为与程颐、吕大临、龚原（王安石弟子）并立且"皆传古道"的"名世宗师"。[①]一时间，永嘉学人皆"舍己请从"，"元丰太学九先生"中的沈躬行便是他的门人。至于丁昌期（字逢辰，世称经行先生），他是永嘉人，"其家世以笃行称，至先生，尤明经术"[②]。虽然关于他的资料不多，但至少可知他是一个好儒术而重实行的人。"元丰太学九先生"中亦有人从学于丁门。由此可见，林石和丁昌期，尤其是林石，是王开祖之后影响永嘉思想发展的重要人物，而正是在林石身上发生了偏重"达用"的理论倾斜。

二、"元丰太学九先生"对洛学的传播

北宋神宗元丰年间（1078—1085），朝廷改革太学制度，吸引了众多四方游士。永嘉虽地处偏远，游学者相对较少，但仍有一定数量的学士前往，"元丰太学九先生"就是其中的一批。需要注意的是，永嘉学士游学程门的并非仅此九人，"九先生"只是大致的说法，并非确指。在"九先生"中，周行己、许景

---

①参见曾枣庄、刘琳主编：《全宋文》（第一三七册卷二九五六），上海辞书出版社、安徽教育出版社2006年版，第164页。
②黄宗羲原著、全祖望补修：《宋元学案》卷六《士刘诸儒学案》，陈金生、梁连华点校，中华书局1986年版，第255页。

衡、沈躬行、刘安节、刘安上、戴述六人为程颐弟子，而赵霄、张辉、蒋元中则是私淑洛学。如今有著述传世的有周行己的《浮沚集》，刘安节的《左史集》、刘安上的《给谏集》（合称《二刘先生文集》），以及许景衡的《横塘集》。其余几人则无著述传世。

清末孙诒让在《横塘集》跋中指出，学于程门的永嘉学士得洛学以归，教授乡里；进而比较"九先生"的生平，说道：

> 盖元丰九先生惟忠简（许景衡）独后卒，名德亦最显，厥后永嘉学者后先辈出，多于忠简为后进，或奉手受业其门。靖康、建炎之际，永嘉之学几坠而复振，于忠简诚有赖哉。

然而，在分析"九先生"对后来永嘉思想的影响时，孙诒让的说法较为笼统，也有抬高许景衡之嫌。实际上，比较程颐门下的六位弟子，沈躬行、戴述、刘安节早卒于周行己，许景衡、刘安上虽晚卒于周行己，但都卒于任所，精力主要放在仕途政事上（刘安节在这方面也是如此）。而周行己在登进士第、官拜太学博士后即"愿分教乡里以便养亲"，其后又"筑浮沚书院以讲学"①。因此，真正教授乡里最久者应是周行己。至于南

---

① 黄宗羲原著、全祖望补修：《宋元学案》卷三二《周许诸儒学案》，陈金生、梁连华点校，中华书局1986年版，第1132页。

渡以后，"九先生"的学说且将衰竭而又复振，与周行己的私淑弟子郑伯熊有很大关系，所以叶适称永嘉之学"周行于前，郑承于后"[①]；黄百家也讲：

> 伊洛之学，东南之士，龟山、定夫之外，惟许景衡、周行己亲见伊川，得其传以归。景衡之后不振。行己以躬行之学，得郑伯熊为之弟子，其后叶适继兴。经术文章，质有其文，其徒甚盛。[②]

由此可见，周行己在"九先生"中功居首位。

此外，"世知永嘉诸子之传洛学，不知其兼传关学"[③]。但"九先生"中并非人人都受学于关学。在尝从关学传人吕大临游学者当中，周行己与吕大临的关系显然比其他人更为亲密。《浮沚集》卷六《书吕博士事》中流露出周行己对吕大临的敬仰，卷九《哭吕与叔四首》反映了周行己痛失良师的心情，其第三首云：

> 朝闻夕死事难明，不尽心源漫久生。

[①] 叶适：《叶适集》，刘公纯、王孝鱼、李哲夫点校，中华书局 2010 年版，第 178 页。

[②] 黄宗羲原著、全祖望补修：《宋元学案》卷三二《周许诸儒学案》，陈金生、梁连华点校，中华书局 1986 年版，第 1133 页。

[③] 同上，第 1131 页。

手足启云犹是过，默然安得议亏成。

因此，真正传洛学以及关学入永嘉，并与永嘉的思想传统产生联系，从而对后来永嘉事功学的崛起产生重要影响者，在"九先生"中当推周行己。本书受篇幅所限，故下专以周行己为"九先生"代表析之。

三、周行己对洛学的传播及永嘉学的转向

周行己在思想上以孔孟为宗，表示"乃所愿则学孔子也"，并认为：

> 有颜回者师其道于当世，有孟轲者师其道于后世……而师之于当时者易，闻而师之于后世者难，知其难而能艰者，后世有孟轲一人而已。孟轲，真知孔子者也。[1]

在学业上，周行己亲炙于程颐，问学于吕大临，从而确立了学术思想的基本方向与倾向。但是，"行己之学，虽出程氏，而与曾巩、黄庭坚、晁说之、秦观、李之仪、左誉诸人，皆相倡和。集中《寄鲁直学士》一诗称：'当今文伯眉阳苏，新词的皪垂明珠。'于苏轼亦极倾倒，绝不立洛蜀门户之见"[2]。

---

[1]周行己：《周行己集》，周梦江笺校，上海社会科学院出版社2002年版，第33—34页。

[2]《四库全书总目》之《浮沚集》提要。

周行己虽早年反对王安石，其游太学时，"新经之说方盛，而先生独之西京从伊川游"①，但后来在政治上主张"解朋党"②，在学术上则将程颐、吕大临、龚原与林石相提并论，认为他们"皆传古道"。由此可见，上述纪昀的论断是客观的。总的来说，这种学宗洛学以觇古道的立场和不立门户、兼容并蓄的态度构成了周行己思想的两面。

宋代理学家在创建新儒学时，其立论基础多承自胡瑗开创的易学义理阐释，程颐更是这方面的宗师。周行己的哲学思考也是沿着这一思路展开的。他引用程颐的话，仅增改几字，来阐明他的易学观：

> 易之为书，伏羲始作八卦，文王因而重之，孔子系之以辞，于是卦爻象之义备，而天地万物之情见……六十四卦，三百八十四爻，皆所以顺性命之理，尽变化之道也。散而在野，则有万殊；统之在道，则无二致。③

> 天尊地卑，礼固立矣。类聚群分，礼固行矣。人者，位于天地之间，立于万世之上；天地与吾同体也，万物与吾同气也。尊卑分类，不设而彰。圣人循此制，为冠、昏、

---

①黄宗羲原著、全祖望补修：《宋元学案》卷三二《周许诸儒学案》，陈金生、梁连华点校，中华书局1986年版，第1131页。

②周行己：《周行己集》，周梦江笺校，上海社会科学院出版社2002年版，第5页。

③同上，第61页。

丧、祭、朝聘、乡射之礼，以行君臣、父子、兄弟、夫妇、朋友之义。其形而下者，见于饮食器服之用；其形而上者，极于无声无臭之微。①

周行己在上述论述中，一方面继承了传统儒家"推天道以明人事"的思想原则，另一方面进一步阐述了程颐"天下之事，归于一是，是乃理也"②和张载"民胞物与"的理论。在此基础上，周行己对体用关系进行了深入探讨。他提出：

道本无名，所以名之曰道者，谓其万物莫不由之也。万物皆有太极，太极者道之大本，万物皆有两仪，两仪者道之大用，无一则不立，无用则不成，太极即两以成体，两仪即一以成用。③

周行己的这种体用观与程颐体用一源、即事显理的主张一脉相承。但二者也存在细微区别：周行己更强调体用的对等关系，有偏重形而下之器的思想倾向；而程颐则更强调即事而明

---

① 周行己：《周行己集》，周梦江笺校，上海社会科学院出版社 2002 年版，第 64 页。

② 《二程外书》卷一。

③ 周行己：《周行己集》，周梦江笺校，上海社会科学院出版社 2002 年版，第 19 页。

理，进而达到"循此理乃可进学至形而上者"①的理论目标。因此，周行己在经解中特别指出"百姓日用而不知，故君子之道鲜矣"。周行己之所以与程颐有这种区别，根源就在于他兼容并蓄的学术风格和学以致用的精神导向。但是，周行己并没有将这种细微区别放大，事实上，他自己也没有意识到这个区别。在思想上，他依然自觉地沿着程颐的方向，将儒家伦理道德本体化，并进一步直接以义理心性来阐明形而上之道，"然是道也夫，何远之有哉，继于善者进乎此矣，成于性者复于此矣"②。

在此基础上，周行己从两个方面展开其思想。一方面，他强调从人自身内在的明性存心上下功夫，落实在行动上就是修身践言的持敬复礼。他以为，"君子所以知天者，知其性也。所以事天者，事其心也"。

如果"性之不明，心之不存，则在我者与天地不相似，故有长傲以悖天德，从欲以丧天性。所以见者小，则其志满，天道亏矣。所慕者外，则其乐易极，天理灭矣"。

因此，要不悖天德，不丧天性，不亏天道，不灭天理，必须使心性内敛。③这种明性存心的修炼功夫，正是对程门"存天理，灭人欲"思想的贯彻。在克己复礼的具体问题上，周行己在其《经解》12首中，就有8首对此作了专门讨论，核心便是一个"敬"字，在方式上基本没有跳出程门的窠臼。

---

① 《二程外书》卷一。
②③ 周行己：《周行己集》，周梦江笺校，上海社会科学院出版社2002年版，第19页。

另一方面，周行己基于孟子"仁政"、荀子"礼治"的理念，从制度管理上提醒朝廷。周行己虽然重申了"夫守位莫大于得人心"[①]、"礼治则治，礼乱则乱，礼存则存，礼亡则亡"[②]的观点，但对当时的钱货、茶盐、济贫、吏役、转输等经济管理问题提出了自己的看法，尤其关注了货币与商品之间的关系。[③]这表明周行己坚持体用并重，其关于百姓日用的理论与态度是落于实处的。

总的来看，周行己的理论建构从立论到方法都是较为粗疏的，虽然总体倾向与程学相似，但二者之间的差异也是存在的。事实上，这种差异早在周行己游学程门时就已显现，当时的表现甚至更为明显。《宋元学案·周许诸儒学案》载：

先生（周行己）未达时，从母有女，为其太孺人所属意，尝有成言而未纳采。至是，其女双瞽，而京师贵人欲以女女之，先生谢曰："吾母所许，吾养志可也。"竟娶之，爱过常人。伊川常语人曰："某未三十时，亦不能如此。然其进锐者其退速，当慎之。"其后先生尝属意一妓，密告人曰："勿令尹彦明知也。"又曰："此似不害义。"伊川闻曰："此安得不害义？父母之体，而以偶贱倡乎？"

①周行己：《周行己集》，周梦江笺校，上海社会科学院出版社2002年版，第5页。
②同上，第64页。
③同上，第7—9页。

　　这则逸事似从未引起研究者的重视。从表面看，周行己谢绝京师贵人之女，而娶双瞽之女，很有视富贵如浮云之气节，但其行为绝非基于真正的道德律令（当然更谈不上情感），而是因一时的血气冲动和过度的矜持，这也正是永嘉士风"任气而矜节"[①]的传统体现。从他养志的动机以及程颐"进锐退速"的告诫则可以看到，周行己在性格及思想上确实带有一点急功近利的倾向，只是这种功利并非单纯追求物质与权力。程学在修养上强调的是一个"敬"字，要求"学者须敬守此心"，但此敬"不可急迫，当栽培深厚，涵泳于其间，然后可以自得"，因为"急迫求之，终是私己"[②]。而周行己的"病因"正在于此。谢上蔡"恭叔不是摆脱不开，只为立不住，便放倒耳"、胡文定"恭叔才识高明，只缘累太重，若把得定，便长进矣"[③]的评语，则更明确地揭示了周行己"涵泳"功夫不足的思想根源——他没有牢牢地立足于程颐形而上的"天理"，而是"缘累太重"。但这些正是周行己后来思想形成的基础。

　　尽管如此，当周行己将他所学的程学传入永嘉时，他所处

---

①程俱：《北山小集》卷二二《席益差知温州制》，四库全书本。"敬"与"矜持"的区别是理学家在修养中所注重的一个问题，《朱子全书·学二》称："执事须是敬，又不可矜持太过。"

②《河南程氏遗书》卷十一。

③黄宗羲原著、全祖望补修：《宋元学案》卷三二《周许诸儒学案》，陈金生、梁连华点校，中华书局1986年版，第1132页。

的环境（主要指文化背景）对他的思想形成了极大的压力。永嘉地处浙闽之交，在风俗上有明显的独特性，主要体现在以下两点。一是重商之风特盛。时人就有"其俗剽悍以啬，其货纤靡，其人多贾，其士风任气而矜节"①的说法。商业的职业性使得该地区的世俗心理倾向于功利。二是尚鬼近乎墨，好文近乎儒。②墨学乃功利之学，专务实用。尚鬼神是中国乡村民间由来已久的一种风尚。在中国，对鬼神的敬仰基本上是出于实用目的，也正因为此，所祭祀的鬼神始终处于一个频繁更换的过程中，这背后隐藏的恰恰是鬼神祭拜者对鬼神的怀疑。至于好文近乎儒，指的是工文采、好辞章，并非指对儒家精神的依归。可以说，这种求功利、重怀疑、好辞章的特征，是造就永嘉事功学的重要文化背景。而北宋庆历以来永嘉思想向实用主义立场的明确转向，则从思想上与永嘉的文化背景契合。显然，这样的思想文化背景必然会对周行己的思想构成挑战。因为虽然周行己对程学的接受只是"俨然如醉忽醒，梦方觉"，在行动上仍显得勉强，"必兢省以御物欲"③，远没有"涵泳"出理学宗师那种风恬浪静中体悟出的深邃境界，但他在思想上毕竟还是在走程学的道路，在感情上也还是忠诚于程门的。更何况，周行己在教授乡里时，其学识与年轻时游学程门时确实已不可同

---

①程俱：《北山小集》卷二二《席益差知温州制》，四库全书本。

②参见《永嘉县志》卷六《风土志》，光绪八年刊，民国二十四年补刻版。

③叶适：《叶适集》，刘公纯、王孝鱼、李哲夫点校，中华书局 2010 年版，第178 页。

日而语。因此，周行己坦然地承受了这种压力，并接受了挑战。这点在他的《赠沈彬老》一诗中表述得非常清楚，兹照录于此：

> 永嘉人物衰，斯文久零替。学徒寡道心，日与风俗敝。
> 我生衰敝后，上思千载事。实欲间里间，一一蹈仁义。
> 敬重乡人情，翻遭俗眼忌。晚得沈夫子，学问有根柢。
> 矫矫流辈中，颇识作者意。欢然慰吾心，归此同好嗜。
> 吾子更我听，士也贵尚志。古道自足师，不必今人贵。
> 荼苦不异亩，薰莸不同器。所忧义理愆，何恤流俗议。
> 进道要勇决，取与慎为计。去恶如去沙，沙尽自见底。
> 积善如积土，土多乃成峛。读书要知道，文章实小技。
> 子试反覆思，鄙言有深味。自非心爱合，安能吐肝肺。
> 行行慎取之，纾节思远大。岂但劝乡间，永为斯民赖。①

周行己所传授的程学与永嘉已有的思想传统和文化背景之间的冲突，并非要不要事功或者是否关注道德的问题。周行己本人的学以致用思想是十分明确的，程颐也没有抛弃儒家经世致用的传统。永嘉思想虽重实用，但也并不是不问道德。然而，周行己所学的程学与永嘉固有的学术传统确实有所不同。程学

---

① 周行己：《周行己集》，周梦江笺校，上海社会科学院出版社2002年版，第159页。

的思想路径在于即事明理，然后循此理进学至形而上者，其宗旨在于建立形而上的道德本体，经世致用只不过是在此基础上，按照修身、齐家、治国、平天下的顺序自然展开的。而在永嘉的学术传统中，道德精神显然没有得到如此关注，其思想的焦点在于务实。这就使双方冲突的核心实质上落到了道德与事功应该如何定位的问题上，即道德与事功究竟谁是体、谁是用。对此，程学及关学的立场是明确的①。周行己虽然在理论上有所明确，但由于门户不紧，在实际的思想和行为的贯彻上有所偏差。而永嘉已有的思想传统则显得不够明确，虽然林石已倾向于实用主义，但总的来说，从王开祖以来的永嘉学者并没有从思想上真正关注这一问题。

因此，程学传入永嘉后，其宗旨与永嘉已有的思想传统以及文化习俗之间的冲突，实际上促使生活在特定文化背景中、深受自身思想传统浸润的永嘉学者，去真正厘清或者说建构起自己的思想体系。周行己与环境之间的冲突，其实质就在于此。而且，永嘉事功学思想上的双重源头各自所起的作用在此也得到了清晰的展示。

---

① 虽然关学比洛学更注重实用，但二者根本的理论任务都是再造儒家的宇宙本体论哲学，使伦理道德本体化。因此，张载去世后，吕大临游学于程门，并没有出现原则上的冲突。参见陈俊民：《论吕大临易学思想及关学与洛学之关系》，载《浙江学刊》1991年第2—3期。

四、郑伯熊与永嘉事功学的兴起

我们已经知道，周行己是忠诚于程门的，且有以身殉道的精神准备。但是，"一种概念传入后，到底会发生什么样的反应，这取决于当地文化的特性"①。思想文化传播中的这种必然性，在周行己的传承者郑伯熊（字景望）身上很快得到了验证。

郑伯熊被永嘉学者公推为渠率，作为周行己的私淑弟子，他在永嘉思想发展中起到了承前启后的作用。靖康之耻所带来的剧变，使南渡以后的学术思想一度陷入空白。郑伯熊私淑周行己，首刻二程遗书于福建，从而使"且将衰歇"的学脉得以复苏，他也因此受到东南学者的崇敬。②叶适称郑伯熊"明见天理，神畅气怡，笃信固守，言与行应，而后知今人之心可即于古人之心"，其"必兢省以御物欲"③，这是郑伯熊上承周行己的一面。此外，郑伯熊"于古经制治法，讨论尤精"④。自孔安国以来，为《尚书》作解者虽有百余家，但皆仅能随文释义，凡帝王之所以纲理世变者，盖未知其何如，而郑伯熊则能"与

①李约瑟：《中国科学技术史》（第一卷），科学出版社1975年版，第565页。
②参见黄宗羲原著、全祖望补修：《宋元学案》卷三二《周许诸儒学案》，陈金生、梁连华点校，中华书局1986年版，第1152—1153页。
③叶适：《叶适集》，刘公纯、王孝鱼、李哲夫点校，中华书局2010年版，第178页。
④《宋史·陈傅良传》。

其徒读书之余，因为之说，其亦异乎诸儒之说矣"①。郑伯熊"行己以吕申公（公著）、范淳夫（祖禹）为法，论事以贾谊、陆贽为准，而惓惓斯世，若有隐忧，则又学乎孔孟者也"②。这些便是郑伯熊下启永嘉事功学的一面。如果对郑伯熊的这两面加以比较，那么不难看出，承上者虚，启下者实。而且，孔孟的道德精神对他而言，似乎只是在有隐忧的状况下临时所抱的"佛脚"。这与周行己有明显区别。永嘉事功学的旗帜已然树起。

　　郑伯熊之后，永嘉事功学开始真正兴起。至叶适，永嘉事功学在立场、思想、方法上都发展成为能够与朱学、陆学分庭抗礼的哲学派别。

---

① 《陈亮集》卷二三《郑景望书说序》。

② 《陈亮集》卷二三《郑景望杂著序》。

一、童稚启蒙，思想萌芽

叶适（1150—1223），字正则，号水心居士，温州永嘉（今浙江省温州市）人。叶适曾祖父叶公济曾在北宋熙宁年间入太学，为上舍生，但"游太学无成"①，未能取得参加礼部试的资格。后叶氏家道中落，于是"自处州龙泉徙于瑞安"②。叶适祖父名叶选，字振瑞，一生并无太大成就。叶适父亲名叶光祖，字显之，虽志向远大，但终生未仕，仅靠招收学童勉强维持生计，常常入不敷出。③叶适在《母杜氏墓志》中就提道，"叶氏自处州龙泉徙于瑞安，贫匮三世矣"④。可能正是这种贫困的家境促使叶适早早成熟，并对现实及经济问题表现出极大的关注。

---

①叶适：《叶适集》，刘公纯、王孝鱼、李哲夫点校，中华书局2010年版，第292页。

②④同上，第509页。

③《致政朝请郎叶公圹志》载："公性拓荦，志愿大，困于无地，不自振立。"《母杜氏墓志》载："家君聚数童子以自给，多不继。"见叶适：《叶适集》，刘公纯、王孝鱼、李哲夫点校，中华书局2010年版，第292、509页。

另外，叶适的出生地瑞安虽为小邑，但得益于地理位置，海运、水运等交通便利，工商业发达，这对幼年的叶适有着极大的影响，也对他后来政治、经济思想的形成产生了直接的影响。

除此之外，对叶适思想有着重要影响的还有其母亲杜氏。杜氏十几岁就"能当其门户劳辱之事"，嫁到叶家后，曾逢大水，"漂没数百里，室庐什器偕尽。自是连困厄，无常居，随僦辄迁，凡迁二十一所。所至或出门无行路，或栋宇不完，夫人居之，未尝变色"。在这样居无定所的日子里，杜氏还利用空隙时间，拾取散落的苎麻丝绪，织成少量布匹补贴家用。即使家境如此艰难，杜氏也未让孩子改行经商，还是没有放松对孩子的教育，时常告诫叶适兄弟："吾无师以教汝也，汝善为之，无累我也。"她又说："废兴成败，天也，若义不能立，徒以积困之故受怜于人，此人为之缪耳。汝勉之，善不可失也。"她勉励孩子，成败虽然不能完全由自己决定，但奋发自立、不乞怜于人，才是做人的正道。母亲去世后，叶适曾感慨地说："虽其穷如此，而犹得保为士人之家者，由夫人见之之明而所守者笃也。"[①]正是母亲的这种言传身教，激励着叶适刻苦攻读，坚持不懈。她的坚韧不拔的精神无疑影响了叶适思想中强调刚健有为、主张乾德的特质，也对叶适品德的养成产生了深远影响。

而叶适的启蒙教育，虽没有文献可考，但从其家境推断，

①叶适：《叶适集》，刘公纯、王孝鱼、李哲夫点校，中华书局2010年版，第509—510页。

应由其父亲叶光祖负责。但从叶光祖终生未仕来看，其教育水平可能有限。然而，叶适本人十分聪明，在这样的家庭教育环境下，完成了启蒙教育，且"十岁能属文"[①]。

值得一提的是，除了家庭教育，叶适小时候时常去邻居林元章家嬉游。林元章是当地有名的大商人，"能敛善散"，惠及乡里，在叶适11岁的时候，他聘请了同县的名流陈傅良为师，使得"一州文士毕至"[②]。这段经历对叶适启蒙教育的影响不容忽视，同时林元章的敛财能力也对叶适财政思想的形成起到了一定作用。也正是在此时，叶适初识了陈傅良。及至叶适13岁随父迁居永嘉，14岁入学永嘉县城南茶院寺（南湖）学塾，他才正式受教于陈傅良，并与多位友人、大家交往，开始广泛学习。

在叶适的求学过程中，受教时间最早且持续最久的老师就是陈傅良，"余亦陪公游四十年，教余勤矣"[③]。这段经历对叶适的立身、治学和为文产生了重要影响，也是他转入永嘉学派的主因之一，是他学术思想的重要渊源之一。

除了陈傅良，叶适少年时代曾向当地隐者刘愈求学，并与其子刘士偲为友。这段经历对叶适的知识教育、素质教育乃至义利思想的形成也是有着极大的影响，叶适晚年曾回忆道："余少学于君，数其前后师儒，盖有名士也。论堂肄室皆整，监书

---

① 《嘉靖温州府志》卷三"人物"。

② 《水心文集》卷一六《林正仲墓志铭》。

③ 叶适：《叶适集》，刘公纯、王孝鱼、李哲夫点校，中华书局2010年版，第300—301页。

法帖皆备，程、张密语，苏、黄快句，子孙皆班班能道之。"他还感慨地说："方其时，寒谷穷人，拜手扣额，倚君为命，拯难辟阻，臻于夷行，其德大矣！"①

当时永嘉学术的代表人物郑伯熊，也曾是叶适问学的对象，不过郑伯熊对叶适的影响不大。叶适在《祭郑景望龙图文》中说："某之于公，长幼分殊；登门晚矣，承教则疏。"②不过，叶适与相差20岁的郑伯英之间情谊深厚，两人可谓忘年之交。叶适十分感激郑伯英对自己的关照，"永嘉翩翩，号多友朋；公在其间，前援后承。我最晚出，公顾亦厚，谬志纷纭，盖尝一剖"③。由此可以看出郑伯英对叶适的看重和照顾，体现了二人深厚的友情。

永嘉城西的隐者陈烨，是叶适一生中交游最久的师长之一。陈烨（1127—1214），字民表，因愤于"道衰教失"，终身隐居不仕。这位出世高士的言行，为叶适提供了另一种人生坐标。笔者猜测，叶适思想中的隐逸情节以及后来的隐居水心村，与陈烨的影响有着极大关联。

此外，叶适还与多位师友同道交往密切，包括福建莆田人刘夙、刘朔兄弟，永嘉学者戴溪、王楠，及其同乡贤达永嘉薛叔似（1141—1221）、陈谦（1144—1216），平阳的王自中

---

① 叶适：《叶适集》，刘公纯、王孝鱼、李哲夫点校，中华书局2010年版，第333—334页。

② 同上，第564页。

③ 同上，第569页。

（1140—1199）、徐谊（1144—1208），瑞安的陈武（生卒不详）、蔡幼学（1154—1217）等人，在此不一一赘述。这些师友大多品行端正，学有根底。少年叶适在与他们的交往中，濡染颇深，既学其为人，又师其学问，且效其文章，为以后的立身治学奠定了扎实的基础。

二、少年游学，思想形成

乾道元年至乾道四年（1165—1168），即叶适16—19岁的时候，为了生计，他前往永嘉乐清白石的北山小学舍担任讲习。这段经历令叶适难以忘怀：

> 乐清之山，东则雁荡，西则白石。舟行至上水，陆见巨石冠于崖首，势甚壮伟，去之尚数十里外，险绝有奇致。其山麓漫平，深泉衍流，多香草大木。陆地尤美，居之者黄、钱二家，累世不贫，以文义自笃为秀士。北山有小学舍，余少所讲习之地也。常沿流上下，读书以忘日月，间亦从黄氏父子渔钓，岛屿萦错可游者十数。有杨翁者，善种花，余或来玩其花，必大喜，延请无倦。间又游于其所谓净慧院者，院僧择饶善诗。义充、从岳、文捷，皆黄氏子，终老不出户，而从岳又以其兄子仲参为子。余时虽尚少，见其能侃然自得于山谷之间，未尝不叹其风俗之淳，

而记其泉石之美，既去而不能忘也。①

由此，我们可以看到叶适在这一时期的恬静生活，以及他内心隐藏的隐逸情怀。也正在这段时间，叶适对自己的学识进行了系统的梳理，并通过这次契机结识了许多友人，如世居乐清的叶士宁（字宗儒，后成为王十朋的门人），以及来自台州黄岩的林鼐（字伯和）、林鼐（字叔和）兄弟。

乾道四年（1168）春夏间，叶适离开乐清白石北山书塾，开始了长达八年的婺州（今浙江金华）游学之旅。在游学期间，叶适结交了薛季宣、陈亮、吕祖谦三位著名学者，并与陈亮成为至交好友，这些人都对叶适的思想产生了重要影响。

除在婺州游学之外，叶适于乾道九年（1173）也曾来到临安寻求发展机会，并在淳熙元年（1174）向签书枢密院事叶衡上书论事言志，这便是《水心文集》中收录的叶适第一篇重要论著《上西府书》。文章先从剖析当时的天下大势入手，指出面临的严峻局势，继而依据"治乱无常势，成败无定谋"的规律，提出"变今之势"的任务。叶适详细分析了当今天下的三患：朝廷庸人当道，排斥贤者；百姓消极沮丧，缺乏信心；群臣胸无大志，追名逐利。他指出："积此之患，其本不立，其末皆废矣。"接着，叶适向叶衡提出了"酌古今之变，权利害之实，以

_____

①叶适：《叶适集》，刘公纯、王孝鱼、李哲夫点校，中华书局 2010 年版，第137 页。

先定国是于天下"的建议，并列举了当时的"急政要务"，涉及国计民生的方方面面，甚至包括在推行过程中的赏罚环节。叶适认为，如此坚持数年，就能"变已成之弱势，去方至之三患"，成就"中兴之功"。①

这篇《上西府书》可以视为叶适十余年求学和思考的阶段性小结。叶适之后在对策、进卷、奏议中提出的一系列治国宏论，都可谓发轫于此。可以看出，这是叶适经过深思熟虑的，虽然他对国家时局和大政方针的系统看法在行文和思考上尚显不足，但他对国家大事的思考及其文字中蕴含的自信与逻辑，初步表现出他"自负而理智"的士风。可惜这篇文章最终石沉大海，未获任何回应，叶适只得返回家乡。

淳熙四年（1177），漕试举行，叶适把握住了通过漕试发解的机会，迎来了人生的重要转折点。叶适受到周必大的赏识，经其引荐，以其门客的身份报名参加了漕试。恰逢主考石司户（其人不详）也善识人才，叶适取得了宝贵的发解资格。虽然叶适的幸运令人感慨，但细究其过程，他能在三世贫困的处境中奋斗出一条光明大道，离不开他十几年如一日的苦读和孜孜不倦的问学精神，这也鲜明体现了浙江精神中艰苦奋斗的特质。

次年，即淳熙五年（1178），取得漕试发解资格的叶适，在之后的省试和殿试中脱颖而出，一举成名，高中姚颖榜第二

---

① 参见叶适：《叶适集》，刘公纯、王孝鱼、李哲夫点校，中华书局2010年版，第541—544页。

名——榜眼。而据叶绍翁《四朝闻见录》记载："水心本为第一人，阜陵（孝宗）览其策，有'圣君行弊政，庸君行善政'之说，上微笑曰：'即是圣君行弊政耶？即是庸君行善政也。'有司遂以为亚。"①虽然因孝宗自我解嘲式的自问自答，本该名列第一的叶适落到了第二，但由此可以看出，叶适的这篇文章对当时皇帝产生了极大的触动，也体现了叶适对当时形势的敏锐洞见及其深厚的笔力。这篇文章后来被收录于《水心别集》中的《廷对》②一文。叶适在文中再次申明当时的"急政要务"，这是对《上西府书》中的观点的深化和发展，体现了他一贯的事功思想。

仕途的成功本应给叶适及其家庭带来极大的喜悦，但叶适母亲的离世给叶适来了当头一棒。叶适母亲杜氏从乾道八年（1172）到淳熙五年（1178）春这长达七年的时间里一直卧床不起，直到叶适及第归乡，杜氏突然能下床行走，盥栉梳洗，毫无痛苦，如同常人。然而不久后，杜氏疾病再度发作，救治无效，于闰六月二十三日溘然长逝，享年53岁。③这一大喜大悲的经历对叶适的打击无疑是巨大的，但他骨子里的坚韧性格还是让他重新振作了起来。

---

①叶绍翁撰：《四朝闻见录》，沈锡麟、冯惠民点校，中华书局1989年版，第62页。

②参见叶适：《叶适集》，刘公纯、王孝鱼、李哲夫点校，中华书局2010年版，第744—756页。

③同上，第510页。

　　而在叶适丁忧三年期间，又一噩耗传来：叶适的至交和恩师吕祖谦在淳熙六年（1179）末患上了风痹病，于次年四月辞官返回老家金华，最终在淳熙八年七月二十九日（1181年9月9日）病故，享年45岁。十月，吕祖谦落葬于明招山，叶适赶赴金华吊祭。这时，陈亮、潘景愈等人想推举叶适为吕学传人，但叶适考虑到自己从学较晚，且吕氏门生众多，永嘉之学与吕学并不完全一致，所以婉言推辞了。虽然叶适推辞了，但不得不说的是，他能得到如此多人的推举，也反映了他在某种程度上很好地传承了吕祖谦"得传中原文献之统"，这从叶适的《进卷》及《习学记言序目》中可以清晰地看到，此处暂且按下不提。

三、终入仕途，一展抱负

　　淳熙八年（1181），叶适三年服丧期满，被改任武昌军节度推官，正式踏入仕途，可以将自己的思想诉诸实践。同年六月，曾任右丞相的少保史浩向皇帝荐举江浙士人，叶适名列其中。但叶适基于自己的事功思想，于七月上书右丞相赵雄，请辞审察，"使不服勤幕职，尝试吏事，而遂蹞他途以希进取，则不惟丧失名义，而他日之法令事功，疏拙旷废，将有面墙之羞，以辜朝廷器使之意"[1]。叶适认为，为官不能一味贪图侥幸升迁，

---

[1] 叶适：《叶适集》，刘公纯、王孝鱼、李哲夫点校，中华书局2010年版，第540页。

而应通过"幕职""吏事"，逐渐熟悉"法令事功"。因此，同年冬天，朝廷任命叶适前往平江府（今江苏苏州）浙西提刑司担任幕职。这段幕职的任职经历为叶适开了一个很好的开端，使他详细了解了朝廷内的具体事物和法令。平江的同僚如刘颖（字公实）等人，也为叶适树立了很好的榜样，对叶适为官产生了很深的影响。

此外，在公事之余，叶适重操旧业，授徒讲学。前来平江向他问学者日增，包括吴县的孟猷（字良甫）、孟导（字达甫）兄弟，滕宬（字季度）、周南（字南仲）、孔元忠（字复君）、王大受（字宗可），瑞安的薛仲庚（字子长），东阳的厉详（字仲方），平阳的陈昂，以及婺州的王仲德等十余人。在与这些学生教学、讨论的过程中，叶适无疑是十分畅快、惬意的，这或许是他在入仕后为数不多的欢快时光。

淳熙十二年（1185）冬天，叶适受朝廷征召，结束在平江三年多的任职，赴京就任太学正。在离开平江之前，叶适又写成了一组重要的政论文章，即《水心别集》中的《外稿》六卷。[1]约20年后，叶适亲自整理编次，并撰写了跋文。他在跋文中回忆当年撰写这些文章的缘由时提道：

> 淳熙乙巳，余将自姑苏入都，私念明天子方早夜求治，

---

[1] 参见叶适：《叶适集》，刘公纯、王孝鱼、李哲夫点校，中华书局2010年版，第757—844页。

而今日之治，其条目纤悉至多，非言之尽不能知，非知之尽不能行也。万一由此备下列于朝，恐或有所问质，辄稿属四十余篇。既而获对孝宗，至光宗初又应诏条六事，然无复诘难，遂簏藏不出矣……而此书虽与一世之论绝异，然其上考前世兴坏之变，接乎今日利害之实，未尝特立意见，创为新说也。[①]

从这里可以看出，叶适撰写《外稿》是为了赴京后接受皇帝关于"治道"的"问质"，向皇帝献言。当然，这是宋代士大夫所向往的，期待有一天可以"得君行道"。

因此，《外稿》本质上是叶适精心设计的一份治国纲领。《外稿》从对历史源流的考察中，阐述当时的治国之道。以《始议》发其端，开门见山地提出"有天下之大，必尽天下之虑"的命题，并反复用历史经验论证"不尽天下之虑而终失天下之大计"。[②]其中，《取燕》三篇是"尽天下之虑"的前提，剖析了宋与"燕"（指代北方契丹、女真诸族）关系发展的过程和教训。[③]《息虚论》驳斥了"君主亲征"和消极"待时"两种治国

---

① 叶适：《叶适集》，刘公纯、王孝鱼、李哲夫点校，中华书局2010年版，第843—844页。

② 参见叶适：《叶适集》，刘公纯、王孝鱼、李哲夫点校，中华书局2010年版，第757—760页。

③ 同上，第761—764页。

的"虚论"，①《实谋》则揭示了当时治国最亟待解决的"四累"，即"财以多为累而至于竭""兵以多为累而至于弱""法度以密为患而治道不举""纪纲以专为累而至于国威不立"。②主体部分围绕财、兵、法度、纪纲四项展开，每项都详细剖析当时的弊端，并在此基础上提出改革的方案。《财总论》分析"古者财愈少而愈治，今者财愈多而愈不治"的原因，③并提出了一系列改革措施。《兵总论》揭示当时"养兵以自困，多兵以自祸，不用兵以自败"的弊端，④提出军队不能完全由国家供养，应根据不同性质进行区别对待。《法度总论》剖析"天下皆行于法度之害而不蒙法度之利"的矛盾现象，⑤详细列举了人事制度（"资格"）、任官制度（"铨选""荐举""任子"）、科举选拔制度（"科举""制举""宏词"）、教育制度（"学校"）、差役制度（"役法"）、监察制度（"监司"）等各项朝廷基本制度的问题所在，提出了趋利避害的改革建议。《纪纲》四篇则比较了国家权力分散与集中的利弊，提出适当分散中央权力的措施。⑥最后，以《终论》七篇作为总结。前两篇归纳了上述各

①参见叶适：《叶适集》，刘公纯、王孝鱼、李哲夫点校，中华书局2010年版，第764—766页。

②同上，第767—769页。

③同上，第773页。

④同上，第782页。

⑤同上，第791页。

⑥同上，第811—817页。

项内政改革方案，并提出"二年之外、五年之内"见成效的时间目标；后五篇则专论外交，分析宋、金相持的现状和各次"恢复"之论出台的背景，规划抗金复国的战略部署，强调"力行今日之实事，以实胜虚，以志胜气，以力胜口""以二年之外五年之内责其成功可也"。[1]综观《外稿》全书，它几乎涉及了方方面面，也呈现了叶适完整的治国方针。可以说，《外稿》标志着叶适政治思想和学术思想的完全成熟。可惜的是，叶适赴京后未能有机会面见皇帝，御前奏对，实为一大遗憾。

淳熙十四年（1187），叶适升任太学博士，得以"轮当面对"，简称"轮对"。为了此次"轮对"，叶适撰写了近四千言的《上殿札子》（又称《轮对札子》）。在这篇文章中，叶适提出了"四难五不可"，即"国是难变，议论难变，人才难变，法度难变，加以兵多而弱不可动，财多而乏不可动，不信官而信吏不可动，不任人而任法不可动，不用贤能而用资格不可动"[2]，期望激起孝宗的斗志，决意改革。他说道：

然则其难者岂真难乎？其不可者岂真不可乎……讲利害，明虚实，断是非，决废置，在陛下所为耳。大义既立，则国是之难者先变矣；陛下之国是变，则士大夫议论之难

---

[1]参见叶适：《叶适集》，刘公纯、王孝鱼、李哲夫点校，中华书局2010年版，第821—830页。

[2]叶适：《叶适集》，刘公纯、王孝鱼、李哲夫点校，中华书局2010年版，第835—836页。

亦变矣；群臣之在内者进而问之，在外者举而问之，其任是事者亲用之，其不任是事者，斥远之，则人材之难亦变矣。变国是，变议论，变人材，所以举大事也，其所当顺时而增损者某事耳，非轻动摇而妄更易也，则法度之难亦变矣。四难既变，则兵以多而弱者，可使少之而后强也；财以多而乏者，可使少之而后裕也；然后使官与吏相制而不制于吏，使人与法相参而不役于法，使贤能与资格并行而不屈于资格，皆无不可动之患矣。期年必变，三年必立，五年必成，二陵之仇必报，故疆之半必复，不越此矣。①

叶适的奏札切中时弊，也深深打动了孝宗。据《宋史》本传载："读未竟，帝蹙额曰：'朕比苦目疾，此志已泯，谁克任此，惟与卿言之耳。'及再读，帝惨然久之。"②可惜，此时的孝宗已经61岁，无力也没有斗志再进行改革，甚至决定为高宗守丧三年，并禅位太子，这使得叶适的慷慨陈词再次落空。

淳熙十五年（1188），叶适升任太常博士兼实录院检讨官。同年六月，朝廷中发生了兵部侍郎林栗参劾郎官朱熹的事件，针对"道学"的议论由此开始。

次年，即淳熙十六年（1189）二月，孝宗下诏传位皇太子，自称太上皇，太子赵惇即位，是为宋光宗。新君即位，给叶适

---

① 叶适：《叶适集》，刘公纯、王孝鱼、李哲夫点校，中华书局2010年版，第836页。
② 《宋史》卷四三四《叶适传》。

带来了新的希望，叶适迫切希望这位年轻力壮的皇帝能锐意改革，于是推敲呈上了《应诏条奏六事》，希望新君能力行改革，以图振兴。此文虽对光宗有所触动，但未掀起太大波澜。因此，叶适谋求外放，以期脱离樊笼，尽量以局外人的身份重新审视这位年轻的皇帝，进而谋求机会再图抱负。于是，在光宗升任叶适为秘书郎仍兼实录院检讨官之后，叶适随即请求外补，获得了添差湖北安抚司参议官的任命。

　　叶适在江陵参议任上，并无多少具体职责，因此得以利用闲暇时间广泛阅读书籍，并借此契机再度整理自己的思想。叶适在此期间阅读的书籍种类繁多，甚至主动阅读佛教经典，并从中有所感悟。他还颇为自信地去信给朱熹，结果引来了朱熹的批判。但也正是这次对佛教经典的阅读，使叶适对儒家精神及儒家之道有了更加清醒的认知，也让他看清了心学、理学中援佛入儒的弊病，从而为他后来批判朱子理学奠定了基础。

　　宋光宗绍熙元年（1190）十月，叶适被差知蕲州。次年春，叶适到达时属淮南西路的蕲州，开始首次担任一州的最高长官。不久后，他又被任命为淮西提举，兼提刑，转盐铁冶司公事，一时身兼数职。这是叶适第一次担任一地的“　把手”，从一州大局的角度去实践自己的政治思想，所以他对此十分尽心尽力。蕲州虽为“山泽之聚，淮之名城也”，但叶适赴任时，当地田野衰败，城市简陋，百姓贫困，文化落后。作为地方“父母官”，叶适时刻关心民生，即使是季节气候的变化，也不敢疏忽。同时，叶适也深刻意识到朝廷任命他到蕲州的职责。到任后不久，他在上奏朝廷的《谢表》中说道：

> 江、黄之间，山泽相杂，素号僻左，本极贫虚。属因淮南行铁以来，暨乎蕲口置监而后，阴仰官炉之美，不胜伪冶之烦，浸用骄奢，无复绳矩，所以检核增铸，禁绝私钱。畏两文销折之多，市井至于昼闭；取十年工本之数，军库为之顿空。解纷既难，任责良重。将欲布宣国家拊循之德，奉行监司督察之威，稍安人情，粗给经费，惧非孱拙，所克堪胜。①

淮南地处宋、金交界处，为防止南宋的铜钱流入北方，朝廷命两淮、京西等地使用铁钱，并于乾道初年设立了淮西铁冶司，管辖舒、蕲、黄三州，监铸铁钱。但铸铁钱有利可图，民间私铸渐多，导致币制混乱，朝廷和百姓的利益都受到损害。为了稳定币制，朝廷又采取增铸官钱、收换并禁绝私钱的措施，但在执行中困难重重，"解纷既难，任责良重"。叶适兼领盐铁冶司公事后，专职负责此项事务。他"在蕲州目见利害，询采吏民，颇为亲切"，经过广泛的调查研究，摸清了情况，提出了五项应对措施。一是"开民间行使之路"，即将"新旧诸样官钱，钉板印榜，晓谕民间，令其从便行使，亦立私钱样，令拣

---

① 叶适：《叶适集》，刘公纯、王孝鱼、李哲夫点校，中华书局2010年版，第25页。

选不用"，大大便利了百姓使用。二是"责州县关防之要"，即"专一禁止行使私钱之家"，让他们定期签订不用私钱的保证，申报治司进行监督，"只此一令，不必繁多，但要行之坚久，私钱无用，私铸自息"。三是"审朝廷称提之政"，"若要称提得所，义理均平，当使铁钱之过江南，亦如铜钱之过江北，皆有兑换之处，两无废弃之虞"。四是"谨诸监铸造之法"，即确定以蕲春监在淳熙七年至九年（1180—1182）所铸铁钱为质量标准，"钱文宜一，轻重大小宜均，则民听不疑，行用不惑"。五是"详治司废置之宜"，及分清治司和各路监司的职责，治司"但当督察稽考，总其大柄"，铸钱则由各路监司负责，使其相互协调。①这些措施的实施，有效整治了当地铸钱的隐患，体现了叶适的政治实践能力，证明他不是"纸上谈兵"，而是切切实实具有卓越的政治才干。

正当叶适在蕲州实践自己的政治思想，一展政治才干之际，南宋朝廷内部掀起了一场重大的政治风波。叶适在绍熙四年（1193）八月奉诏奔赴临安入朝，被任命为尚书左选郎官，不可避免地卷入了这场政治风波——绍熙内禅。

淳熙十四年（1187）十月，高宗在德寿宫去世，孝宗感念高宗的恩德，表示要为其服丧三年。为了服丧，孝宗让太子赵惇参与政事。淳熙十六年二月初二，孝宗又禅让帝位给太子，

---

① 参见叶适：《叶适集》，刘公纯、王孝鱼、李哲夫点校，中华书局 2010 年版，第 25 页。

是为宋光宗，而孝宗则成为太上皇，被尊为寿皇圣帝，简称寿皇。这次禅让本应是继高宗禅让给孝宗之后的又一桩美谈，向天下百姓彰显天家父子相亲，但不久后形势就急转直下。寿皇虽然退位为太上皇，但仍放不下手中的权力。而作为皇帝的光宗虽为孝宗之子，但随着时日推移，越发渴求权力。加上光宗之妻李氏性喜搬弄是非，行事霸道，光宗生性懦弱，其行为多被李后左右。李后生有子赵扩，她曾朝见寿皇，请立赵扩为皇太子，但寿皇认为应由光宗亲自与他商议，李后因此大发雷霆，寿皇也大怒。自此，李后不断阻止光宗朝见寿皇。有一次，寿皇购得良药，可治光宗长久以来的"心疾"，欲让光宗在朝见时服用。李后得知后认为其中有阴谋，大加阻止，使得此事最后不了了之。还有一次，光宗宴请大臣，大臣们建议光宗探望寿皇，李后得知后也立即阻止。凡此种种表明，寿皇和光宗、李后之间的猜忌愈发严重，矛盾也日渐尖锐，光宗自此不复朝省寿皇。见此情况，宰辅、百官乃至布衣之士纷纷上疏，谏请光宗恢复朝省。绍熙四年（1193）重阳节，光宗在群臣力劝下，准备起驾往朝寿皇，百官列班侍候。光宗已出殿门，却又被李后拉回了宫中。

叶适恰在此时入朝，被卷入了这场宫廷斗争的旋涡。叶适在入朝不久后被任命为尚书左选郎官。当时，光宗已连续七个月未朝见寿皇，朝廷事务皆被废置不行。叶适立即加入了谏疏的行列，认为父子相亲是自然之事，光宗应在天下百姓面前做好表率，不能因猜忌而不再朝省寿皇。在群臣的劝谏下，光宗有所悔悟，两次进宫朝省，朝廷上下一片欢悦。叶适又上奏，提出光宗过宫朝省时，应由宰执、侍从陪同，负责转达两宫之间难言之意，防止小人从中挑拨，可惜这一意见未被采纳。而两宫关系的好转也未能持久，不久又依然如故。究其原因，还是在于留恋权力的孝宗和当时掌权、年富力壮的光宗之间关于权力的争夺，这场权力斗争最终愈演愈烈，进而影响到朝堂事务，最终导致了绍熙内禅。

绍熙五年（1194）正月，寿皇染病不起，光宗继续托疾不去问病。至五月，寿皇病重，想见光宗，光宗仍不肯见，只同意由儿子嘉王入宫问疾。六月九日夜，寿皇终于病卒于重华宫，但光宗依然不肯出面主持丧礼。两宫间的不和最终酿成了南宋王朝的一场严重的政治危机。朝廷上下人情汹汹，以为祸在旦夕。近臣、巨富竞相装载金帛，藏匿于乡村；朝士中有人逃离数日，搬家归乡者甚多，皇室侍从也欲相率出城；军士籍籍有语，变乱的迹象已露端倪。在此万分危急之际，叶适当机立断，向当时宰相留正提出：“上疾而不执丧，将何辞以谢天下？今嘉王长，若预建参决，则疑谤释矣。”[1]这一请出嘉王缓解局势的建议被留正采纳，留正立即奏请立太子以安人心。几天后，光宗批准了这一请求，并亲书御札交付丞相，上写“历事岁久，念欲退闲”八字，表达了准备退隐的意愿。然而，胆小的留正害怕承担责任，借口上朝仆倒伤脚而请求罢免，连夜出城逃避。

---

[1]《宋史》卷四三四《叶适传》。

其实，光宗"念欲退闲"的批示，正是给这场政治危机的解决提供了一个契机，但其中的风险很大。留正显然无此胆识。于是，朝野将希望寄托在宗室出身的知枢密院事赵汝愚身上。最终，在叶适的联络、策划下，赵汝愚、蔡必胜以及宣赞舍人傅昌朝、知内侍省关礼、知阁门事韩侂胄、慈福宫提点张宗尹等相关人士达成一致意见，以内禅的动议上奏太皇太后吴氏，并请其垂帘主持此事。绍熙五年（1194）七月甲子日，太皇太后垂帘，嘉王即皇帝位，是为宋宁宗，一场政治危机至此总算得到了化解。在此次内禅中，叶适的表现无疑十分亮眼，起到了非常重要的作用，体现了他高超的政治智慧。

新皇即位，本应励精图治，叶适也期待借此一展政治抱负。然而，此时南宋朝廷却围绕"内禅定策"的推赏展开了新的权力之争。宗室赵汝愚因定策有功，得以执政。但同样在"内禅定策"的过程中立下大功的韩侂胄却未能如愿，从此对赵汝愚怀恨在心。面对赵、韩之间的权力斗争，叶适敏锐地察觉到隐藏的祸患，因此力求外补。于是，在绍熙五年（1194）十一月，叶适被任命为太府卿，总领淮东军马钱粮。这是叶适步入仕途以来第一次深入接触军事，进而全面了解军事事务，也为他后来力挽狂澜奠定了坚实基础。

与此同时，朝堂上韩、赵的斗争日益激烈。韩侂胄得益于家族势力，在此次斗争中最终获胜。赵汝愚在被贬途中去世。因为赵汝愚是道学的忠实信徒，他掌权后便明显重用以朱熹为首的道学家及其门徒，形成势力集团，排斥异己力量。因此，得势的韩侂胄为了稳固自己的地位，开始打击迫害以赵汝愚、朱熹为首的道学势力集团，凡与他意见不合者都被称为"道学之人"，后又斥道学为"伪学"，禁毁理学家的《语录》一类书籍。在科举考试中，稍涉义理之学者，一律不予录取。"六经"、《论语》、《孟子》、《中庸》、《大学》之书为世大禁。

庆元三年（1197），朝廷对"伪学"的打击进一步升级。闰六月，右正言刘三杰入见，提出"伪学"已升格为"逆党"。十二月，知绵州王沇上疏"乞罢伪学之籍"，要求将曾受"伪学"举荐之人尽数登记在案，免去其重要职务，改派闲差，或罢官归田，不复任用，这一建议被朝廷采纳。一时间，大量官员被罢免或改派，道学运动遭到严厉打击。被列入"伪学逆党"得罪著籍者共有59人，具体如下：

宰执四人：赵汝愚、留正、王蔺、周必大；

待制以上十三人：朱熹、徐谊、彭龟年、陈傅良、薛叔似、章颖、郑湜、楼钥、林大中、黄由、黄黼、何异、孙逢吉；

余官三十一人：刘光祖、吕祖俭、叶适、杨芳、项安世、李埴、沈有开、曾三聘、游仲鸿、吴猎、李祥、杨简、赵汝谠、赵汝谈、陈岘、范仲黼、汪逵、孙元卿、袁燮、陈武、田澹、黄度、张体仁、蔡幼学、黄灏、周南、吴柔胜、王厚之、孟浩、赵巩、白炎震；

武臣三人：皇甫斌、范仲壬、张致远；

士人八人：杨宏中、周端朝、张道、林仲麟、蒋傅、徐范、蔡元定、吕祖泰。①

由此可以看出，此次运动牵连范围之广、涉及层次之多。一时间，人人自危，纷纷抓紧与道学相关之物、之人划清界限，以免被牵连。

及至庆元四年（1198）四月，右谏议大夫张釜请下诏禁"伪学"。五月，宁宗终于正式"诏禁伪学"②。至此，"庆元党禁"达到高潮。

叶适在"庆元党禁"中被划入道学集团，未能逃过此次政治风波。庆元二年（1196）三月十二日，叶适被监察御史胡纮以"阿附权臣，过从伪党，诬蔑君上"的罪名弹劾，被"降两官，放罢"③，叶适所著的《进卷》也在此次风波中被焚毁。

直到庆元六年（1200），朱熹去世，韩侂胄认为道学势力集团已被彻底摧毁，自己在朝中的地位已经十分稳固。为了消除"党禁"造成的统治集团内部的对立状态，尤其是为了准备对金战争，韩侂胄决定逐步调整"党禁"的政策，开始起用一些虽被列入"伪党"但坚决主张抗金的官员。嘉泰元年（1201），叶适接到了起复任湖南转运判官的诏令。此时叶适已经历一系列打击，有点心灰意冷，加上身体欠佳，虽有意拒绝，但又不敢

①陈邦瞻撰：《宋史纪事本末》卷八〇，中华书局2015年版，第876页。

②《宋史》卷三七《宁宗一》。

③《宋会要辑稿·职官》七三之二一，中华书局影印本。

抗命，只好拖着病体到长沙赴任。次年，朝廷又授予他兼领秘阁修撰之职。嘉泰三年（1203）四月，叶适再次被朝廷委派前往泉州赴任。知泉州不满五个月，叶适于当年九月又被召赴行在入对，这无疑体现了朝廷对他的日益看重。十一月，朝廷又升任叶适为权兵部侍郎，准备进一步予以重用。然而，就在叶适仕途青云直上之时，命运再次给了他一个打击——父亲病逝了，叶适只能回家守制。而且，噩耗一个接着一个，在叶适回永嘉为父亲奔丧的同时，与之交游四十载的陈傅良就在叶适父亲去世的第二天，病逝于瑞安家中。这一系列的打击对日渐年迈的叶适来说，无疑十分沉重。他在守制期间编次《外稿》并撰写跋文。他在跋文中写道：

> 庆元己未，始得异疾，六年不自分死生，笔墨之道废，嘉泰甲子，若稍苏而未愈也。取而读之，恍然不啻如隔世事。嗟乎！余既沉痼且老，不胜先人之丧，惧即殒灭。[①]

命运对叶适何其不公，每当他有机会一展抱负之时，总会有天大的打击降临。在此篇跋文中，叶适已经清晰地意识到自己的衰老，开始考虑如何将这些"有益于治道"的论著传给子孙后代，而不是像少年时那样满身抱负，想凭自己的才干去推

---

① 叶适：《叶适集》，刘公纯、王孝鱼、李哲夫点校，中华书局2010年版，第843—844页。

动南宋变革。

此时叶适尚不知道的是，南宋朝廷又在酝酿一场历史上的大事变——北伐。此次事件将叶适的政治、军事才干展现得淋漓尽致。在笔者看来，如若不是南宋朝廷积弱，执政者不听叶适劝诫，叶适借助此次契机，未尝不能获得如王阳明一样文武双全的美誉。

韩侂胄擅权后，尽管排斥异己、重用小人，但在抗金复国上，由于深受当年宋孝宗力主恢复中原思想的影响，始终坚持抗金，并准备北伐。嘉泰四年（1204）春，韩侂胄定议伐金。开禧元年（1205）七月，韩侂胄被任命为平章军国事，"立班丞相上，三日一朝，赴都堂治事"①，独揽大权，调兵遣将，准备发动北伐。然而，由于疏于保密，南宋的军事动向早已被金人察觉。金人亦开始调集军队，准备迎战。

就在这一关键时刻，叶适三年服阕期满，于开禧二年（1206）初奉诏赶赴临安。叶适一直旗帜鲜明地支持抗金复国，但他认为此时北伐的时机还未成熟，因为南宋朝廷在"禅位"和"党禁"中消耗了太多力量。此时北伐难以成功。因此，叶适向韩侂胄提出了布防淮汉、兵民结合、培育实力、伺机推进的方案。然而，一心想要立盖世功名的韩侂胄根本听不进叶适的建议，这些切合实际的见解反而被视为不合时宜的迂缓之论，无人采纳。

---

① 《宋史》卷三八《宁宗二》。

　　同年五月丁亥，宋宁宗正式发布伐金诏书，宋、金之间的战争正式打响。然而，由于南宋军政腐败，将帅乏人，大部分军队战斗力很差，宋军大败，金兵南下，建康告急。韩侂胄不得不起用叶适以作防江之计。临危受命的叶适虽疾病缠身，但仍决心"凭国威灵"，争取最终的胜利。叶适深入研究了古今历史上防江的全部资料，发现三国时孙吴曾成功实施"以江北守江"的策略，而这一策略从南唐以后就被废弃了。建炎年间，金兀术正是在建康附近渡江，迫使高宗南逃。根据历史的经验教训，叶适向朝廷请求节制江北诸州，朝廷很快在七月中任命他兼任沿江制置使。①

　　开禧二年（1206）十月，金人集聚兵力，开始全面反攻。叶适采纳了门生滕宬的建议，发挥南方士兵的长处，采用斫营劫寨、以奇袭制胜的战术。他悬出重赏，招募勇士，很快募集到市井悍少和帐下壮士200人组成敢死队，命采石将徐纬率领。天黑后，敢死队乘小船渡江，埋伏在北岸的芦苇丛中。夜半，遭遇金兵，宋军先隐蔽在芦苇丛中，以箭射击，敌兵应弦而倒。箭用完后，宋军又挥刀出击敌兵。金人惶恐万状，不敢推进，等到天亮追来时，宋军已上船划到江中。叶适又命石跋、定山的守军也趁夜出动劫营，前后十余次，都取得成功，抓获了一批俘、馘（割下的敌兵左耳，指俘虏）回来报功。劫寨胜利的

---

①参见《宋史》卷四三四《叶适传》。

消息很快传开，"江南奋气，见者贾勇，而人心始安"①。在宋军的连续出击下，金兵开始退却，解除和州之围，退屯瓜步（今江苏六合东南）。叶适又派部将石斌贤由宣化渡江，会同夏侯成等分道进击，所向皆捷，金兵从滁州遁去。

在整个军事行动中，叶适始终指挥若定，"羽檄旁午，而适治事如平时，军须皆从官给，民以不扰。淮民渡江有舟，次止有寺，给钱饷米，其来如归"②。正是叶适从容镇定的大将风度，稳定了人心，激励了士气，保证了战斗的胜利和后方的安定。叶适后来总结这次战斗时说："世之败者无他，惮敌而己之气势自夺，非能夺气势于彼者也。余顷在江上所闻见，上自公卿诸将，下至走卒，无不如此。"③

江北出击却敌的胜利，不仅保住了长江防线，而且遏制了金兵主力的攻势。作为建康的最高指挥官，叶适力挽狂澜，扭转败局，功勋卓著，其意可与绍兴末年虞允文大败金主完颜亮的采石大捷相提并论，在南宋的抗金历史上留下了浓重的一笔。在叶适力保江防的同时，毕再遇坚守六合，并不断出击，使金兵日夜不宁，终于解除了对楚州的包围，撤出了淮南。至开禧二年（1206）年底，金兵大部退出两淮，金军统帅仆散揆退到下蔡（今安徽寿县北），不久患病，死于军中。宋、金之间的军事态势又逐渐趋于平衡。

---

① ②《宋史》卷四三四《叶适传》。

③叶适：《习学记言序目》（全二册），中华书局1977年版，第472页。

　　就在南宋由全面进攻转入以守为攻的情势下，开禧三年
（1207）二月，朝廷任命叶适为宝文阁待制，兼江淮制置使，专
门措置屯田。这使得叶适获得了实施自己"过江守江"战略思
想的机会。为了实现这一战略目标，叶适在江淮制置使任内努
力"经画江北以及两淮"，着手筹划和实施了三件大事。一是建
立堡坞，"用力寡而收功博"。二是措置屯田，安集两淮流民。
三是增设堡坞，凭险结寨，兵民同守。这三件大事以建立堡坞
为核心，同时措置屯田，安集流民，并进一步凭险结寨，次第
深入，从而在两淮地区构筑起多层次的防御体系，并将其建设
成收复中原的巩固的前沿阵地。这就是叶适精心设计的防江与
进攻相结合的江淮防务系统。按照这一战略构想，叶适抓紧实
施，催督工期，只用短短几个月时间，到开禧三年夏天，定山、
瓜步、石跋三大堡坞就已修筑竣工，并确立了两淮地区团结山
水寨47处，整个防务体系初具规模。叶适向朝廷呈上《定山瓜
步石跋三堡坞状》，详细报告筑堡经过和经验，并附上三处堡坞
图本及47处团结山水寨居民户口姓名账册。由于"措置屯田法
甚善"，叶适得到了朝廷"赐金带"的奖励，迎来了他人生的高
光时刻。

　　然而，开禧三年（1207）十一月初三日，后宫杨后勾结对
韩侂胄一向不满的礼部侍郎史弥远（前宰相史浩之子）、参知政
事钱象祖等人，秘密策划谋害了韩侂胄。朝廷中的投降派占据
了上风，开始疯狂迫害主战派。十二月八日，御史中丞雷孝友
上奏，以"阿附权臣，盗名罔上"和"纵吏出兵，附会侂胄"

的罪名，弹劾叶适及其弟子厉仲方。朝廷据此将叶适落职，将厉仲方追三官并送邵州居住。再次被罢官的叶适终于心灰意冷，少时决意改革的雄心在现实的一次又一次打击下被消磨殆尽。自此之后，叶适隐居水心村，不再出仕。

　　纵观叶适的政治生涯，他经历了多次起伏。或许正应了"天将降大任于斯人也"这句话，每当叶适稍有起复，似乎总有坏事相伴而至。然而值得庆幸的是，虽然叶适的政治生涯充满坎坷，但他还是有许多机会去实践自己的事功思想，并取得了显著成效。这些丰富的实践经历，也为叶适后来隐居水心村、整理思想提供了宝贵的素材，奠定了坚实的基础。

第三节
学说的整理：
潜居水心

一、潜居水心的原因分析

开禧三年（1207），叶适再次落职回乡，这标志着他彻底结束了30年的政治生涯，告别朝廷，开始一心潜居水心村。叶适潜居水心村的原因是多方面的，不过此前没有太多人对此进行详细分析，在此不妨逐一剖析这些原因，以期对叶适有更深、更全面的理解。

叶适潜居水心的现实原因就在于他自身抱病已久。庆元五年（1199）夏，叶适患了一场"异疾"，"畏风，更用寒热，药不疗病，聚腹胁上行，四肢百体皆失度，如土木偶"，不久又"不能伏枕席，常狂行竟日"①。而且，此病久治不愈，叶适早就有了辞职归乡的想法，但因皇命难违，只能"恭命勉行"。

---

① 叶适：《叶适集》，刘公纯、王孝鱼、李哲夫点校，中华书局 2010 年版，第 293 页。

及至开禧二年（1206）六月，叶适临危受命时，本就长期衰病在身，加上这一年紧张指挥退敌和筑堡，使得他的病情进一步加重。甚至从开禧二年冬天起，叶适又在旧疾之外复增背病，半年中"呻吟宛转"，痛苦异常。

除病痛外，造成叶适潜居水心的直接原因是政治失意。韩侂胄被杀后，主和派彻底占据朝堂，皇帝和士大夫们不再提北伐事宜，只偏安一隅，得过且过。叶适在长达30年的政治生涯中，虽有多次机会实践自己的思想，甚至在暮年力挽狂澜，延续南宋国祚，但其最根本的事功之学一直未被主政者采纳，其多项建言或被无视，或遭反对。他一直担任"救火队员"的角色，最后又落得个罢官的下场，好友、门人也纷纷受到牵连，被放罢还家。年岁渐长的叶适在一次次政治斗争中，面对朝廷的腐败无能，早已心灰意冷，决意退出政坛，"赐归于穷舍，即甘息望于荣涂"。

导致叶适潜居水心的主要原因还有他想要整理思想，完善学说，以教弟子。早在为父守制期间，叶适就已经意识到自身的衰老，那时他便萌生了著书立说的迫切愿望。当时叶适已疾病缠身，不知自己何时会像母亲一样突然离世。他自述"今既七十，余景不长。素有气疾，眩晕拘迫；近尤畏寒，涩缩惨懔。咳嗽随声，涕泪交下，倦怠屡月，瘦悴羸残，视荫将息，固无久存之理"。特别是在吕祖谦、陈傅良等人逝去后，叶适的这种想法变得更为急迫。虽然叶适在吕祖谦去世后拒绝成为吕学传人，但他传自吕祖谦的"中原文献之统"，还是让他产生了一种传承的使命感。此外，随着陈傅良等人的逝去，当时永嘉学派的发展、壮大只能依靠叶适一人了。传承永嘉学派，并教授新的一批门徒，也成了叶适的执念之一。因此，叶适在潜居水心期间做的最主要的两件事是：一是对自己的著作进行整理编次，并撰写《习学记言序目》，相关内容在下文再提；二是教授弟子。叶适本人亦特别享受与弟子讲学相长的过程，不管是当时在永嘉学院的讲习，还是丁忧时期的教学，都让他感觉快乐和安适。在这种时候，叶适无疑忘却了世间的所有纷争和功名利禄，沉浸于经史子集中的圣贤之语，体会圣贤所说的快乐，不知老之将至。

叶适整理学说的另一个重要原因是回应朱熹。朱熹在世时，对永嘉学派思想颇多批评，对永嘉学派的代表人物叶适也多有批判，且朱熹本人也希望能进一步和叶适"讲究辨切"，"欲得会面相与剧谈，庶几彼此尽情吐露，寻一个是处"①。但叶适当初没有作进一步的辨明，此后这种思想上的交流似乎也停止了。其中的原因是多方面的。其一，身为晚辈，不便深论。叶适在《祭吕太史文》中提道："昔余之于公也，年有长少之序，辈有先后之隔，每将言而辄止，意迟迟而太息。"②吕祖谦比朱熹年轻7岁，叶适对朱熹自然有一种敬畏之情，朱熹复信中所言

---

① 《朱子文集》卷五六《答叶正则》。
② 叶适：《叶适集》，刘公纯、王孝鱼、李哲夫点校，中华书局2010年版，第565页。

"观左右之意，若欲有所言者，而竟嗫嚅不能出口"①，亦证明了这一点。其二，各持己见，争徒烦聒。叶适晚年时，曾有人请教他对朱熹、陈亮争论的看法，叶适的答复是："要是面前人各持论未定，不欲更注脚，徒自取烦聒。"②虽然这是叶适对前人争论的态度，但也在某种程度上反映了他处理自己与别人观点有别时的立场。其三，同时也可能是最重要的原因，是叶适自身思想尚未成熟。朱熹曾讲："但见士子传诵所著书及答问书尺，类多笼罩包藏之语，不唯他人所不解，意者左右亦自未能晓然于心而无所疑也。"③叶适在隐居之前，精力主要放在从政上，实践其"治道"。虽然他实践"治道"是基于对儒"道"的认识，而且他在《进卷》中也论述了《易》《书》《诗》《春秋》《周礼》，但这毕竟只是形成了自己的基本看法，尚未有理论上的探究、论证和阐发。而朱熹的诘难涉及的是根本性的理论问题，即认为叶适的思想偏离了儒"道"。因此，叶适要与朱熹"分明去取，直截剖判"，恐实有困难。也正因为此，叶适难以与朱熹作进一步的辩论。但这不等于叶适放弃了自己的立场和看法。恰恰相反，他选择通过重新解释原典来证明自己的正确性。这种证明既是对朱熹以前诘难的回答，同时也是对朱熹道统观的全盘否定，而叶适的道统观也由此而确立。叶适在《习学记言序目》卷四十九《皇朝文鉴三》中"总述讲学大指"，便

①③《朱子文集》卷五六《答叶正则》。

②《云溪稿·水心叶先生哀辞》。

是直接针对朱熹在《中庸章句序》中所排定的道统的集中反驳。

最后一个原因是叶适本人的隐逸情怀。如前文所述，叶适童年启蒙时受到当时隐士陈烨的影响，这为他的人生选择提供了另一种可能性。等到叶适罢官回家，他所处的境地与当年的陈烨其实有着极大的相似处。叶适此时应该可以与当时的陈烨感同身受，从而萌生出归隐田园之意。此外，从叶适守制在家期间研读佛教经典并深受启发来看，其内心对宗教的出世之说也有着一定共鸣。不过，作为儒家弟子，他的济世救民情怀使他还是将出仕改革视为第一要务。只是在他经历坎坷、目睹南宋朝廷积重难返之后，他隐藏的隐逸情怀才被彻底唤醒。

综上所述，这些原因促成了叶适最后潜居水心，专心著书教徒。也正是在潜居水心的这十几年，叶适得以专注思考，整理自己前半生的所学所思，成为永嘉学派的集大成者。

二、思想形成的时代背景

要探究叶适思想形成的原因，就不得不对当时的时代背景进行详细而深入的剖析，尤其是南宋独特的社会进程值得重点探讨。中国哲学史上有两个繁荣的时代，同时也是两个重大变革的时期，即先秦时期和宋代。先秦时期各方面的繁荣，得益于井田制这一公有土地制度的瓦解和生产效率的提高，以及对周文化的承继。先秦社会把人从宗教生活中解放出来，确立了人的主体性地位，使中国文化自然而然地融于世俗之中，开启了"百家争鸣"的盛大局面。反观宋代社会，其繁荣则是以吸收唐代文明遗产为基础，与"近世化"的时代潮流相适应，使人的主体性发展达到了新的高度。宋代社会继承唐制，接受了将人们从"君权神授"中解放出来的文化政策，还完成了形上、形下的双向升华，并逐渐发展出一个致力于用道统取代君统的以江南（北宋覆灭后，南宋以江南杭州为国都，实现了文化中心的转移）为中心的新儒学。然而，由于中国长期处于大一统的专制王朝统治之下，加上宋代王朝多次经历被少数民族入侵的社会现实，宋代的商品经济屡次被打断，未能充分发展，最终未能实现社会的全面近代化，而只是呈现出"近世化"的特征。如此一来，宋代社会未能对当时旧的社会因素进行全面扬弃，其"近世化"进程只能在宋以后的朝代中缓慢发展，甚至出现停滞或倒退。历史地看，中国古代社会的发展在"近世化"的影响下，总体上仍以传统的君主集权制为底色，但在底层、局部的基层社会中，仍呈现出相对自由、独立、开放的近代化发展趋势。这种趋势直到明清变革乃至辛亥革命时才表现得更为显著。

宋代海外贸易在相对宽松的政策和航海技术进步的推动下，获得了长足的发展。不过，值得注意的是，虽然宋代海外贸易蓬勃发展，但还是未能改变中国以农业为主导的经济结构。从地域分布来看，海外贸易的影响仅辐射于沿海的广东、福建、江浙一带，虽然当时有许多当地的百姓开始从事海外贸易及相关的工作，但这种突发的经济活动未能明显改变这些地区以自然小农经济为主导的现实。①这也是宋代无法实现近代化的重要原因之一。

在农业技术方面，宋代鼓励百姓垦荒，在土地政策上与以往的朝代不同，推行"不抑兼并"，导致许多地主、贵族大量兼并土地以牟利，但也推动了宋代社会对垦荒的积极性日益高涨，使耕地面积较前朝有显著增加。此外，宋代发现了可以提高产量的占城稻，并予以推广种植，这就使得宋代在粮食生产上基本可以实现一年两熟，加上一些主要的水利灌溉设施的建设与维护，大大提高了宋代的农业生产效率。而对于温暖多雨、适宜水稻生长的江南地区来说，这些措施更是锦上添花，使其产量赶超北方地区，出现了"苏湖熟，天下足"的局面。

宋代农业的蓬勃发展推动了生产力的提高，进而促使生产关系发生变革。人们在满足了基本生存需要后，就开始有更高层次的追求。此外，当时土地兼并现象日益严重，大量农民丧失了原有的土地，这不仅加剧了阶层间的对立，也为社会提供了更多廉价劳动力；再结合坊市制度的日益松弛，这些因素共同为宋代手工业和商业的发展创造了一定条件。在地理优势上，江南地区受海外贸易影响，许多百姓开始从事制茶、陶瓷等行业，专门生产贸易商品以维持生计。随着每次交易金额和远距离贸易的增长，为了加速货币流通和便利贸易，人们发明了交子。在宋代社会、商业全面繁荣的背景下，政府对商业采取了

---

①参见黄纯艳：《宋代海外贸易》，社会科学文献出版社2003年版，第6页。

较为宽松的态度，默许工商业的发展，不过多干预和限制。因此，在宋代，商人的地位得到了显著的提高，他们不再像以往那样被社会各个阶层所鄙视。此外，宋廷还为商人打开了"科举"之路，为他们提供了向上流动的机会，也为他们步入仕途提供了可能。由此可见，在宋代，传统的重农抑商观念逐步转变为农商并重，商业的作用日益凸显。然而，虽然宋代商品经济繁荣，但其所能影响的范围还是非常有限，主要集中在沿海地区，许多内陆欠发达地区仍然是以农业作为基础的经济结构。这也正是宋代经济未能真正演变为近代经济，而仅被视为经济"近世化"的根本原因。

受宋代经济"近世化"的影响和海外贸易发展的推动，江南地区如温州呈现出经济繁荣的景象，这也为以永嘉学派为代表的浙东事功学派提供了新的研究视野和现实材料。换言之，永嘉学者们在坚持儒学的基础上，对儒学的诠释有了新的面向，即坚持"义利并重"，试图以此为基本理念来建构新的社会制度和伦理道德。

在政治方面，随着宋代科举制的完善和贵族门阀的没落，门阀掌控朝政的现象消失。这与宋代皇权强化、推行相对公平的科举制、大量选拔寒士（平民官员）密切相关。而新兴的官僚们又逐渐发展为士大夫阶层，并形成了较为高效的集权体制。随着士大夫阶层的崛起，以往通过血脉联系的"门阀"体系被通过"科举取士"步入仕途的官僚体系所替代，这使得君王较以往获得了更多的权力，但仍不免受到以儒学为核心的文化秩序的限制。这种限制并不体现在权力争夺上，而体现为以高于世俗权力的"理"为本体的约束。此外，儒学历来有"民本主义"和"平民关怀"的文化传统，大多出身底层的恪守儒学的士人们通常有"达者兼济天下"的志向与情操，他们对底层百姓有较为充分的关注，这也使平民的地位在宋代政治生活中得到了一定的提升，使平民们获得了一定的话语权。

由上可知，门阀制度的瓦解和科举制度的兴起使得皇权得以集中，这主要表现为对一些大中小城市的掌控力加强。然而，乡村等边远地区由于对中央集权的影响不大，多被地方宗族势力如乡绅、商人所把控，这就在一定程度上形成了相对宽松自由的乡里空间。在这个空间中，主导者大多是乡绅、富户，他们自身就是"民"而非"官"，缺乏合法性权力，从而为乡里空间提供了相对自由、宽松的思想环境。

在教育方面，由于儒家一贯主张"教化养民"，许多大儒名士投身教育事业，兴办书院、私塾。此外，当时也有一些落榜的士人以传授儒学维持生计，这就使宋代的教育事业获得了长足的发展。知识不再由高层精英阶层专享，学术和知识开始"下移"，底层民众在获得教育机会后，个人的主体性意识逐渐觉醒。

在以上诸多因素的共同作用下，民众的个体化意识逐渐增强，自发或自觉地追求更多的权利。虽然宋代以"秩序重建"为目标，在政治上也主要表现为对"道统如何取代君统"的努力，但在本质上，宋代社会面临的主要矛盾是逐渐觉醒的个体化意识与日益强化的君权专制间的冲突。这一矛盾自宋开始，一直持续到清朝，直至辛亥革命才有所转变。由此来看，中国的"近世化"进程与西方近代革命有些许相似之处，但与西方不同的是，由于中国的商品经济一直受到专制皇权的打压，未能充分发展，中国的近现代资本主义发展缓慢，再加上能参与这一进程的主体大多是崇尚儒学的地主阶级，他们具有一定的保守性和妥协性，更加注重社会整体的和谐，强调个人和整体的统一，刻意回避甚至否定"个体化觉醒"问题。正如日本学者沟口雄三在《中国的历史脉动》里提到的，中国呈现了与西方完全不同的历史发展逻辑，不像西方乃至日本是一种自上而下的变革，而是以一种温和、缓慢且从民间自下而上的方式，以乡里运动、乡里自治为形式推进变革，直到辛亥革命以各省独立的形式爆发。

这些要素促成了江南儒学的兴起乃至兴盛。正如马克思所说的"社会存在决定社会意识"，江南儒学的主要代表——理学、心学以及浙学，都是在"近世化"的进程中，随着人民个体化意识的日益觉醒而产生的。不过，就学派内部而言，理学、心学和浙学之间的差异主要体现在立场、路线上。

赵法生认为，牟宗三先生的"内在超越说"与"个体化意识"的现实状况颇为契合。①心学、理学把个人的道德上升为高高在上的"理"，从而赋予了个人的"理"以普遍性，最后"天

---

① 参见赵法生：《论孔子的中道超越》，载《哲学研究》2020年第4期。

理"又下贯、内化于人。人们可以通过"格物致知"克服自身的有限性，从而完成"内在超越"。这一过程不需要依赖外在权威，人们可以通过自身的努力来实现。这与西方的宗教改革有异曲同工之妙，西方宗教改革正是通过否定教会的权威，强调个人的主体性，完成了人的解放。而理学、心学通过对"理"的提升，将隋唐以前有人格的神转化为普遍的道德法则，人不必追求"天"这一外在权威，甚至不必听从所谓"君权神授"的君王号令，完全可以通过反躬自省完成自身的超脱。这在很大程度上对当时的皇权集权造成了冲击，也就不难理解为何心学、理学在南宋后期被打压甚至禁绝。乃至明朝，继承了理学、心学传统的王阳明，为了补救被正统化、官方化的朱学，在继承浙学传统的基础上，开创了阳明心学，进一步将人的个性、价值上升到了一个新的高度。但心学、理学过于追求高高在上的"天理"，导致理论与现实割裂，人成为抽象的符号。在具体实践中，人还是要依靠个体的独特体验去把握"天理"。理学家们经常静坐，以体验"湛然虚明"的境界，加上南宋以后言路断绝、君臣殊路，理学家们普遍陷入空谈性命的困境，无怪乎叶适抨击理学家流于释老。此外，依赖形而上的"天理"和内在化转向，理学对现世缺乏强制力和行动力，其工夫论过于复杂，将其局限于少部分受过良好教育的精英阶层。最终，理学被日益强化的专制皇权利用和曲解，反而变成了禁锢个体意识的牢笼。即使后期王阳明心学出现，也由于缺乏现实的基础支撑，过于追求内在化体验，仅造成明后期短暂的个体任情肆意的混乱局面和明末清初的思想大变革，在现实皇权的打压下又陷入沉寂。

浙学学者如叶适所处的南方地区受"近世化"影响最大，受到商业文化的影响，也看到心学、理学路线的弊端，转而追求个体解放的另外一条道路。相对于理学、心学的"内圣"路线，浙学更侧重于儒家的"外王"路线，从现实外在层面寻求新的秩序建设。

三、叶适对永嘉学术的继承

作为永嘉学派的集大成者，叶适在很大程度上继承了之前永嘉学派代表人物的思想。在叶适看来，永嘉学术的开创者是北宋时期以周行己为代表的"元丰太学九先生"。他们的思想主要继承自二程的洛学，并在学成之后于两浙地区传播洛学思想，同时他们也继承了张载的气学思想。从北宋灭亡到南宋建立，永嘉学术由郑伯熊继承再传。正是在郑伯熊的努力下，"元丰太学九先生"的学术思想才不至于被战火摧毁，得以延续。郑伯熊之后，永嘉学术由薛季宣继承，并经过长时间的演变，终于形成了具有温州特色的学术思想。而陈傅良继承了这一思想特征，将目光聚焦于外在社会制度的建设。这就是完整的永嘉学派传承脉络。

在这一学术传承脉络中，叶适根据永嘉学术在不同时期表现出来的具体思想和特点，将周行己、郑伯熊、薛季宣与陈傅良四人视为永嘉学派学术思想的代表人物，继而明确了永嘉学派发展的学术特点。叶适在《温州新修学记》中指出，永嘉之学有两个传统，第一个传统是从周行己到郑伯熊继承二程洛学和张载气学，从而强调义理的传统：

> 昔周恭叔首闻程、吕氏微言，始放新经，黜旧疏，挈其俦伦，退而自求，视千载之已绝，俨然如醉忽醒，梦方觉也。颇益衰歇，而郑景望（伯熊）出，明见天理，神畅气怡，笃信固守，言与行应，而后知今人之心可即于古人之心矣。故永嘉之学，必兢省以御物欲者，周作于前而郑承于后也。①

周行己最早听闻二程洛学和张载气学，前往求学后返回永嘉地区传播这些思想。郑伯熊则在继承周行己思想的基础上进一步发扬光大，提出"今人之心可即于古人之心"，也就是说，三代的儒家精神与现在并无本质区别，其内在精神依旧可以指导现实，人们只要回归这一精神，就可以在现实中实现和三代一样的人道之治。

第二个传统是从薛季宣到陈傅良所代表的经世致用的传统：

---

① 叶适：《叶适集》，刘公纯、王孝鱼、李哲夫点校，中华书局 2010 年版，第 178 页。

薛士隆愤发昭旷，独究体统，兴王远大之制，叔末寡陋之术，不随毁誉，必摭故实，如有用我，疗复之方安在！至陈君举尤号精密，民病某政，国厌某法，铢称镒数，各到根穴，而后知古人之治可措于今人之治矣。故永嘉之学，必弥纶以通世变者，薛经其始而陈纬其终也。①

薛季宣面对南宋岌岌可危的局势，决心挽大厦于将倾，将目光从回归三代之精神转向外在的事功。而陈傅良继承并发展了这一思想，对古代国家社会制度进行研究，认为古人的社会制度和伦理道德规范对于当时的社会建设仍有极大的借鉴意义。

综上所述，在叶适看来，永嘉学术的两大传统是"必兢省以御物欲"和"必弥纶以通世变"。叶适不认为这两个传统是相互割裂的，事实也确实如此。事功思想虽自薛季宣开始明确，但从王开祖开始的永嘉学人，其学术思想已经蕴含事功取向，只是没有明确提出。

因此，叶适以"吾一以贯之"②的态度阐释永嘉学术，在继承儒学精神的基础上，将这两个传统互相沟通、建构。叶适认同庄子把儒家精神定为"内圣外王"的论调，认为"必兢省以御物欲"的思想代表了永嘉学术的"内圣"方面，强调人的内心要回归三代精神的真正轨道；而"必弥纶以通世变"的思想

---

①②叶适：《叶适集》，刘公纯、王孝鱼、李哲夫点校，中华书局2010年版，第178页。

则代表了永嘉学术的"外王"方面，主张考究社会制度，在继承三代精神的前提下，针对当时具体的社会环境建立切实有效的社会制度和伦理道德规范。叶适认为永嘉学术的这两种传统与儒家传统的"内圣外王"精神完全一致，是儒家传统在宋代的新体现。在此基础上，叶适建构了自己的道物观，将道物观引入历史领域，把儒家之道的发展与人类社会发展历史统一起来。

总而言之，叶适将永嘉学派的两个传统与儒家精神的"内圣外王"相结合，从而阐明了"利者，义之和"的义利观，并明确了永嘉学派的实践思想，构建了一个系统、完整的永嘉学术体系。

四、倡道永嘉，以斯文为己任

任何思想都不是无根之萍，叶适一生的经历无疑对其思想形成有着直接影响。因此，有必要对上文进行梳理总结，以便更全面地了解叶适思想的形成渊源。

叶适思想形成的原因之一是他早年的未仕生涯，这为其思想发展奠定了基础。叶适启蒙时，母亲杜氏坚毅果敢的品格对他的品德养成及其崇尚刚健有为的思想产生了极大的影响。除此之外，叶适早年所处的永嘉地区及其邻居，对其理财思想、经世致用思想都产生了直接影响。而且，早在少年问学、游学时期，叶适与各个大家的交游，尤其是与陈亮、陈傅良、吕祖谦、薛季宣等人的交往，让他的学识和能力获得了长足的进步，他由此承继了永嘉学派经世致用的思想传统，为后来思想的发展打下了坚实的基础。

叶适入仕之后，其30年跌宕起伏的政治生涯更是对其思想的形成起到了极大的促进作用。一方面，他通过在地方和朝廷的任职机会，实践自己经世致用的永嘉学说。例如，在参议江陵、试郡蕲州时的理财和治理实践，绍熙内禅时的政治智慧，总领淮东时的统筹各方和熟悉军事，以及开禧用兵中的军事实践，都为其思想提供了丰富的经验和验证。另一方面，他在各个时期为"得君行道"所整理上书的奏疏，如《进卷》《外稿》，将其对底层社会的观察、思考及其政治实践整理、上升为治国方略，为他后期撰写《习学记言序目》提供了必要的基础。

另外，叶适儿时所处的瑞安地区通商惠工的社会环境，以及整个南宋的"近世化"时代背景，对他的义利并重、以人为本的思想产生了重要影响。同时，永嘉学派在长期发展过程中形成的"必兢省以御物欲"和"必弥纶以通世变"的两种"内圣外王"的思想传统，以及与当时理学、心学、婺学、永康之学等学派在相互争论、辩难中出现的问题和导向，促使叶适对永嘉之学的学理基础和实际运用进行了更多的思考、体认和反思。叶适由此逐渐对永嘉学派的各种思潮进行了汇通，最终成为永嘉学派的集大成者。

实际上，叶适的思想处于不断的发展之中。然而，由于政务的繁忙和政治斗争的严酷，他没有时间和条件对自己的学术思想进行全面的总结和深入的阐发。薛季宣、陈傅良等永嘉前辈的相继谢世，使叶适认识到对永嘉学术进行总结的任务已经历史地落到了他的肩上。因此，当得以脱离政治风波，回归水心村时，叶适将潜心治学作为晚年最重要的使命和事业。

叶适归隐水心后，用16年的时间来梳理自己的实践与思想，通过印证于经史，在以往学习摘录的资料基础上，撰成了他的思想代表作《习学记言序目》。此书在形式上类似于经史札记，实质上却是叶适对自己所确认的儒家精神的论证，以及他对程朱思想的否定。对此，叶适的学生孙之弘在序中作了清楚的说明。孙之弘曰：

> 盖学失其统久矣。汉唐诸儒推宗孟轲氏，谓其能嗣孔子。至本朝关、洛骤兴，始称子思得之曾子，孟轲本之子思，是为孔门之要传。近世张、吕、朱氏二三巨公，益加探讨，名人秀士鲜不从风而靡。先生后出，异识超旷，不假梯级，洙泗所讲，前世帝王之典籍赖以存，开物成务之伦纪赖以著；《易》《彖》《象》，仲尼亲笔也，《十翼》则讹矣；《诗》《书》，义理所聚也，《中庸》《大学》则后矣；曾子不在"四科"之目，曰"参也鲁"；以孟轲能嗣孔子，未为过也，舍孔子而宗孟轲，则于本统离矣。故根柢"六经"，折衷诸子，剖析秦汉，讫于五季，以吕氏《文鉴》终焉。其致道成德之要，如渴饮饥食之切于日用也；指治摘乱之几，如刺腧中盲之速于起疾也；推迹世道之升降，品目人材之短长，皆若绳准而铢称之，前圣之绪业可续，后

儒之浮论尽废。其切理会心，冰销日朗，无异亲造孔室之闳深，继有宗庙百官之富美，故曰稽合乎孔氏之本统者也。①

显然，叶适此书的宗旨在于表达与论证他对儒家精神（孙之弘序中称"本统"）的认识，同时也是对朱熹此前批评的彻底回应。

《习学记言序目》全书50卷，内容浩繁，包括《周易》四卷，《尚书》一卷，《毛诗》一卷，《周礼》《仪礼》一卷，《礼记》一卷，《春秋》一卷，《左传》二卷，《国语》一卷，《论语》一卷，《孟子》一卷，《老子》一卷，《子华子》一卷，《孔子家语》《孔丛子》一卷，《战国策》一卷，《荀子》《太玄》《法言》一卷，《管子》一卷，《孙子》《吴子》等兵书一卷，《史记》二卷，《汉书》三卷，《后汉书》三卷，《三国志》二卷，《晋书》二卷，《宋书》《南齐书》《梁书》《陈书》共三卷，《魏书》《北齐书》《周书》共二卷，《隋书》二卷，《唐书》《五代史》共六卷，《皇朝文鉴》四卷。全书始于"六经"，终于《皇朝文鉴》。其中，第四十九卷中因《皇朝文鉴》所收范育的《正蒙序》而引发的"总述讲学大指"，集中概括了叶适对儒家精神宗旨的认识，可谓全书之眼。正因如此，不仅《宋元学案·水心学案》收录了这一"讲学大指"，而且牟宗三在《心

---

① 《习学记言序目》附录一。

体与性体》第一部"综论"中也辟专章来评定这一"讲学大指"。

范育是张载门人，他的《正蒙序》之所以引起叶适的兴致，并促使其专门阐述自己的思想，是因为范育在此序中以《正蒙》为例，讨论了关洛之学的一个根本性理论问题，即儒学与佛老的区别。张载在《正蒙》中以"太虚之气"阐述他的形而上的本体思想，超越了具象性的存在物。这在当时的思想界是一个崭新的理论框架，用范育的话来讲，是"'六经'之所未载，圣人之所不言"①。

但是，张载哲学中"清虚一大"的表述，也被当时的思想界认为是模糊了儒学与佛老的界限，因而引起争议。范育趁序《正蒙》而为之辩。范育云：

> 自孔孟殁，学绝道丧，千有余年，处士横议，异端间作，若浮屠、老子之书，天下共传，与"六经"并行，而其徒侈其说，以为大道精微之理，儒家之所不能谈，必取吾书为正；世之儒者亦自许曰，吾之"六经"未尝语也，孔孟未尝及也，从而信其书，宗其道，天下靡然同风，无敢置疑于其间，况能奋一朝之辩，而与之较是非曲直乎哉？子张子独以命世之宏才，旷古之绝识，参之以博闻强记之学，质之以稽天穷地之思，与尧、舜、孔、孟合德乎数千

---

① 吕祖谦编：《宋文鉴》（全三册），齐治平点校，中华书局1992年版，第1284页。

载之间，闵乎道之不明，斯人之迷且病，天下之理泯然其将灭也，故为此言，与浮屠、老子辩。[1]

按照此序，宋儒普遍认为形而上之道体长期以来没有成为儒家关注的重心，而被佛老思想所占据。但在范育看来，张载的思想正是对千年湮没的道体进行了阐发，从根本上厘清了儒与佛老的区别。在这个阐发的过程中，张载虽出入佛老，在哲学话语上袭用佛老术语，但无伤儒家思想的根本。显然，范育的这种评定与后来朱熹的看法相符。

然而，对于范育的评定，叶适是很不以为然的。在叶适看来，儒家道体在后世的湮没确实是一个严重的问题，但这与佛老并无关系，因为儒与佛老在道体问题上是泾渭分明的，彼此所关注者及其论域并无交集。"佛在西南数万里外，未尝以其学求胜于中国。其俗无君臣、父子，安得以人伦义理责之。"[2]关洛之学以及朱熹将佛老的形而上问题引入儒家，甚至袭用佛老的话语与之争辩，表面上虽然建构起了一个与佛老有别且反对佛老的理论体系，但实质上不仅使儒家的道体被继续湮没，而且进一步地混淆了儒与佛老的根本区别。同时，关洛及朱熹之学在客观上也没有真正打击佛老，反而抬高了佛老的地位，使其更加张扬，即所谓"以病为药，而与寇盗设郛郭助之捍御"。

---

① 《正蒙序》。

② 《习学记言序目》卷四九。下引不另注。

如果要真正斥佛，"圣贤在上犹反手，恶在校是非角胜负哉"。叶适认为，理论争论的最终解决不应诉诸理论本身，而应诉诸政治。基于这样的认识与立场，叶适的"总述讲学大指"虽然是因范育之序而发，但针对的问题却超越了这篇序，也超越了张载的《正蒙》。实际上，叶适借此正面阐述了自己对儒家道体的认识，并通过对道统的讨论来论证这种认识。这既使他在《习学记言序目》中所表达的思想得到高度概括，又使永嘉学派的思想在连接儒家历史性权威的基础上得到确立，即孙之弘序中所说的"稽合乎孔氏之本统者也"。毫无疑问，后者是关键所在。

叶适的"总述讲学大指"在形式上仍沿用了《习学记言序目》的札记体例，内容上则以朱熹在《中庸章句序》中所确认的道统为讨论对象。从整个结构来看，可以按时序分为以下几个部分：一是从尧到孔子；二是孔子本身；三是孔子以后从曾子至孟子；四是自孟子以降至赵宋的千余年，其中以《易经》，尤其是《易传》和周敦颐、张载、二程为讨论重点；五是针对范育之序而论儒与佛的区别。但从思想建设的角度来看，则可以孔子为界，划分为上、下两个部分：其中朱熹所确认的孔子传人曾子及其以下的部分，是叶适努力去推翻的，通过这一推翻，叶适希望彻底否定程朱思想源于历史权威的正统性；另一部分则是包括孔子在内的以上部分，这是叶适在推翻与否定程朱对儒家精神的确认之后，他自己对儒家精神的阐述。通过这一正一反的工作，叶适最终使自己的思想"稽合乎孔氏之本统"。

叶适撰写《习学记言序目》的最主要目的，是解决永嘉学派在发展过程中暴露的问题。在此必须明确的是，永嘉事功学从诞生开始就面临一个关键问题：理论建设与实际研究之间的割裂。到薛季宣与二陈（陈亮、陈傅良）时期，对这一问题还只是有所触及，因为面对理论建设和实际研究的双重要求，永嘉学者在努力实现的同时，不幸地造成了彼此的分离。薛季宣、陈傅良的经制研究和陈亮的功利思想并没有有效贯通。而且，要弥合这种分离，仍靠原有的方法和形式是无法实现的。一方面，薛季宣和陈傅良的经制研究在相当程度上是置身于思想建设之外的，道德精神在他们的体系中实际上是处于十分含糊的位置；另一方面，陈亮的思想建设则完全摒弃道德，致使其思想与中国哲学确定的表达方式——注释和重建传统的精神——相脱离，而这种脱离不仅仅是形式上的问题。叶适对此十分清楚，所以他指出了当时的问题："夫学不自身始而推之天下，可乎？虽曰推之天下而不足以反其身，可乎？然而妄相融合者零落而不存，外为驰骤者粗鄙而不近矣。"①既然已经指出问题，自然就要去解决，所以《习学记言序目》应运而生。

关于叶适的思想，非此文所能尽言，只宜就所论主题进行分析。除了上述问题有待弄清，尚有两点疑虑。其一，"水心较止斋又稍晚出，其学始同而终异。永嘉功利之说，至水心始一

———

① 《叶适集》卷十一《温州新修学记》。

洗之"①。功利之说既已一洗之，叶适又如何成为永嘉事功学的集大成者？朱熹又何必"外永嘉而弗用"②？难道如有些学者所说，是全祖望失言了？③其二，"水心天资高放，言砭古人多过情，其自曾子、子思而下皆不免"④。显然，叶适批判古人并非目的本身，那么他究竟为了什么？

　　黄宗羲在评述陈亮与朱熹"王霸义利"之争时指出："夫朱子以事功卑龙川，龙川正不讳言事功，所以终不能服龙川之心。"⑤这句评语反过来，以道德套在朱熹身上，结果也是如此。这反映出一个事实：朱熹与陈亮作为哲学家，彼此的关注点是完全不同的。朱熹的目的是通过道德的确立来引导人类实现理想的生活方式；而陈亮则要凭借人类自身的努力来应对人类所面临的生存危机。⑥因此，前者重视的是价值关怀，后者追求的是生存智慧。两者相比较，传统论述多依据唯物主义与唯心主义的标准，偏向于陈亮，这种立场在中国传统哲学的多元诠释中无疑曾有并将继续展示其有效性。但本书的着眼点在于通过

---

①黄宗羲原著、全祖望补修：《宋元学案》卷五四《水心学案》全祖望按语，陈金生、梁连华点校，中华书局1986年版，第1738页。

②《叶适集》卷二八《祭薛端明文》。

③参见侯外庐主编：《中国思想通史》（第四卷下），人民出版社2011年版，第138页。

④黄宗羲原著、全祖望补修：《宋元学案》卷五四《水心学案》全祖望按语，陈金生、梁连华点校，中华书局1986年版，第1739页。

⑤黄宗羲原著、全祖望补修：《宋元学案》卷五六《龙川学案》，陈金生、梁连华点校，中华书局1986年版，第1840页。

⑥其实陈傅良已隐约指出这种区别。见《止斋文集》卷三六《答陈同甫书》。

历史性的研究来展示某一具体哲学在中国哲学发展中的价值。笔者以为，朱熹所关怀的价值依赖于具有历史性权威的传统，而包括朱熹在内的中国哲学家对传统的一般态度与其说是维护过去，毋宁说是面向未来。因此，尽管朱熹的价值体系的具体内容具有一定的时代保守性，但它作为开放的传统中的一个环节，具有超越时代、属于未来的意义。相反，陈亮对道德精神权威的推翻，势必导致基于传统的历史性权威的价值失落，从而割断价值的连续性，进而危及整个已有的社会秩序。朱熹的关怀是富有建设性的，而陈亮的追求则正相反，他专注于推倒而不是开拓。

由此，永嘉事功学要真正与朱、陆的学说成鼎足之势，叶适必须另辟蹊径。钱穆讲得好："陈亮反对朱熹的，在朱熹的新传统里抹去了汉唐诸儒，叶适则反对朱熹新传统里所定孔、曾、思、孟四子书之不合。陈亮还是在争态度，叶适始是在争思想。陈亮所根据的还是功利立场，叶适却直从正统宋学的义理立场来争辩。"①这不仅指明了叶适的路径，而且揭示了他的方法。至此可知，全祖望的说法并非失言。所谓"永嘉功利之说，至水心始一洗之"，指的是叶适放弃了陈亮那种推倒道德精神、以功利立场取而代之的做法，而是直接从道德精神出发来树立永嘉事功学的旗帜。其实，叶适的这种做法与薛季宣、陈傅良"以经制言事功"的路子也有所不同。但是，理解叶适这一路子

① 钱穆：《宋明理学概述》，九州出版社2010年版，第169页。

的必要前提是看到，无论是对薛季宣、陈傅良，还是陈亮，叶适都是予以高度肯定的。因此，叶适对陈亮做法的放弃，以及对薛季宣、陈傅良研究的修正，都只是一种策略。对此无论怎样强调都不过分。在实质上，叶适贯彻的仍然是陈亮的事功立场，只是他必须使这个立场与具有历史性权威的传统（道德精神是其价值核心）连接起来，从而才能毫无顾虑地用事功来解释义理；事功仍旧要落实于薛季宣、陈傅良所精研的制度中，只是制度的真正实施必须依赖于来自传统的权威。

那么，怎样才能做到这一点呢？办法只有一个，那就是否认朱熹排定的圣人系谱。无疑，这需要一种决然的怀疑态度和批判精神，而这正是永嘉文化背景的一个重要内容。①叶适并不缺乏这种态度和精神。叶适"言砭古人多过情，其自曾子、子思而下皆不免"，并非仅仅为了否定朱熹的"道统"而否定，而是永嘉事功学在发展中必须由他来解决的问题使然。正是在截断曾子对孔子的传承之后，叶适方能以遥接孔子自命，从而确立起永嘉事功学的正统地位，使事功合理地成为义理的注脚；而薛季宣、陈傅良的经制研究和陈亮的功利思想的分裂，在它们与具有历史性权威的传统相连接时得以弥合。

但是，叶适否定"道统"还有更大的意义。永嘉事功学的根本目的毕竟不是争"正统"，或者是思想上的自洽，尽管这些都是永嘉事功学在确立过程中必须实现的。事实上，务切实用

———————————

①参见拙稿《宋代永嘉事功学的兴起》。

才是永嘉学者的根本目的，而要真正达到这一目的，就必须从眼前的现实出发来谈论一切。然而，在中国哲学中，传统与过去始终受到高度尊重。因此，如何对待传统和现实，是永嘉事功学者必须解决的问题。叶适遥接孔子之后对传统的批判，实质上是对传统进行时代的阐释，在继承和尊重传统的基础上建设他自己根植于时代的创造性思想。所谓"至于论唐史诸条，往往为宋事而发"[①]，正揭示了这一点。事实上，叶适所批判的古今人物和学派甚为广泛；"自孔子之外，古今百家，随其浅深，咸有遗论，无得免者"[②]，并不局限于思孟学派以来的传统，尽管对它的批判相对集中一些，而这其实也是朱熹的"道统"的刺激所致。

由此可见，在叶适怀疑和批判的推动下，上述两个结果虽然总的来说都是叶适作为永嘉事功学集大成者的贡献，但前者主要解决永嘉事功学发展中的遗留问题，后者则是他对永嘉事功精神的真正贯彻，正是在这一点上，叶适使永嘉事功学臻于完备，这也是《习学记言序目》的目的所在。而且，正是凭借这一点，永嘉事功学作为与理学、心学相鼎立的一个派别，在对传统（主要表现为经典以及一些特定人物）的解释方向与方法上才能表现出分歧。朱子理学强调传统作为道德载体的权威性，要求人们认真遵守传统（表现为熟读经典），从中获得价值

---

① 《四库全书总目提要·子部·杂家类》。
② 陈振孙：《直斋书录解题》卷十。

的传承；陆子心学申明价值真正的源头在于每个人的本心，传统乃是个人本心发明的注脚，即所谓"六经皆我注脚"；永嘉事功学则坚信义理（道）只能存在于实际的事务之中，传统往往是根据现实的需要来引申的。显然，这种分歧在贯彻永嘉事功学精神的同时，依然保留了作为"对汉学的反动"而出现、作为"对时代精神的反映"的宋学风格。至此，永嘉事功学从立场、思想、方法上成为真正与理学、心学分庭抗礼的哲学派别。

第二章 | 叶适与道学运动

　　南宋的道学运动大致可分为三个阶段：两宋之际、绍兴末年至"庆元党禁"，以及解禁以后。一直以来，道学运动的研究主要集中在中国哲学领域，而宋代道学的理论成熟期是在绍兴末年至"庆元党禁"这一阶段，因此相关研究也多聚焦于此，并关注若干思想家。笔者在《南宋儒学建构》一书中曾尝试将南宋的道学运动置于历史的语境中进行理解，并对这三个阶段进行了连贯的分析。但是，对于绍兴末年至"庆元党禁"这个时期的研究，仍多囿于道学的理论性分析，从而忽视了其中重要的历史过程，尤其是这个时期的前中期的道学活动，这影响了对道学的完整认识。后来，笔者撰写了《郑伯熊与南宋绍淳年间洛学的复振》一文，以期补正相关的认识，但该文意在说明区域思想在这一时期道学复兴中的互动作用，且仅此个案为例，实不足以呈现这一时期的道学运动及其重要性。实际上，这一时期已形成道学的文化逻辑。故续撰以下内容予以勾勒，以期有所发现。

一、"东南三贤"与"乾淳诸老"

在宋室南渡并政局稳定之后，确立后续的意识形态成为必然任务。绍兴年间（1131—1162），荆公新学虽因赵宋蒙耻而渐受质疑，但新学与洛学仍处于反复消长之中。绍兴二十五年（1155），尚好荆公新学的秦桧去世，使得二程洛学的冰封期得以结束，从而真正开启了道学的复兴。①从绍兴末年起，中经隆兴年间（1163—1164）、乾道年间（1165—1173）、淳熙年间（1174—1189），直至"庆元党禁"（1195），道学由洛学的复振阐扬而发展为政治文化社会运动，形成并建构起新的文化逻辑。所谓文化逻辑，大致是指以逻辑体系为基础而形成的思维方式、认识方式与评价系统，以此为依据，影响甚至决定文化创造的内容与方向。

在这个实际跨度超过40年的历史过程中，道学运动历经几代人的努力。但是，长期以来，学界在梳理这一历史过程的思想史时，往往将前中期概括为"东南三贤"（朱熹、张栻、吕祖谦）的论学，将中后期归结为朱学、陆学、浙学的颉颃。从道学的理论层面来看，这种梳理有其合理性，但如果就整个道学运动的角度而言，特别是前中期，这种概括显得较为片面，尤其是把"东南三贤"视为南宋时人的称誉，容易造成误导。"东南三贤"的概括就像一把筛子，严重过滤掉了历史信息，不仅

---

① 参见拙著《南宋儒学建构》第一章。

遮蔽了这一时段道学运动的真实图景，而且影响了对道学运动的完整认识。造成这一片面认识的重要原因，除了学者主观上偏重道学理论层面的分析以外，还在于朱熹这一道学运动的领袖人物贯穿始终，使得不仅前后两段具有高度的连续性、重叠性，而且后半段是前半段的自然结果与高潮，这反过来又影响了人们对前半段的认识。

乾淳以后，即绍兴末年至淳熙年间的后半段，虽然道学运动尚未获得朝野的一致认同，但道学已成气候则是不争的事实。此时，道学运动的重心已转向对道学核心理论的确认与建构。综合全祖望的看法，这一过程大致可分为前后两个时期：前期以朱熹、吕祖谦与陆九渊为主，即"乾淳以后，学派分而为三：朱学也，吕学也，陆学也。三家同时，皆不甚合"；[①]后期则以朱熹与陆九渊为主，"而水心（叶适）断断其间，遂称鼎足"[②]。毫无疑问，朱熹是贯穿全程的核心人物；而且，在道学运动的下一个阶段，即"庆元党禁"以后，朱学在道学派系的整合中也最终"消化"了陆学与浙学，成为此后儒学的正统，引导整个政治、社会、文化的创造。[③]由此，回溯绍兴末年至淳熙年间的前半段，研究自然会以朱熹及其思想形成为中心，结果"东

---

①《宋元学案》卷五一《东莱学案》所引全祖望《同谷三先生书院记》，沈善洪主编：《黄宗羲全集》（第五册），浙江古籍出版社1992年版，第7页。

②黄宗羲原著、全祖望补修：《宋元学案》卷五四《水心学案上》，中华书局1986年版，第1738页。

③参见拙稿《庆元党禁的性质与晚宋儒学的派系整合》。

南三贤"的思想活动受到关注。事实上，这的确是这一时期道学运动的重要内容，尽管并非全部。

"东南三贤"的称誉大抵源于全祖望的一段话：

> 朱、张、吕三贤，同德同业，未易轩轾。张、吕早卒，未见其止，故集大成者归朱耳。而北溪辈必欲谓张由朱而一变，吕则更由张以达朱而尚不逮张，何尊其师之过邪？①

显然，这是全祖望针对陈淳等朱熹门人独尊其师、歪曲"三贤"关系而进行的论述，并非对绍兴末年至淳熙年间的前中期道学运动的概括。这与全祖望对乾淳以后道学全局的论断完全不同。根据全祖望的论述，这一时期朱、张、吕"三贤"共同推动了道学运动，但以"三贤"来代表这个时段，甚至以为当时宋人已有"东南三贤"的美称，则不免有误。在宋元时人的历史记忆中，具有文化象征意义的典型并不是"东南三贤"，而是更为宽泛的"乾淳诸老"。通过翻检史料可以发现，宋元时人并无"东南三贤"的提法，而"乾淳诸老"则是一个具有重要象征意义的指称，代表着一种文化风格，呈现在诗文、讲学、行止等各个方面。

《爱日斋丛抄》卷二记载陈福公（俊卿）在相位时营造居第

---

① 《宋元学案》卷五一《东莱学案》，沈善洪主编：《黄宗羲全集》（第五册），浙江古籍出版社1992年版，第36页。

不求门户高大，并引刘夙、刘朔兄弟事迹称颂之，指出"福公与刘皆莆人，士风殆近古"，但继而说明"或曰乾淳诸老典型自别，不独莆士风近古也"。可知晚宋时，像陈俊卿与刘夙、刘朔这样的"乾淳诸老"已成为超越地域的士风典型。兹再引数条材料以见之。

《文献通考·经籍考》卷六十六中，钱文子"白石诗传"条引乔行简序文："先生姓钱氏，讳文子，字文季，永嘉人。入太学，以两优解褐，仕至宗正少卿。乾淳诸老之后，岿然后学宗师。"

林希逸《竹溪鬳斋十一稿续集》卷十二《丘退斋文集序》载："有文字来，为文之士，谁不欲用于世。然而有不可必者，天也，非人也。老艾一宗之学，固非止于为文，而艾轩之文视乾淳诸老为绝出。"

马廷鸾《碧梧玩芳集》卷四《韩禾除国子司业制》载："尝登乾淳诸老之门墙，尚接中原文献之绪论。"

林景熙《霁山文集》卷五《宋贡士晋斋先生陈公墓志铭》载："知士藏愚，达人据槁。维此斋居，而以晋表。晋之自明，明非外曒。惟退于时，乃进于道。好丑千年，孰寿孰夭。讲学之功，乾淳诸老。"

入元以后，"乾淳诸老"仍然是典范。王义山《稼村类藁》卷四《题胡静得编祖黄溪诗集序》载："余闻黄溪诗似康节。今人言诗，必曰工于诗。呜呼！诗至于工，病矣。康节不求工于诗，而行云流水，诗之天也。黄溪有焉。黄溪子全真，尝倅南雄，余旧识于泉省馆中，每叹其有乾淳诸老风。"

王柏《鲁斋集》卷十一《跋久轩定斋帖》载："予幽约不勇，不能寻师取友于四方，求乾淳诸老私淑之遗训，以变化其气质。"

关于"乾淳诸老"典范性的历史记忆，不仅见于文字记载，还流于口传，足见其影响深远。袁桷《清容居士集》卷四十八《书史忠定王贷钱券后》载："桷年十三四时，有乡先生应君文炜，年八十余，善谈论乾淳诸老旧事。"

这就引出了一些重要问题："乾淳诸老"究竟包括哪些人？他们究竟是怎样的一个群体？他们又是以怎样的思想与言行成为文化上的典范，进而构成文化逻辑的？毫无疑问，南宋初期的道学先驱者们不在其中，因为从他们的生卒年来看，杨时（1053—1135）、罗从彦（1072—1135）、李侗（1093—1163）、王萍（生卒年不详）、张九成（1092—1159）、胡安国（1074—1138）、胡寅（1098—1156）、胡宏（1106—1162）等，除了李侗逝于隆兴元年（1163），其余诸儒都于绍兴年间（1131—1162）辞世。王萍虽生卒年不详，但因侄儿得罪秦桧而被夺官，坐废于家，可推知他也不出绍兴时期。因此，"乾淳诸老"无疑是后起的一批道学士群。要准确指出"乾淳诸老"具体包括哪些人，是一件很困难甚至不太可能的事情。但文献中也零星透露出一些线索，如前文提到的陈俊卿与刘珙、刘朔，以及朱、张、吕"三贤"名列其中。幸运的是，我们在叶适《水心集》中发现了一份重要的名单，虽然它肯定也不是完整的。《水心文集》卷十六《著作正字二刘公墓志铭》载："每念绍兴末，淳熙终，若汪圣锡、芮国瑞、王龟龄、张钦夫、朱元晦、郑景望、薛士隆、吕伯恭及刘宾之、复之兄弟十余公，位虽屈，其道伸矣；身虽没，其言立矣。好恶同，出处偕，进退用舍，必能一其志者也。"[1]尤为重要的是，叶适在这里不仅列出了这一道学士群的名单，而且概述了他们的志业及其行动方式，清楚地表明道学在绍淳年间的兴起是高度自觉的，近乎一个有目标、有配合的全方位的运动。

二、共同特征与和而不同

在上述诸儒中，以生年为序，王十朋（字龟龄，1112—1171）、陈俊卿（字应求，1113—1186）、汪应辰（字圣锡，1118—1176）、朱熹（字元晦，1130—1200）、张栻（字钦夫，1133—1180）、薛季宣（字士龙，亦作士隆，1134—1173）、吕祖谦（字伯恭，1137—1181）等，皆《宋史》有传。刘夙（字宾之，1124—1171）、刘朔（字复之，1127—1170）兄弟，《宋史》虽无传，但叶适所撰墓志记述其事迹甚详。相对而言，有关芮辉（字国瑞，？—1182）与郑伯熊（字景望，1124？—1181）的史料更少一些。除了正史，上述诸儒的言行在彼此的记载以及《宋元学案》中也多有体现。

---

[1]叶适：《叶适集》，刘公纯、王孝鱼、李哲夫点校，中华书局2010年版，第306页。真德秀《西山文集》卷三五《跋著作正字二刘公志铭》引叶适语，但将"绍兴末，淳熙终"改为"绍兴末迄淳熙中"，似乎更确切。

综观史传，诸儒除了张栻以荫补承务郎、薛季宣为伯父薛弼收养而入仕，其余皆科举出身。吕祖谦虽起初以祖致仕恩补将仕郎，但后来登隆兴元年（1163）进士第，又中博学宏词科。诸儒虽然原本各自的家庭有贫富之别，如汪应辰为农家子弟，出身贫寒，但通过科举，都进入士大夫阶层。这一士群具有相似的知识与仕宦背景。更为重要的是，细考他们的交游，他们与两宋之际的道学先驱们或多或少、或直接或间接都有关系，从而使得他们不仅构成士群，而且成为道学士群。其中，朱熹、张栻、吕祖谦自不待言。汪应辰早年受教于喻樗而得侍胡安国、吕本中，进士及第后，又以张九成为本师，与李侗相善。陈俊卿在《宋元学案》中被列为与胡安国同调的叶廷珪门人，且绍兴末年他力荐起用张浚，并协助张浚整饬边备，而伊洛之学在南宋的复兴实得力于张浚。王十朋在《宋元学案》中被列为张浚门人。薛季宣的父亲薛徽言是胡安国的弟子，薛季宣自己则获事于程颐弟子袁溉而尽得其学。郑伯熊私淑于二程门人周行己。刘夙、刘朔兄弟则师事林光朝，据全祖望考论，林光朝是尹焞弟子，同时兼得于王萍。据明人彭大翼《山堂肆考》卷一"以交国瑞"条，芮辉为张九成门人；其兄芮烨（字国器），在《宋元学案》中被列为与赵鼎、张浚同调。

除了相似的出身，尤其是相近的道学背景外，诸儒之间有着良好的关系，只是由于际遇等因素，关系的密切程度有所不同。从年龄上看，这一道学士群可以划分为三个梯次：首为王十朋、陈俊卿、汪应辰，次为刘夙和刘朔兄弟、芮烨和芮辉兄

弟、郑伯熊，再则朱熹、张栻、薛季宣、吕祖谦。然而，朱熹
虽属晚辈，但他登进士第的时间却早于这一士群中最年长的王
十朋；同属晚辈的张栻、吕祖谦也因家族背景，较早崭露头角，
在道学士群中广有交往。从地缘上看，刘夙、刘朔与陈俊卿同
属莆人，但刘夙、刘朔在温州任职，并将母亲接到温州供养，
因此对后来的永嘉诸儒，如陈傅良、叶适等产生了影响，而与
同属闽省的朱熹来往有限。相反，郑伯熊因在建州任职，与朱
熹有过实质性的合作。个别儒者虽然彼此闻名，但无缘相见，
如朱熹与薛季宣。但无论关系密切程度如何，诸儒之间都彼此
视为同道，相互推崇，因此才会呈现出叶适所言的情形，"好恶
同，出处偕"。

　　略举数例以见其概。王十朋卒后，其墓志由汪应辰撰写，
张栻书写，朱熹题盖；[1]后朱熹又为其遗文《梅溪集》撰序。陈
俊卿卒后，"朱子不远千里哭之，为状其行……子守、定、宓俱
从朱子受学焉"[2]。据四库馆臣的概述，汪应辰"与吕祖谦、张
栻相善，于朱子为从表叔，恒相与商榷往返，其授敷文阁待制
也，举朱子以自代，契分尤深"[3]。芮辉之兄芮烨任国子祭酒
时，"陈傅良、陈亮、蔡幼学、陈谦皆在太学，先生陶铸之甚

---

[1]参见王十朋：《王十朋全集》附录，梅溪集重刊委员会编，上海古籍出版社1998年
版，第1112页。
[2]李清馥：《闽中理学渊源考》卷二九《莆阳陈氏家世学派》。
[3]《四库全书总目》别集类《文定集》提要。

至。时东莱为学官，抠衣讲学，昌明斯道，先生以女妻之"①。郑伯熊卒后，朱熹撰文记其事迹以示表彰。②凡此之类，实不胜枚举。至于朱熹、张栻、吕祖谦之交游论学，人尽所知，更无须赘述。实际上，在诸儒之间，即便过去许多年，故人事迹仍在记忆之中，不时述之，引为楷模。在朱熹的《偶读漫记》中，尝记载关于对待传染病人的态度与方法一事，不仅可证上述之言，更可见道学诸儒的思想与行动，故不嫌其烦而录之。朱熹写道：

> 俚俗相传，疫疾能传染，人有病此者，邻里断绝，不通讯问，甚者虽骨肉至亲，亦或委之而去，伤俗害理，莫此为甚。或者恶其如此，遂著书以晓之，谓疫无传染，不须畏避。其意善矣，然其实不然，是以闻者莫之信也。予尝以为，诬之以无染而不必避，不若告之以虽有染而不当避也。盖曰无染而不须避者，以利害言也；曰虽染而不当避者，以恩义言也。……抑染与不染，似亦系乎人心之邪正，气体之虚实，不可一概论也。……刘宾之官永嘉时，郡中大疫，宾之日遍走视，亲为诊脉，候其寒温，人与药

---

①《宋元学案》卷四四《赵张诸儒学案》，沈善洪主编：《黄宗羲全集》（第四册），浙江古籍出版社1992年版，第731页。

②参见朱熹撰：《晦庵先生朱文公文集》卷八一《跋郑景望书吕正献公四事》，《朱子全书》（第24册），上海古籍出版社、安徽教育出版社2002年版，第3854页。

饵，讫事而去，不复盥手，人以为难。后皆无恙云。^①

共同的道学背景使得这一道学士群大抵形成并持有共同的思想观念、思维方式，以及立身处世的性格，彼此既引为同道，又相互砥砺，契合了人以群分的常理。在认识到这一道学士群的上述基本特征以后，有必要指出，虽然他们有着共同的基本特征，有着共同的追求，但这并不意味着他们彼此间不存在分歧。无论是在政见，还是在具体的处事以及学术上，这一道学士群都明显甚至强烈地表现出"和而不同"的特征。

对金和战是南宋初期政治上最重大的议题。在秦桧主政期间，主和是基本国策。本书所涉道学士群几乎都是在秦桧主政时不得志的，他们在对金问题上也往往是主战派，但又不尽然。比如，陈俊卿一向主张抗金，并力荐起用张浚，但对于张浚上任后启动的符离之战，陈俊卿并不认同，还劝其暂缓，"俟万全而后动"^②。有时，和战问题上的分歧在道学士群中表现得很尖锐。叶适尝记朱熹与刘夙的争论：

---

①朱熹撰：《晦庵先生朱文公文集》卷七一《偶读漫记》，《朱子全书》（第24册），上海古籍出版社、安徽教育出版社2002年版，第3417页。这条札记写于何时不详。此前有一条题为"乙卯十一月"，在朱熹（1130—1200）生卒年间共有两个乙卯年，分别是1135年与1195年。故此处应是后者，似为朱熹晚年札记。
②朱熹撰：《晦庵先生朱文公文集》卷九六《正献陈公行状》，《朱子全书》（第25册），上海古籍出版社、安徽教育出版社2002年版，第4454页。

于时，士无不向恢复者，朱公元晦亦以为人主义在复仇。遇著作（刘凤）于李德远坐，论之，著作弗是也。他日朱公曰："乃为宾之、德远夹攻！"德远者，吏部侍郎李浩也。[1]

至于产生这种分歧的原因，难以一概而论，很大程度上可能与当事人的具体认识有关。以朱熹为例，他在和战问题上的立场前后也发生了变化。[2]

宋代已进入士人社会，科举成为仕进的必经之路。因此，士子们普遍重视科举。然而，洛学自始就将圣人之学与科举俗学区别开来，这在程颐《颜子所好何学论》中已经论述得很清楚。如何在士子们的个人生活中达到道学与俗学的平衡，实是道学士群必须面对的问题。朱熹的看法显然比较通达，大抵反映了当时比较普遍的观点。朱熹在回复刘履之的信中讲：

衰朽益甚，思与朋友反复讲论，而外事纷扰，不能如愿。如履之者，又相去之远，不得早晚相见，为恨。然此

①叶适：《叶适集》，刘公纯、王孝鱼、李哲夫点校，中华书局2010年版，第306页。

②寺地遵在《南宋初期政治史研究》中曾尝试从地域角度加以说明，认为环太湖流域因地处富庶，多主张和，而川闽人士多主张战。但寺地遵在书中也提到，湖州长兴人刘度"以春秋之义迫孝宗复仇"；而刘凤、刘朔、陈俊卿、朱熹同属闽人，对和战问题的态度又有区别。

事全在当人自家著力，虽日亲师友，亦须自做功夫，不令间断，方有入处。得个入处，却随时游心，自不相妨，虽应科举，亦自不为科举所累也。①

但是，"不为科举所累"绝不等同于鼓励士子为科举而读书，更反对亲自教导士人追逐功名，这也是"乾淳诸老"的基本立场与态度。不过，吕祖谦似乎有些例外，他的门下常常集聚许多求取场屋技巧的士子，所谓"伯恭在衰经中，而户外之屦恒满"②。对此，同道不以为然，吕祖谦也自知不对，力求改变，但世俗人情如此，亦难绝情，故诸儒往往只是婉劝。事实上，朱熹也遣子从学于吕祖谦。然而，张栻却不然，他将此事提到义理层面，对吕祖谦的批评可谓义正词严。张栻在给吕祖谦的信中讲：

> 去年闻从学者甚众，某殊谓未然。若是为举业而来，先怀利心，岂有就利上诱得就义之理！今已谢遣，甚幸。

---

① 朱熹撰：《晦庵先生朱文公文集》卷五九《答刘履之》，《朱子全书》（第23册），上海古籍出版社、安徽教育出版社2002年版，第2826—2827页。四库全书本中，此信题为《答刘复之》，但信中言"衰朽益甚"，推测朱熹当时已是晚年。陈来依据"外事纷扰"，推测此信写于庆元元年（1195）（参见陈来：《朱子书信编年考证》，上海人民出版社1989年版，第386页）。刘朔（字复之）卒于1170年，故从点校本。

② 《宋元学案》卷五一《东莱学案》，沈善洪主编：《黄宗羲全集》（第五册），浙江古籍出版社1992年版，第31页。

但旧已尝谢遣，后来何为复集？今次须是执得定，断得分明，不然犹有丝毫牵滞，恐复因循于它日也。①

足见在同样的事情上，诸儒的思考与行动仍有所不同。

学术上的分歧则更多。朱熹、张栻、吕祖谦是"乾淳诸老"中在学术上最具贡献者，他们的学术讨论已为学界所熟知。这里另举二例以见之。其一是汪应辰对朱熹观点的商榷。朱熹在绍兴末至乾道初振扬洛学时，曾极力主张二程师从周敦颐，以确立道学的理论体系，同时严厉批评包括苏氏蜀学在内的学派。但汪应辰对朱熹的这些观点都不以为然，他在给朱熹的信中一再指出其不妥之处。关于二程与周敦颐的关系，汪应辰认为：

> 濂溪先生高明纯正，然谓二程受学，恐未能尽。范文正公一见横渠奇之，授以《中庸》，谓横渠学文正则不可也，更乞裁酌。②

张载年轻时曾向范仲淹上书讨论边防策略，范仲淹赏识其才华，但认为他更适合钻研学问，便建议他研读《中庸》。这一指引对张载转向哲学研究起到了关键作用。张载的"四句教"和范仲淹"先天下之忧而忧，后天下之乐而乐"的情怀也有着

---

① 张栻：《南轩集》卷二五《寄吕伯恭》。
② 汪应辰：《文定集》卷一五《与朱元晦书》。

异曲同工之处，二者内核一致。但显然，我们不能说张载就是师承于范仲淹。汪应辰在这里借范仲淹和张载之间的关系，来反驳朱熹认为二程师承周敦颐的观点，认为"恐未能尽"，二程应该受过周敦颐的指点，但其思想的发展应该不是完全继承于周敦颐。

关于苏氏蜀学，汪应辰指出：

> （苏氏）欲和会三家为一，此盖气习之弊，窃以为无邪心，谓其不知道也。君欲指其失以示人，则如某事某说，明其不然可也；若概而言之，以与王氏（安石）同贬，恐或太甚。论法者必原其情，愿更察之也。①

苏氏兄弟，特别是苏轼，个性自由，这也导致了其思想比较自由，不太拘泥于门户之见，所以苏氏蜀学融汇了儒、释、道三家之见。在坚持儒家正统思想的朱熹看来，这是大逆不道的。但在汪应辰看来，朱熹的指责过于严厉，认为不能像对待王安石新学那样，将苏氏蜀学全盘否定。他又讲：

> 示谕苏氏之学疵病非一，然今世人诵习，但取其文章之妙而已，初不于此求道也，则其舛谬抵牾，似可置之。②

---

①②汪应辰：《文定集》卷一五《与朱元晦书》。

　　在汪应辰看来，苏氏之学中的文章仍有可取之处，其文章的精妙之处完全可以用来指导儒生，而其中的一些小错误"似可置之"。另一个例子是朱熹、张栻与永嘉学者的异同。在叶适开具的"乾淳诸老"名单中，永嘉学者有两位，分别是郑伯熊与薛季宣。朱熹、张栻与薛季宣未曾相见，仅有书信往来，朱熹对薛季宣的思想似无直接评论，但张栻却有所涉及，指出的问题也恰恰是后来朱熹对永嘉学术或浙学的批评所在。张栻在信中对吕祖谦讲：

　　　　士龙正欲详闻其为人，但所举两说甚偏，恐如此执害事。事功固有所当为，若曰喜事功，则"喜"字上煞有病。①

　　郑伯熊尝任职于建州，与朱熹合作刊刻二程著作等书，对洛学的复振具有相当贡献。在合作中，两人就如何编纂程氏著述各抒己见，并且延及对儒家经典如《尚书》的诠释讨论。②
　　凡此足证诸儒在南宋道学兴起的过程中，思想与行动在同样的大方向下保持着和而不同的状态，彼此商榷频仍。虽然在这个过程中，朱熹因其思想精深博大而渐显中心地位，但这种中心地位正是在他与诸儒的互动中体现与形成的。可以说，正是在这种和而不同的状态下，绍淳年间的道学运动才具有内在

①张栻：《南轩集》卷二五《寄吕伯恭》。
②参见拙稿《郑伯熊与南宋绍淳年间洛学的复振》。

的活力。后来朱熹与陆九渊的论辩，以及叶适对朱、陆的批评，正承袭了绍淳年间诸儒的风格。此外，如果从诸儒彼此所异，以及他们交游的半离散状态而观之，则可知这一道学士群绝不是一个有着共同纲领的组织，而只是一个有着共同趣味的群体。因此，称他们为道学士群，只能是一种泛指。更恰当的指称，也许是在这个泛称下沿用传统的"门人""讲友""学侣""同调"等称呼，以作区别。

　　道学士群在绍兴末年形成，并作为一个半离散的共同体产生影响，首先是因为政治上的仕风问题。笔者在《郑伯熊与南宋绍淳年间洛学的复振》中已通过叶适的一篇序文，阐明了这一史实。这里仍从这篇序文出发，作进一步的记述。叶适在为郑伯熊的胞弟、与郑伯熊并尊为"二郑公"的郑伯英（1130—1192）的文集所写的序文中讲：

　　　　余尝叹章、蔡氏擅事，秦桧终成之，更五六十年，闭塞经史，灭绝理义，天下以佞谀鄙浅成俗，岂惟圣贤之常道隐，民彝并丧矣。于斯时也，士能以古人源流，前辈出处，终始执守，慨然力行，为后生率，非瑰杰特起者乎？吾永嘉二郑公是已。①

----

①叶适：《叶适集》，刘公纯、王孝鱼、李哲夫点校，中华书局2010年版，第16页。

这里清楚地点明，道学士群的崛起，凭借的是知识与品行两个方面。一是知识上要通经史明理义，二是仕风上要抗佞谀鄙浅之俗流。寺地遵在分析反秦桧的势力时，曾概括出出生地、学问好、反能吏以及主张抗金四个特征。[①]其中，出生地、主张抗金在前文已略涉及，殆难一概而论。但学问好、反能吏确实为叶适序文中所表彰的内容。而学问好、反能吏，究其根本，就是要秉持理义，端正人心。这构成了道学的基本立场，他们的全部思想与文化建构、公共与私人实践都以此为起点，以此为终点。朱熹借表彰周敦颐，将这点阐明得非常清楚：

> 盖有以阐夫太极、阴阳、五行之奥，而天下之为中正仁义者，得以知其所自来；言圣学之有要，而下学者知胜私复礼之可以驯致于上达；明天下之有本，而言治者知诚心端身之可以举而措之于天下。[②]

道学家们关于这一思想体系的建构与论证，牵涉到整个南宋儒学的讨论，已有大量研究可以参看。除了理论层面的建构外，这一道学士群主要通过他们个人从朝廷到地方的政治言行，以及刊刻著作、表彰先贤、探索教育，乃至日常生活中的为人

[①]参见寺地遵：《南宋初期政治史研究》，刘静贞、李今芸译，复旦大学出版社2016年版，第364—374页。

[②]朱熹撰：《晦庵先生朱文公文集》卷七九《韶州州学濂溪先生祠记》，《朱子全书》（第24册），上海古籍出版社、安徽教育出版社2002年版，第3768—3769页。

处事，立体性地构筑文化风尚。比如，前文提到的朱熹关于传染病的处理态度，典型地呈现了道学的立场与精神。道学士群的整个文化建构在他们的生平事迹中有集中而清晰的反映，如朱熹为陈俊卿所撰行状、为王十朋《梅溪集》所撰序言，以及叶适为刘夙、刘朔所撰墓志。即便有些人生平事迹因缺乏类似文献记载而显得隐晦难寻，但片段的材料仍然能折射出他们的精神，如郑伯熊书吕公著四事于斋壁以自警，这类事例在这一道学士群中实不一而足。

明确了这样一个整体面貌后，则可以择一二侧面作更细致的观察。教育是道学运动中至为重要的一环，张栻常讲："学校之事，此为政之所当先也。"①但南宋道学初兴时，教育在内容和场所上都存在着困难。仅就内容而言，张栻与朱熹都曾与当时任职湖州的薛季宣讨论过胡瑗当年在湖州办学的问题，希望从中探寻教育之路。胡瑗是推动宋学兴起的重要学者，程颐著名的《颜子所好何学论》即是因胡瑗任教太学时考问诸生的问题而写；胡瑗最初成名于东南，而后进入太学，由地方而中央。因此，无论是从胡瑗对于道学的贡献，还是他的成就来看，他的思想与教法对于南宋在东南重新崛起的道学士群仍然具有示范意义。朱熹在给薛季宣的信中，所关心的也正是胡瑗的学问精神与具体教法。朱熹讲：

---

①张栻:《南轩集》卷一九《答湖守薛士龙寺正》。

　　窃尝读安定之书，考其所学，盖不出乎章句诵说之间。以近岁学者高明自得之论校之，其卑甚矣。然以古准今，则其虚实淳漓、轻重厚薄之效，其不相逮至远。……又闻庆历间尝取湖学规制行之太学，不知当时所取果何事也？求诸故府，必尚有可考者，得令书吏录以见赐，则又幸甚。①

　　当朱熹对胡瑗学问精神的猜想得到薛季宣的确认后，他表现出极大的欣慰。朱熹讲："垂谕湖学本末，不胜感叹。而所论胡公之学盖得于古之所谓洒扫应对进退者，尤为的当，警发深矣。窃意高明所以成己成物之要未尝不在于此，而广大精微之蕴，其所超然而独得者，又非言之所能谕也。"②后来朱熹办学，如建白鹿洞书院，就摒弃了当时流行的各种学规，而是列出若干为学的大方向，作为求学者的引导。

　　上述以朱熹为例，所述道学士群从湖学精神与教学的探寻到自身的教育实践，目的不在于对这一过程的描述，否则就太简略了，而是由此过程呈现出道学士群在教育上所贯彻的基本精神和风格。这种风格正如朱熹对薛季宣所言，成己成物的关键在于浅近而平实的生活实践，而由此上达，则足以极高明，而又非语言能喻。因此，道学所极力要形成的风格，一是平易，

①朱熹撰：《晦庵先生朱文公文集》卷三八《答薛士龙》，《朱子全书》（第21册），上海古籍出版社、安徽教育出版社2002年版，第1697页。
②同上，第1697—1698页。

二是入手正确。仍然以朱熹为例，他对此有深刻的体会。朱熹讲：

> 顾尝侧闻先生君子之余教，粗知有志于学，而求之不得其术，盖舍近求远，处下窥高，驰心空妙之域者二十余年。①

这大抵是指他醉心于佛学的过程，但由此得出的结论便是要回归平实的生活实践。然而，这种平易而正确的生活实践究竟如何获得呢？这一问题最终凸显出道学的文化精神。朱熹讲：

> 熹窃观古圣贤所以教人为学之意，莫非使之讲明义理，以修其身，然后推以及人。②

换言之，"讲明义理"是迈向平易而正确的生活实践的起点。如果说，强调平易的生活实践彰显的是道学所构建的文化逻辑的世俗精神，那么"讲明义理"则是其理性精神的呈现。由于"讲明义理"是平易而正确的生活实践的逻辑起点，所以在道学的教育理念中，任何外在的约束都成为不必要的教条。

---

① 朱熹撰：《晦庵先生朱文公文集》卷三八《答薛士龙》，《朱子全书》（第21册），上海古籍出版社、安徽教育出版社2002年版，第1696页。

② 朱熹撰：《晦庵先生朱文公文集》卷七四《白鹿洞书院揭示》，《朱子全书》（第24册），上海古籍出版社、安徽教育出版社2002年版，第3587页。

朱熹指出：

> 苟知其理之当然，而责其身以必然，则夫规矩禁防之
> 具，岂待他人设之而后有所持循哉！近世于学有规，其待
> 学者为已浅矣，而其为法又未必古人之意也。

教育的关键在于示人以学之大端，引导学子们"相与讲明遵守而责之于身"①，逐渐上达高明之境。

同样的文化逻辑在文学艺术上也得到贯彻，并影响到其风格。②平实而充满理致的文风，成为这一道学士群的评价尺度。比如，汪应辰称道王十朋，"公于文专尚理致，不为浮虚靡丽之词"③。王十朋被高宗擢为进士第一，以文学先天下，今存《梅溪集》，诗过其半，而其诗风正如朱熹代刘珙为《梅溪集》所撰序文所言："浑厚质直，恳恻条畅，如其为人。"④四库馆臣在为《梅溪集》提要时，并引汪铭与朱序，深以为然，指出"今观全集，淳淳穆穆，有元祐之遗风，二人所言皆非溢美云"。尤为重

---

① 朱熹撰：《晦庵先生朱文公文集》卷七四《白鹿洞书院揭示》，《朱子全书》（第24册），上海古籍出版社、安徽教育出版社2002年版，第3587页。

② 此处仅以诗文为例试加说明，未及书画领域。以书法而言，北宋的尚意风格在元代转为复古。那么，南宋道学的文化逻辑是否产生了某种影响力，是值得考论的。

③ 汪应辰：《文定集》卷二三《龙图阁学士王公墓志铭》。

④ 朱熹撰：《晦庵先生朱文公文集》卷七五《王梅溪文集序》，《朱子全书》（第24册），上海古籍出版社、安徽教育出版社2002年版，第3642页。

要的是，对梅溪诗文的肯定不仅在于其风格，更在于其风格所呈现出的文化逻辑。朱熹的分析清楚明白地指出了这一点，他在《王梅溪文集序》中讲：

> （王十朋）平居无所嗜好，颇喜为诗，浑厚质直，恳恻条畅，如其为人。不为浮靡之文，论事取极己意，然其规模宏阔，骨骼开张，出入变化，俊伟神速，世之尽力于文字者，往往反不能及。其他片言半简，虽或出于脱口肆笔之余，亦无不以仁义忠孝为归，而皆出于肺腑之诚。然非有所勉强慕效而为之也，盖其所禀于天者，纯乎阳德刚明之气，是以其心光明正大，疏畅洞达，无有隐蔽，而见于事业文章者一皆如此。

诗文的风格与作者的心气相互影响，那么对诗文风格的理解就不能仅仅停留在诗文本身。对苏轼文章的态度即是一个极好的例子。前文尝言及，汪应辰劝朱熹对苏轼文章持宽容态度，只观其文章之妙而舍其义理之偏。朱熹对苏轼文章的妙处与影响深有所知，对其不足也有评定，但从道学的文化逻辑的一贯性出发，他不能不对苏轼文章持严正的排斥态度。在这点上，朱熹甚至表现出非常强烈的文化独断性，因为他对苏轼文风的排斥不仅体现在论说上，而且寄希望通过制度予以抑制。在《与芮国器》的前后两通书信中，所论核心即在于此。朱熹讲：

近岁之俗又专务以文字新奇相高，不复根据经之本义。以故学者益骛于华靡，无复探索根原、敦励名检之志。大抵所以破坏其心术者不一而足，盖先王所以明伦善俗、成就人材之意扫地尽矣。……苏氏学术不正，其险谲慢易之习入人心深。今乃大觉其害，亦望有以抑之，使归于正，尤所幸愿。

他继而又申言：

苏氏之学，以雄深敏妙之文煽其倾危变幻之习，以故被其毒者沦肌浃髓而不自知。今日正当拔本塞源，以一学者之听，庶乎其可以障狂澜而东之。若方且惩之而又遽有取其所长之意，窃恐学者未知所择，一取一舍之间，又将与之俱化而无以自还。[1]

毫无疑问，绍兴末年道学开始复兴后，朱熹的学行深得道学士群的高度推崇，但其具体思想与举措却远未能获得普遍认同，故上述愿望自然也只是南宋文化建构中的一种声音。况且，诚如前述，这一道学士群始终保持着高度的和而不同，这种和而不同使得道学获得了生长的动力和思想的张力。事实

---

①朱熹撰：《晦庵先生朱文公文集》卷三七《与芮国器》，《朱子全书》（第21册），上海古籍出版社、安徽教育出版社2002年版，第1624—1625页。

上，这种状态贯穿了整个南宋时期，未曾改变。然而，必须看到，道学的崛起终究成为绍兴末年以后南宋文化建构中最重要的声音，甚至可视为思想主流。而朱熹因其出道早、享寿长，集此一时期道学之大成，其学术思想体大思精。因此，由他所确立的思想逻辑对于理解南宋文化而言，如同一面镜子或一把梳子，有助于观照与梳理。至于价值评判，则为其次，甚至可能是不必要的。

叶适关于道学与道统的论述，既是他思想的重要起点，又是他学术展开的中心。过去，笔者从这一角度切入，上溯至韩愈的道统观及宋儒对韩愈思想的超越时，发现韩愈在《原道》中建构"道统"的观念以拒斥佛教时，对"道"的构成是有清晰表述的，当时的核心问题在于如何破佛；而当宋儒承续韩愈之道、之文，并使其观念与文体确立以后，问题发生了转换，如何破佛逐渐让位于如何述道。①此后，在进一步理解南宋儒学时，笔者愈发认识到，弄清儒家之道，即什么是儒家精神，始终是宋代儒学运动的核心问题。只是在北宋，这个问题似乎没有得到充分展开，但在经过了王安石新学的政治实践以及洛学对荆公新学的批判后，对什么是儒家之道的回答与论证，实际上构成了宋室南渡以后儒学的基本问题。②

①参见拙稿《论韩愈的道统观及宋儒对他的超越》。

②参见拙著《南宋儒学建构》。

然而，以此审视南宋儒学诸家之论说时，极易陷入一种复杂而矛盾的境地。诸家在思想上分歧显著，绝无调和之论，但同时又彼此推重，引为同调，甚至起而回护。以往学者见此，或将之视为非思想性的内容而予以回避；或囿于思想的范畴强作解释，如通过区分一个思想家前期与后期的思想来做出说明。在对叶适的研究中，笔者曾尝试从行动与感情的维度进行解释①，但未能真正澄清这一复杂而矛盾的情况，幸得前人研究启发，引入政治文化的视角对道学运动展开分析。

因此，本书对叶适道学与道统观念的分析，试从观其政治问题上的"从权"入手，进而转至理解他在义理问题上的极严持论。

一、为道学辩护：本于公心以发公论

叶适为"道学"辩护，在具体的历史场景中产生最重要影响的，当然是淳熙十五年（1188）的《辩兵部郎官朱元晦状》②。这封上奏虽然是针对着兵部侍郎林栗对朱熹的弹劾，但其背景可追溯到北宋兴起的儒学运动，而近因则起于儒学运动在南宋的继进，以及其中蕴含的士大夫政治观念与权力的博弈。为了去繁就简地说明这个问题，并着重反映叶适在政治问题上对"道学"的"从权"认识，我们以叶适的相关论述为中心来进行

①参见拙著《南宋儒学建构》。
②参见叶适：《叶适集》，刘公纯、王孝鱼、李哲夫点校，中华书局2010年版，第16—20页。

讨论。叶适指出:"熙宁后,道学始盛,而攻短者亦继出,靳侮交杂,意极鄙悖,士不敢辩也。"这里的"道学"是指以二程为代表的、与荆公新学相对的伊洛之学,而所谓"攻短者亦继出,靳侮交杂,意极鄙悖",则指北宋党争中对道学一系的攻击。南宋初,胡安国对此有更清楚的叙述,可以作为印证。他指出:

> 本朝自嘉祐以来,西都有邵雍、程颢及弟颐,关中有张载。此四人者,皆道学德行,名于当世。会王安石当路,重以蔡京得政,曲加排抑,故有西山、东国之厄。其道不行,深可惜也。①

在宋室南渡前后的百年间,荆公新学与二程洛学经历了一个反复沉浮消长的时期。但随着绍兴二十五年(1155)推重新学的秦桧去世,以及绍兴三十二年高宗内禅于颇受洛学影响的孝宗以后,洛学在乾道年间(1165—1173)开始复振。②经过20多年的努力,道学一系终于在政治上形成气候。淳熙十五年(1188)五月,执行高宗因循苟且政策的王淮被罢左相,与道学一系交好的右相周必大主政,道学一系官员呈现出辐辏朝廷之势,朱熹则成为这一趋势的重要象征。

---

①程颢、程颐:《二程集》(全二册),王孝鱼点校,中华书局2004年版,第349页。
②参见拙著《南宋儒学建构》第一章第一节,以及拙稿《郑伯熊与南宋绍淳年间洛学的复振》。

正是在这样的背景下，对道学的攻击愈发激烈。同年六月，陈贾上书请禁道学，林栗弹劾朱熹，请罢其职，①这引发了叶适上状为朱熹辩护。叶适的辩状主要围绕三个内容展开：一是林栗劾章中对于朱熹在任职上的一些具体问题的攻击；二是对朱熹学术与讲学的攻击；三是由第二点所引出的对道学的攻击。对于第一点，叶适一一据实予以反驳，但因与本书的主题关系不大，故不赘言；另两点则反映了叶适关于道学运动的基本立场，笔者过去曾有所讨论②，这里再略作申述。

叶适的整个辩状逐一引录林栗奏状所控并予以反驳。关于朱熹学术与讲学事，辩状云：

> 栗又言："熹本无学术，徒窃张载、程颐之绪余，以为浮诞宗主，谓之道学，妄自推尊。所至辄携门生十数人，习为春秋、战国之态，妄希孔、孟历聘之风。绳以治世之法，则乱人之首也。"臣闻朝廷开学校，建儒官，公教育于上；士子辟家塾，隆师友，私淑艾于下，自古而然矣。使熹果无学术欤，人何用仰之？果有学术欤，其相与从之者，非欲强自标目以劝人为忠为孝者，乃所以为人材计，为国家计也。惟蔡京用事，讳习元祐学术，曾有不得为师之禁。今栗以诸生不得从熹讲学为熹之罪，而又谓非治世之法，

①参见李心传：《道命录》卷五"陈贾论道学欺世盗名乞摈斥""林栗劾晦庵先生状"。
②参见拙著《南宋儒学建构》。

宜禁绝之。此又非其实也。

　　在这一引述与反驳中，叶适并没有针对朱熹是否真有学术来进行评说，而只是简单地将它搁置起来，指出天下的读书人对此问题会有自己的判识。叶适这样做的原因并不难理解。因为对于同时代在朝为官的士大夫而言，这个问题其实只是权力博弈的一个说项，同时又是一个具有主观性质的问题。如果围绕此问题来展开辩驳，不仅很容易陷入仁者见仁、智者见智的口水战，而且会遮蔽掉真正的问题实质。叶适的反驳集中在朱熹民间讲学的问题上，这不仅是道学运动赖以展开的重要基础，而且也是道学一系士大夫形成政治气候的基本活动内容。按照林栗的弹劾，一切的讲学都应当纳入官方的范围里，学者于民间的讲学是一种乱世风习，应予禁绝。对此，叶适完全予以否定。他强调，从传统上看，"朝廷开学校，建儒官，公教育于上；士子辟家塾，隆师友，私淑艾于下，自古而然"；从功能上讲，两者都是"为人材计，为国家计"。这里我们不必讨论叶适的论证是否有效，重要的是认识到叶适的立场，即他对民间讲学风习的肯定与维护，反对官学的垄断。这是叶适针对宋代儒学重建运动中所涌现出来的讲学运动的基本态度，而道学作为其中后来发展出来的代表，无疑具有正当性与合法性。

　　除此以外，叶适的上述反驳，还透露出他思想的另一个方面，即在广泛意义上主张学术的自主性而拒斥独断性。所谓肯定民间讲学的正当性与合法性，就是反对以官学垄断整个学术活动，主张在官学的内容与制度系统之外，社会仍然存在着自主的论学空间。由于儒家的入世性质，这种论学的内容无疑与现实的社会与政治密切相关。换言之，叶适的立场就是要为道学运动争得话语权。

不过，必须指出的是，这种论学中的自主性与独立性，并非只是在民间与官方的二元结构中容易丧失，即便是在民间论学中也同样容易丧失。苏轼曾指出王安石的一大问题是"欲以其学同天下"，提出："王氏之文，未必不善也，而患在于好使人同己。"朱熹同样具有这样的强烈欲望。后来在"庆元党禁"中，道学一系受到政治上的打压，朱熹作为"党魁"，即便处境尤为艰难，但当他闻知叶适与陈傅良的著述被毁版时，仍当即叫好。①这种论学倾向是叶适非常厌恶的。作为一位有所建树的思想家，希望自己的学说获得世人认同是很自然的，但这与追求思想的垄断、唯我是尊有根本的区别。叶适后来对程朱一系的"道学"进行否定，其中一个基本立场就是对学术独断性的摈斥。

由朱熹学术与讲学引发的辩驳，进一步聚焦在了"道学"的问题上。叶适讲：

凡栗之辞，始末参验，无一实者。至于其中"谓之道

①参见黎靖德编：《朱子语类》卷一二三，王星贤点校，中华书局1986年版，第2967页。

学"一语，则无实最甚。利害所系，不独朱熹，臣不可不力辩。盖自昔小人残害忠良，率有指名，或以为好名，或以为立异，或以为植党。近创为"道学"之目，郑丙倡之，陈贾和之，居要津者密相付授，见士大夫有稍慕洁修，粗能操守，辄以"道学"之名归之。以为善为玷阙，以好学为过愆，相为钩距，使不能进，从旁窥伺，使不获安。于是贤士惴栗，中材解体，销声灭影，秽德垢行，以避此名，殆如吃菜事魔影迹犯败之类。

这里有一个问题首先需要澄清，即"道学"这一名目的提出。如果不仔细审读，很容易由叶适所讲"近创为'道学'之目"以下之语，以为"道学"名目是由郑丙、陈贾、林栗等人提出的，其实大谬。从前引叶适所言"熙宁后，道学始盛"可知，"道学"作为宋代儒学运动的一部分，其名目在北宋即已确立。至南宋洛学复振以后，以朱熹为代表的诸儒更自觉地以"道学"之名高标，非议虽日盛，坚持亦愈固。比如，朱熹在答周必大的信中说道："若谓虽尝学之，而不当自命（引按：谓自命'道学'）以取高标揭己之嫌耶，则为士而自言其学道，犹为农而自言其服田，为贾而自言其通货，亦非所以为夸。"①很明显，叶适辩状中所指的"近创为'道学'之目"，并非泛指宋

---

① 朱熹撰：《晦庵先生朱文公文集》卷三八《答周益公》，《朱子全书》（第21册），上海古籍出版社、安徽教育出版社2002年版，第1691页。

代儒学运动，而是专指南宋中期以后，在政治权力博弈中，郑丙、陈贾等人用来攻击道学一系的政治集团的专称，类似于叶适所列举的"好名""立异""植党"等。

"道学"一旦从儒学认知与践履的一个泛称变为政治权力博弈中的一个政治身份专称，就必然要遭受被诋毁的命运。因为在政治上的对立者看来，"道学"的标签首先是一种自我高标，以此邀名；其次是结党，在政治上呼朋引类，形成势力。如果"道学"在政治权力的博弈中获得了合法性与正当性，那么无论是在声誉上，还是在势力上，非"道学"中的士群就会被迫处于劣势。然而，在传统政治中，无论是邀名，还是结党，都将导向对以皇帝为核心的政治权力的挑战。因此，只要反对"道学"一系的政治势力在政治的意义上创立起"道学"党派的名目，那么"道学"一系的政治势力便会显性化，从而陷入政治上犯忌的危境。叶适所谓"于是贤士惴栗，中材解体，销声灭影，秽德垢行，以避此名，殆如吃菜事魔影迹犯败之类"，即是这种政治权力博弈的真实写照。

由此回顾叶适的辩状，一方面，他力陈所谓的"道学"人士其实就是"稍慕洁修，粗能操守"、"为善"而"好学"的一批士大夫，努力为"道学"这批人正名。但是，这种正名在一定意义上也等于间接承认了朝廷内外存在这样一个士大夫群体，这便有承认"朋党"的危险。另一方面，叶适辩状的核心更在于强调，"道学"只是郑丙、陈贾等人杜撰的一个名目，是当权者用来党同伐异的工具："往日王淮表里台谏，阴废正人，盖用此术"；现在林栗亦袭用此说，"以道学为大罪，文致语言，逐去一熹"。换言之，叶适的辩状是相当有策略的，他着重指出林栗等人"无事而指学者为党"，而对于"道学"本身则以似有似无的表述加以淡化了。

叶适关于"道学"及其"朋党"的真实思想，后来在嘉定六年（1213）为其学生周南撰写墓志①时，借用周南绍熙元年（1190）的进士策文②作了清楚的表述。这也可以说是叶适在淳熙十五年（1188）以后，时隔25年最重要的直接表述。周南此策甚长，所涉亦广，叶适于墓志开篇即论此策，并详述其中"最切于世论者"的关于道学、朋党、"皇极"这三个彼此相关问题的进言，可见叶适对周南策文的认同。叶适概括周南所论"道学"："夫仁义礼乐是为道，问辩讲习是为学。人有不知学，学有不闻道，皆弃材也。古人同天下而为善，故得谓之道学，名之至美者也。"这里不仅正式从功能（闻道成材）与特性（同天下而为善，即非独断性）方面肯定了"道学"在价值上的正当性（名之至美者），而且更重要的是从内容（仁义礼乐）到形式（问辩讲习）对"道学"作了完整的界定。在后文中，我们将看到叶适在"义理"层面严斥濂洛关闽关于"道学"的偏狭理解，所依据的就是这个认识。尽管从表面上看，无论是"仁义礼乐"，还是"问辩讲习"，都为各家所倡导、所践履。

①参见叶适：《叶适集》，刘公纯、王孝鱼、李哲夫点校，中华书局2010年版，第381—384页。
②参见周南：《山房集》卷七《庚戌廷对策》。

不过，上述对"道学"的界定，虽然反映了叶适师徒在本义上对于"道学"的完整理解，但在策文中，其着眼点仍在政治层面。周南对此讲得极为明白："元祐诸贤未尝立此号名，近世儒先岂曾以此标榜？中间忽有排摈异己之人，谋为一网尽去之计，遂以此名题品善士。"由此，"道学"从本义上的"名之至美者"，经过"不能为善而恶其异己，于是反而攻之"的"小夫谮人"，转而成为"天下之恶名"。不幸的是，这种政治层面的攻击被皇帝认可，"道学"的标签遂进一步演化为"朋党"，道学一系的政治人物或因"道学"，或因"朋党"而被逐离朝廷，庸人当政。而这样的政治竟被美誉为箕子于《洪范》中所要建立的"皇极"。对此，周南在策文中申辩：

> 臣窃观箕子之论，本非为佞庸自售之计也。其曰"有为、有猷、有守"者，是有才智、有道义、有操执之人也；"汝则念之"者，欲其斯须之不可忘也；若"不协于极"而亦"受之"者，谓其才虽有偏而终有可用，则亦当收拾而成就之者也。若以实而论，则今之所谓"朋党""道学"之士，是乃"皇极"之所取用之人也。

这不仅是为"道学"与"朋党"正名，而且通过"皇极"的训解赋予了全新的内涵。叶适高度肯定了周南的论说，他讲："至谓道学、朋党即皇极所用之人，则自箕子以来，为之训解者未有及君此言也！"将叶适、周南师生关于道学、朋党与"皇极"

的上述论断，与朱熹的相关论说作比较，若就政治的现实含义而言，他们是"异曲同工"。换言之，在政治的层面，叶适对于"道学"的认识，与朱熹一样，是完全肯定的。

淳熙十五年（1188）林栗弹劾朱熹之后，南宋的道学运动在政治上虽受到挫折，但得到了更大的推进。至绍熙五年（1194），叶适与道学中人联手助时相赵汝愚逼迫光宗内禅，拥立宁宗，朱熹除焕章阁待制，兼侍讲，道学一系在政治上达到高峰。但很快发生了持续八年的"庆元党禁"（庆元元年至嘉泰二年，1195—1202），叶适与朱熹都入《伪学逆党籍》，道学运动急转直下，朱熹也在这期间（庆元六年，1200）去世。叶适晚年曾不无悲慨地回忆这段历史：

悲夫！祸所从来远矣。世方绌道学，而柄路艰用材。周（必大）丞相执政久，士多貌若愿，不心与也。忮者已怨，相与击逐，喜曰："道学散群矣。"赵（汝愚）丞相特用材锐甚，清官重职，往往世所标指谓道学者。忮者尤怨，幸其有功，生异起说，枝连叶缀，若组织然。谤成而赵公亦逐，则又喜曰："道学结局矣。"

凡经赵公识面坐语，无不迹绝影灭也。[1]

---

[1] 叶适：《叶适集》，刘公纯、王孝鱼、李哲夫点校，中华书局 2010 年版，第471页。

嘉泰二年（1202）"党禁"解除，道学运动逐渐复兴，最终在理宗时期（1224—1264）被确立为政治意识形态。在此期间，叶适虽然复出，并参与了开禧二年（1206）的北伐，但次年随着韩侂胄的失败，叶适即被弹劾附韩用兵而落职，旋即奉祠归隐永嘉，直至嘉定十六年（1223）去世，远离政治而专心于学术长达16年。每当回顾道学运动，叶适对于政治层面的道学始终给予肯定，对于因道学而受牵累的士人也予以褒誉，上引墓志就是一个显例。此志是叶适辞世三年前，也就是嘉定十三年为李祥撰写的。李祥，《宋史》有传，他并非道学中人，但在"庆元党禁"开始时，主持公道，为赵汝愚争辩，结果被弹劾罢官。叶适在追述此事后，便回顾了那段道学运动在政治上的前后厄运，这几乎是作为亲历者对那段历史在政治层面的完整叙述，从中可见叶适对道学运动的感情。接着，叶适这样评论李祥：

> 盖道学于公（李祥），途问巷揖，无及门之款；赵公（汝愚）于公，序进次补，无逾级之迁也。一旦正色抗辞，殄行谏说，犹蛰虫之遇震霆，莫能测焉，何哉？冲然无去来而为心者，公心也；漠然无重轻而为言者，公论也。公本于公心以发公论，赵公之诬赖以明，道学之禁赖以解，殆天意，非人力也。

"本于公心以发公论"，这是叶适对李祥的评价，但实际上也是他对政治层面的道学运动的认识。

二、为道学正名：以学致道

就在为李祥撰写墓志的同一年，叶适因门人陈耆卿的表弟吴明辅来信请教"道学名实真伪"问题，在回信中正面表述了他在义理层面关于"道学"的认识。叶适写道：

> 垂谕道学名实真伪之说，《书》："惟学逊志，务时敏，厥修乃来。允怀于兹，道积于厥躬。"言学修而后道积也；《诗》："日就月将，学有缉熙于光明。佛时仔肩，示我显德行。"言学明而后德显也。皆以学致道而不以道致学。道学之名，起于近世儒者，其意曰："举天下之学皆不足以致其道，独我能致之。"故云尔，其本少差，其末大弊矣。足下有志于古人，当以《诗》《书》为正，后之名实伪真，毋致辨焉。①

在这里，叶适将自己与"近世儒者"关于"道学"的分歧，在两个层面展现了出来：一是"学"与"道"的关系，二是"我"与"道"的关系。

针对"学"与"道"的关系，叶适引《书》《诗》申明他的

---

① 叶适：《叶适集》，刘公纯、王孝鱼、李哲夫点校，中华书局 2010 年版，第554 页。

看法，"道"并不是先在的，而是成于每个人的学修与学明。因此，"道"依赖于"学"，"学"与"道"的关系是"以学致道"，而非"以道致学"。所谓"以道致学"，强调的是学者必须先有对"道"的认同，而后引导出"学"的确立。这里需要申述的是，"以道致学"实际上隐含了两个预设：第一，"道"的内涵是明确的；第二，"道"的认同足以保证"学"的成就。但是，叶适对这两点都存有疑问。

我们继续探讨叶适对于"道"与"学"关系的看法。在《答吴明辅书》中，叶适征引儒家经典《诗》《书》来阐明"道"成于"学"，这在传统的经史学术中，可以看作是一种理论上的陈述。除此以外，叶适更多的是从经验的层面说明，"道"的确认不仅不足以引导出"学"的成就，反而导致以"道"为"学"的现象出现，既使"学"丧失，又使学者陷于狂妄。叶适曾形象地描述了这种他亲见的情况："时诸儒以观心空寂名学，徒默视危拱，不能有论诘，猥曰：'道已存矣。'"①这种"以观心空寂名学"的概括，很容易让人联想到陆九渊的心学，因为无论是"以道致学"还是"以学致道"，至少从字面意思上看，恰恰是陆九渊和朱熹在鹅湖论学的核心问题。但是，据方回记载，吴明辅向叶适求教"道学名实真伪"一事时，叶适所指的"近世儒者"是朱熹、张栻、吕祖谦。方回还为之辩

---

① 叶适：《叶适集》，刘公纯、王孝鱼、李哲夫点校，中华书局 2010 年版，第 490 页。

护，认为叶适所批评的情况只是弟子后学的流弊，而朱、张、吕并没有这样的问题。的确，叶适在《答吴明辅书》中所指的"近世儒者"不是陆九渊，而是朱、张、吕，至少重心是如此。因为就在两年前叶适撰写《题陈寿老论孟纪蒙》一文时，曾明确提到张、吕、朱，可以作为佐证。当然，此时张栻、吕祖谦去世几近40年，他们的弟子后学其实已不多，故叶适所指，重在朱熹及其门下①。然而，在"学"与"道"的问题上，朱熹似乎强调"以学致道"，否则就没有鹅湖寺的朱陆相争了。因此，要真正理解叶适对于"学"与"道"关系的看法，就必须联系他对"我"与"道"的关系的认识。

关于"我"与"道"的关系，笔者在论述叶适的学风②时实际上已有所涉及，但这里不妨再重申一下。叶适对于朱熹的博学当然清楚，而且非常敬重，但他批评朱熹弃"先儒所共讲"而专奉"二程所尝讲"，并以此为"始明"，为"止矣"，尊其为"道"之所在。这种做法实际上是以"我"所确定的权威与"道"规定和限制了"学"，这是叶适与朱熹的根本分歧。因此，朱学后来陷入"以道致学"的问题，虽然在后学中表现明显，但根源在于朱熹。朱熹固然博学，但他以对"道"的确认来引导"学"的开展，这种引导在本质上具有封闭性，从起点上就存在根本

---

① 在"庆元党禁"解除以后，道学运动中的诸家思想出现了整合。从这里所引的叶适的相关描述来看，虽然朱学已成为主流，但陆学"以观心空寂名学"的风格显然融入其中。相关的讨论可参见拙著《南宋儒学建构》第五章第一节。

② 参见拙稿《叶适的士风与学风》。

的弊病，故"其本少差，其末大弊"是必然的。在叶适看来，这并不是逻辑上的推演，而是显而易见的事实，即如他所描述的那样，那些"以道致学"的后学们"虽争为性命之学，然而滞痼于语言，播流于偏末，多茫昧影响而已"①。

"学"根本性地构成了"道"的基础。"道"存于"学"之中，舍"学"无以成"道"。这几乎是叶适坚定不移的观念。叶适在《叶岭书房记》中有一段议论，可谓透彻地表达了这一观念。叶岭书房的主人是当年协助叶适拥立宁宗的蔡必胜之子蔡任。开禧北伐时，叶适临危受命，出知建康府，兼沿江制置使，因蔡任是故人之子，便将其辟为助手，专治军事。在此任上，蔡任昼夜任劳，极具才干，但后来累次受黜，仕进路绝。灰心之余，蔡任在自己的居处盖一书房，"以为材无用于世，则姑寄于书而已"。在蔡任看来，读书只是人生不得志时聊以遣日之事。这几乎是传统士大夫们的集体无意识，或是一种常见的生活方式。叶适对此很不以为然，故而借撰《叶岭书房记》而对蔡任讲：

> 夫书不足以合变，而材之高下无与于书，此为不知书者言也。使诚知之，则非书无以合变，而材之高下，固书之浅深系焉。古之成材者，其高有至于圣，以是书也；静有以息谤，动有以居功，亦书也；泊无所存，而所存者常

---

①叶适：《叶适集》，刘公纯、王孝鱼、李哲夫点校，中华书局2010年版，第405页。

在功名之外，亦书也；百家众作，殊方异论，各造其极，如天地之宝并列于前，能兼取而无祸，皆书之余也。书之博大广远不可测量如此。惜乎余老死，不暇读矣；子其尽心哉，无徒以材为无用而姑寄于书也！①

书当然象征着知识与学习，叶适所言，无疑表达了他对知识与学习的高度肯定。其中，"古之成材者，其高有至于圣，以是书也"一语尤为重要。在南宋的道学运动中，无论何家何派，无论对于儒家之"道"作何种理解，成圣是共同的宗旨。全祖望讲：

宋乾淳以后，学派分而为三：朱学也，吕学也，陆学也。三家同时，皆不甚合。朱学以格物致知，陆学以明心，吕学则兼取其长，而复以中原文献之统润色之。门庭径路虽别，要其归宿于圣人则一也。②

在叶适看来，成圣的唯一之路是通过知识的习得。可以毫不犹豫地指出，把握这一点是理解叶适哲学思想的关键。

通过对"学"与"道"关系的梳理，以及"我"与"道"

---

① 叶适：《叶适集》，刘公纯、王孝鱼、李哲夫点校，中华书局2010年版，第176页。

② 《宋元学案》卷五一《东莱学案》所引全祖望《同谷三先生书院记》，沈善洪主编：《黄宗羲全集》（第五册），浙江古籍出版社1992年版，第7页。

关系的澄清，叶适不认同朱熹对于"道"的确认，就非常显见了。而且，从广义上看，不仅是朱熹，乾淳以来以复振洛学为旗帜的道学运动中的其他思想家，只要他们在思想上对儒家之"道"的确认系于儒学史上的某一权威，无论是二程还是孟子，叶适都难以认同；当世学者更是不在其列。即使是亦师亦友的吕祖谦，叶适虽对其治学较为肯定，但也不乏批评。甚至可以说，实际上，即便是对于孔子，叶适的认同也是有条件的。要完全阐明这些，就必须进一步分析叶适关于儒家之道的本统的论述。这一论述最系统完整的文本，就是《习学记言序目》中因读范育的《正蒙序》而"总述"的"讲学大指"。值得注意的是，叶适对儒家之道的系统完整的论述，没有标以"道"，而是标以"学"，这正是他对自己"以学致道""道成于学"思想的准确而刻意的表达。他在《宋厥父墓志铭》中讲：

> 时诸儒以观心空寂名学，徒默视危拱，不能有论诘，猥曰："道已存矣。"君（宋驹）固未信，质于余。余为言学之本统，古今伦贯，物变终始，所当究极。忽昂然负载，如万斛舟；如食九奏，大牢先设而酰酱不遗；如赐大宅，百室皆备，从门而入也。[1]

---

[1] 叶适：《叶适集》，刘公纯、王孝鱼、李哲夫点校，中华书局 2010 年版，第490 页。

《习学记言序目》中的"总述讲学大指"，可以说完全就是这段文字的具体内容。从这段文字足以见到，虽然"总述讲学大指"是对"道"的"总述"，但叶适坚持标示自己是"言学之本统"。毫无疑问，这正是他的思想宗旨所在：言学就是论道。

三、总述讲学大指：对道之本统的阐释

"总述讲学大指"，顾名思义，是叶适关于儒学宗旨的至为重要的根本性总述。《宋元学案·水心学案》中首录全文，后来学者讨论叶适的道统观，均基于此文献。但对此最为重视的当属牟宗三，他在《心体与性体》中专辟一大章来"衡定"叶适的"总述讲学大指"，尽管所持的看法是全盘否定。牟宗三开篇即断言：

> 叶水心不满曾子、子思、孟子、《中庸》、《易传》以及北宋诸儒所弘扬之"性理"，而另开讲学之大旨，以期有合于二帝三王之"本统"。然而不解孔子对于道之本统再建之意义，孔子之传统全被抹杀，是则其归也终于成为隔绝论与冥惑论。故真正轻忽孔子而与孔子传统为敌者叶水心也。

毫无疑问，牟宗三的否定是极其严重的。我们下文的讨论

将随文引及牟宗三的批评，以为参照。①

（一）"总述讲学大指"针对的是《中庸章句序》

正如牟宗三所言，"总述讲学大指"是出于对"曾子、子思、孟子、《中庸》、《易传》以及北宋诸儒所弘扬之'性理'"的"不满"。但直接引发叶适作此"总述"的，是吕祖谦所编《皇朝文鉴》中所收范育的《正蒙序》。

"因范育序《正蒙》，遂总述讲学大指"的叶适，在他的"总述讲学大指"最后述及本朝学术时针对范育的辩护，论述了他对儒与佛老区别的认识，以及表达了他对北宋诸儒所建构的理论的质疑。同时，整个"总述讲学大指"几乎没有摘录范育的《正蒙序》。相反，"总述讲学大指"将笔墨用在了对"始于尧"的儒家之道的阐释上。

回顾前引《宋厥父墓志铭》中叶适提到的"时诸儒以观心空寂名学，徒默视危拱，不能有论诘"，因而要"言学之本统"，以及《答吴明辅书》中涉及的"道学名实真伪"问题，可知叶适的"总述讲学大指"绝非仅针对范育的《正蒙序》，而是更多地针对当时整个朱门后学的流弊。只是，整个《习学记言

---

① 参见牟宗三：《心体与性体》，正中书局1979年版，第225—319页。下文讨论中的随文引用比照，恕不再一一标示。又，本节所述，在拙著《南宋儒学建构》第四章第三节之二中亦有涉及，但或有偏重，故可参见。"总述讲学大指"全文参见叶适：《习学记言序目》卷四九《皇朝文鉴三》，中华书局1977年版，第735—741页，下文引用亦不再反复注明。

序目》是在叶适多年学习摘录的基础上写成的，即先有"习学记言"，而后有"序目"。既然"总述讲学大指"在文献上不是基于对范育《正蒙序》的摘录，而只是"因范育序《正蒙》，遂总述讲学大指"，而且"总述讲学大指"在主题、内容上也都完全超出了《正蒙序》，那么叶适"总述讲学大指"时究竟是基于哪个文献呢？比照"总述讲学大指"与《中庸章句序》，可以清楚看到，叶适的"总述讲学大指"完全是针对朱熹的《中庸章句序》，也正因为如此，"总述讲学大指"中才表现出了对"曾子、子思、孟子、《中庸》、《易传》以及北宋诸儒所弘扬之'性理'"的"不满"。

为了方便下文的讨论，先全文照引朱熹《中庸章句序》的相关部分。朱熹云：

《中庸》何为而作也？子思子忧道学之失其传而作也。盖自上古圣神继天立极，而道统之传有自来矣。其见于经，则"允执厥中"者，尧之所以授舜也；"人心惟危，道心惟微，惟精惟一，允执厥中"者，舜之所以授禹也。尧之一言，至矣，尽矣！而舜复益之以三言者，则所以明夫尧之一言，必如是而后可庶几也。

盖尝论之：心之虚灵知觉一而已矣，而以为有人心、道心之异者，则以其或生于形气之私，或原于性命之正，而所以为知觉者不同，是以或危殆而不安，或微妙而难见耳。然人莫不有是形，故虽上智不能无人心，亦莫不有是性，故虽下愚不能无道心。二者杂于方寸之间，而不知所以治之，则危者愈危，微者愈微，而天理之公卒无以胜夫人欲之私矣。精则察夫二者之间而不杂也，一则守其本心之正而不离也。从事于斯，无少间断，必使道心常为一身之主，而人心每听命焉，则危者安、微者著，而动静云为自无过不及之差矣。

夫尧、舜、禹，天下之大圣也。以天下相传，天下之大事也。以天下之大圣，行天下之大事，而其授受之际，丁宁告戒，不过如此。则天下之理，岂有以加于此哉？自是以来，圣圣相承：若成汤、文、武之为君，皋陶、伊、傅、周、召之为臣，既皆以此而接夫道统之传。若吾夫子，则虽不得其位，而所以继往圣、开来学，其功反有贤于尧、舜者。然当是时，见而知之者，惟颜氏、曾氏之传得其宗。及曾氏之再传，而复得夫子之孙子思，则去圣远而异端起矣。子思惧夫愈久而愈失其真也，于是推本尧、舜以来相传之意，质以平日所闻父、师之言，更互演绎，作为此书，以诏后之学者。盖其忧之也深，故其言之也切；其虑之也远，故其说之也详。其曰“天命率性”，则道心之谓也；其曰“择善固执”，则精一之谓也；其曰“君子时中”，则执中之谓也。世之相后，千有余年，而其言之不异，如合符节。历选前圣之书，所以提挈纲维、开示蕴奥，未有若是之明且尽者也。自是而又再传以得孟氏，为能推明是书，以承先圣之统，及其没而遂失其传焉。则吾道之所寄不越乎言语文字之间，而异端之说日新月盛，以至于老、佛之徒出，则弥近理而大乱真矣。然而尚幸此书之不泯，故程夫子兄弟者出，得有所考，以续夫千载不传之绪，得有所据，以斥夫二家似是之非。[1]

上引三段，第一段指出尧、舜、禹相传之道，即儒家之道的核心问题是关于人心与道心的处置；第二段进一步申述这一问题，因此前两段所述是同一个问题；第三段则细述儒家之道的传承及其在各环节所面对的挑战。

接下来，我们来看叶适"总述讲学大指"中对这些问题的一一回应。

（二）尧、舜、禹相传的道是什么

叶适与朱熹都认为儒家之道从尧开始，这是他们共同的历史观念。叶适"总述讲学大指"的第一句话即为"道始于尧"。叶适断言"道始于尧"，有两个方面的思想含义：一是他对"道"何以开始的理解，二是他对《易传》的质疑。

关于"道"的开始，叶适根据《尚书》的记载，指出："《易传》虽有包牺、神农、黄帝在尧之前，而《书》不载，称'若稽古帝尧'而已。"这里，叶适清晰地表达了对《易传》的怀疑。宋学的崛起，在方法论上是从疑传、疑经开始

---

[1] 朱熹撰：《四书章句集注》，中华书局2012年版，第14—15页。

的，这在北宋已取得很大的成就。就《易》而言，自欧阳修在
《易童子问》中指出《十翼》诸篇非孔子所作，而是众人所撰
后，《易传》的经典地位便受到怀疑。在永嘉的学术传统中，
永嘉之学的开山者王开祖也持同样的主张。《儒志编》载：

> 或曰："今之所谓《系辞》，果非圣人之书乎？"曰：
> "其源出于孔子，而后相传于易师。其来也远，其传也久，
> 其间失坠而增加者，不能无也。故有圣人之言焉，有非圣
> 人之言焉。"

这种怀疑态度为叶适继承。在《十翼》中，他只认为《彖》
《象》为孔子所撰，其余都有问题。叶适云：

> 《彖》《象》辞意劲厉，截然著明，正与《论语》相出
> 入，然后信其为孔氏作无疑。至所谓上下《系》、《文言》、
> 《序卦》，文义复重，浅深失中，与《彖》《象》异，而亦
> 附之孔氏者，妄也。[1]

叶适否定《易传》文本的经典性，目的在于否定其思想的
意义，进而否定周、张、程、朱一系道学的理论基础。这点容
后详述。

---

[1]叶适：《习学记言序目》（全二册），中华书局1977年版，第35页。

叶适对"道始于尧"的判定，除了文献上的根据外，更重要的还在于思想上对"道"的界定。为什么不取《易传》的讲法呢？叶适的看法是："尧、舜之前，非无圣人，神灵而不常者，非人道之始故也。"①换言之，尧以前虽然已有人类文明的创生，但在自然的环境中，人类的文明并不能够稳定下来，即所谓"神灵而不常"。只有在尧以后，这种情况才有了根本的改变。这里，界定"道"的标准被确认为"常"，即稳定性。显然，这是一种外在状态上的界定标准。

然而，"道"在内容上的确认更为重要。按照朱熹《中庸章句序》中的论述，儒家之道的精髓全在于尧最初传给舜的那句"允执厥中"，后来舜传禹时，又将它引申为四句："人心惟危，道心惟微，惟精惟一，允执厥中"。这16字诀是朱熹论学的核心，故他接下来的那段关于人心和道学的阐发可以称得上是字斟句酌。

但是，叶适对尧、舜所创建的"道"的内容有着完全不同的认识。关于尧，叶适指出："道始于尧，'钦明文思安安，允恭克让'；命羲、和'历象日月星辰，敬授人时'。"这里的引文出自《尚书·尧典》。前一句通常的训解是表彰尧以敬明文思四德安定天下，并且信恭能让。叶适则更直接地指出，这个始于尧的"道"就是尧躬身践履的社会伦常，"'安安'者，言人伦之常也，'允恭克让'，所以下之也，此所以为人道之始

---

①叶适：《习学记言序目》（全二册），中华书局1977年版，第52页。

也"①。后一句则以羲、和的"制历明时"为例，说明尧关于制度工具的建构。叶适进一步引《尚书·吕刑》中的"乃命重黎，绝地天通，罔有降格"，以及《左传》，着重指出："尧敬天至矣，历而象之，使人事与天行不差。若夫以术下神，而欲穷天道之所难知，则不许也。"由此，叶适完整地表达了他对儒家之道的界定：其一，儒家之道是"人道"，是人类文明的建构；其二，这个文明包含两层内容：一是社会伦常，二是制度工具；其三，儒家之道的确立基于人类对自然的尊重与认识，以求"人事与天行不差"，但这种尊重与认识完全是理性的，而不是神秘的"以术下神，而欲穷天道之所难知"。

尧以后，舜完全沿袭了这种建构儒家之道的精神与方法。叶适引用《尚书·舜典》中的"浚哲文明，温恭允塞""在璇玑玉衡，以齐七政"来说明舜的建构，其中，"浚哲文明，温恭允塞"代表社会伦常；"在璇玑玉衡，以齐七政"则指制度工具。叶适特别指出："舜之知天，不过以器求之耳，日月五星齐，则天道合矣。"在舜的时代，人们对自然的认识已经从早期最朴素的"历而象之"发展到"以器求之"，但其性质是一样的。叶适标以"不过"二字，正在于强调尧、舜在建构儒家之道的方法上虽然有所延展，但精神实质是一脉相承的。

在阐述了尧、舜的建构后，叶适引用了《尚书·大禹谟》中的16字诀："人心惟危，道心惟微，惟精惟一，允执厥中"。

---

① 叶适：《习学记言序目》（全二册），中华书局1977年版，第52页。

这16字诀的关注点在于人心和道心，与前述尧、舜的传统缺乏连贯性。叶适在此引用，针对的是朱熹的《中庸章句序》。在叶适的时代，《尚书·大禹谟》的真伪问题尚未出现，故叶适没有质疑文本的真实性，但他尽力去除朱熹所确认的思孟一脉所添附在16字诀上的玄论，强调其朴素性。叶适指出："人心至可见，执中至易知，至易行，不言性命。子思赞舜，始有大知、执两端、用中之论；孟子尤多；皆推称所及，非本文也。"

关于叶适对尧、舜之道的阐释，牟宗三的评价是："徒封囿于政治措施之即事达义，以器知天，而谓能尽古人言天之体统乎？看似平实，实乃器识之陋也。"牟氏认为，古人言天，实有两层含义，一是自然之天，二是道德宗教之天，二者是统一的；而叶适的阐述，故意取一舍一，将古人的敬天、知天以及"历而象之"，完全解释为具体的政治举措，"独以義、和传统为中心，不以尧、舜之德为中心，可谓忽其本而著其末，正是不明道之本统为何物者也"。

然而，牟氏所见，存在有失偏颇之处。他指责叶适剔除敬天、知天中所蕴含的宗教性超越意义，这一点是成立的，但他认为叶适封囿于政治举措而不见历史中的道德性价值意义，则有失公允。叶适指出："文字章，义理著，自《典》《谟》始。此古圣贤所择以为法言，非史家系日月之泛文也。"[1]仅此一语，即可断定叶适对尧、舜、禹的历史，并非仅仅关注政治举措的

---

[1]叶适：《习学记言序目》（全二册），中华书局1977年版，第51页。

陈迹，而更在于这些陈迹所显露出的价值意义，其中无疑包含着道德性价值。只是在叶适看来，这个意义无法空说，由前述可知，叶适将之归于社会伦常与制度工具的双重建构。只不过对于社会伦常的确立，叶适落实在践履，"允恭克让"，而不是诉诸人心与道心的性命玄思；对于制度工具的创设，叶适求之于理性，剔除了神秘的"以术下神"。

事实上，牟宗三不得不承认，叶适对儒家之道的这种"即事达义""以器明道"的建构，至少在形式上与孔子之后的传统是一致的，但在立足点上仍有本质性的区别。牟宗三指出：

> 后来通过孔子后，亦未有离事言义、离器明道者，然此即事即器，乃本乎超越者圆融而言之，非叶水心之只现象地外在地平面地言之也。此不可不辨。鱼目混珠，遂借以为拒谈性命天道之口实矣。

显然，叶适在阐释儒家之道时，器与道并举，这是牟宗三不得不承认的。这里，真正的问题是如何看待社会伦常与制度工具中价值意义的"超越"问题。

从对宗教性的"以术下神"的否定来看，叶适对由此途径建构"道"的超越性，显然是不以为然的。他在阐释尧、舜以后的禹时，对此有更明确的论述。叶适引用了《尚书·大禹谟》中的两句话来概括禹对道的继承："次禹，'后克艰厥后，臣克艰厥臣。惠迪吉，从逆凶，惟影响'。"前一句讲君臣能知艰难，天下始能治理；后一句则强调治理天下，顺道则吉，逆道则凶，这种因果关联如影随形、如响应声般直接且必然。接着，叶适有一长段注文：

> 《洪范》者，武王问以天，箕子亦对以天，故曰"帝乃震怒，不畀洪范九畴""天乃锡禹洪范九畴"，明水有逆顺也。孔子因箕子、周公之言，故曰"凤鸟不至，河不出图"，叹治有废兴也。然自前世以为龙马负图自天而降，《洛书》九畴亦自然之文，其言怪诬。夫"思曰睿，睿作圣"，人固能之，奚以怪焉！甚至山林诡谲有先天后天之说，今不取。

在这段注文中，叶适虽借用箕子与孔子的故事来印证前述《大禹谟》的精神，但整段注文转而论及自然之神迹问题，似乎发生了主题转移，以致牟宗三认为，"注文言《洪范》，不相干，略"。

其实不然。在上古文献中，"天道"的呈现常兼具实然性与神灵性，如叶适所引箕子所谓的"天乃锡禹洪范九畴"，以及孔子所叹"凤鸟不至，河不出图"。叶适引此，恰着意于指出，无论是箕子所言，还是孔子所叹，都只是在特定语境下的表达，它们各有实际的意指，即"明水有逆顺""叹治有废兴"，而不是对"天道"具有神灵性的默认。因此，叶适转论自然之神迹问题，并非论题转移，而是旨在剔除笼罩在"天道"上的神灵性，从而将"治道"置于理性的基础之上，不因为"治道"艰难而求助于某种神秘性。

这段注文最后指出，所谓的河出图、洛出书，"其言怪诞"；而先天、后天之说，更属于不可取的"山林诡谲"。由此可知，叶适此段注文真正要否定的仍是周、张、程、朱一系的道学。此系道学的架构基础是《周易》，而河图洛书、先天后天正是其中富有神秘性的重要内容；诸儒之所以津津乐道于此，是因为这些附着在"天道"上的神秘性构成了他们所要建构的道德形而上学的超越性基础。

然而，虽然我们至此清楚地认识到了叶适反对借"天道"的神秘性来建构"人道"的超越性，但叶适关于"道"的建构，是否如牟宗三所说，真的无意于"本乎超越者圆融而言之"，而"只现象地外在地平面地言之也"？

（三）儒家之道的特性与完备

从尧、舜、禹三圣以下，朱熹在《中庸章句序》中列举了成汤、文、武诸君，以及皋陶、伊、傅、周、召诸臣，叶适在"总述讲学大指"中亦相应而论。只是朱熹对上述君臣仅一言以蔽之："皆以此（人心—道心）而接夫道统之传。"叶适虽然没有论及每位君臣，如周武王与傅说，但对于这一历史时期的儒家之道的建构，却作了详尽阐释。这个阐释不仅呈现了叶适关于"道"的言说方式，实际上也表明了他对"道"的性质的判定。

儒家之道从尧开始确立，次舜、次禹，内容与方法一以贯之。在内容上，社会伦常与制度工具并举；在方法上，"敬天至矣，历而象之，使人事与天行不差"。在叶适的建构中，儒家之道的确没有"人世—彼岸"性质的空间维度的超越，但存在"前辈—后代"性质的时间维度的绵延。超越性的道实际上是介于"虚—实"之间的建构，故必有牟宗三所讲的"圆融"要求。而叶适建构的儒家之道完全存于实相中的历时性展开，因此，其阐释的确呈现出"现象地"的特点。然而，这个"现象地"的呈现，并不必然是"外在地平面地"。

叶适指出，儒家之道的建构，从皋陶开始，进入了一个新的时代，其特征是"训人德以补天德，观天道以开人治，能教天下之多材"。这种时代特征，显然是针对前述禹时期的"治道"艰难而揭示的。

叶适进一步在注文中讲：

> 按高辛，高阳之子，聚为元凯，舜虽尽用，而禹以材难得、人难知为忧。皋陶既言"亦行有九德"，"亦言其人有德"，卿大夫诸侯皆有可任者，"翕受敷施，九德咸事"。以人代天，典礼赏罚，本诸大意，禹相与共行之，治成功立。

皋陶辅佐舜、禹两代君王，在艰难的文明创建中，使人尽其才，"卿大夫诸侯皆有可任者"，从而终于"治成功立"，儒家之道得以确立。叶适紧接着指出："至夏、商、周，一遵此道。"

至此，我们可以说，叶适对儒家之道的阐释始终是"现象地"展开的，但不能说这个展开是"平面地"。因为这个始于尧，迄于禹、皋陶的儒家之道的创建，实际上是一种层层累积性的建构，虽然这种层层累积呈现出来的仍然是"现象"，但这些"现象"，即社会伦常与制度工具，是不断改变、完善与推进的，绝非同质性的"平面地"展开。

不仅如此，如果我们细心体会叶适在阐释禹与皋陶的两段注文中所列举的武王与箕子的问答、孔子因箕子周公之言而发的感叹，以及禹的忧患和皋陶的训人德、开人治，那么足以认识到，叶适对儒家之道的阐释，虽然完全呈以"现象"，但这些"现象"却承载着一代又一代人的精神活动。叶适的阐释固然全是这些"现象"，但他所欲呈现与揭示的，与其说是这些"现象"，毋宁说是"现象"所承载的精神。因此，叶适对儒家之道的阐释并非只是"外在"的，确切地说，是"内外交相成"的。这样的分析，绝不是推理所得，而是叶适明确详述了的。他在摘录《孟子·告子》"心之官则思"一节后讲：

> 按《洪范》，耳目之官不思而为聪明，自外入以成其内也；思曰睿，自内出以成其外也。故聪入作哲，明入作谋，睿出作圣，貌言亦自内出而成于外。古人未有不内外交相成而至于圣贤，故尧、舜皆备诸德，而以聪明为首。孔子告颜渊"非礼勿视，非礼勿听"，学者事也，然亦不言思。故曰"学而不思则罔，思而不学则殆"；又曰"吾尝终日不

食，终夜不寝以思，无益，不如学也"；季文子三思而后行，子闻之曰"再斯可矣"。又，物之是非邪正终非可定，诗云"有物有则"，子思称"不诚无物"，而孟子亦自言"万物皆备于我矣"。夫古人之耳目，安得不官而蔽于物？而思有是非邪正，心有人道危微，后人安能常官而得之？舍四从一，是谓不知天之所与，而非天之与此而禁彼也。盖以心为官，出孔子之后；以性为善，自孟子始。然后学者尽废古人入德之条目，而专以心性为宗主，致虚意多，实力少，测知广，凝聚狭，而尧、舜以来内外交相成之道废矣。[①]

关于叶适对儒家之道虽"现象地"，但绝非"外在地""平面地"的阐释，也有学者概括为一种社会历史本体观[②]。显然，这是一种非常中肯的论定，尤其是着眼于叶适与朱熹、陆九渊思想鼎足而三的区别。只是，这里必须特别强调"现象地"这个特征。它意味着叶适所阐释的儒家之道，不是抽象的，而是"现象"的；不能因为将这一"现象"（无论是社会历史，还是道德伦理）概括或提升为本体，就将其抽象化了，从而成为僵

---

①叶适：《习学记言序目》（全二册），中华书局1977年版，第207页。孔、孟强调心性，是对所处时代的回应，而非以此"尽废古人入德之条目"。此系后话，容后详述。
②参见景海峰：《叶适的社会历史本体观——以"皇权"概念为中心》，张义德、李明友、洪振宁编：《叶适与永嘉学派论集》，光明日报出版社2000年版，第253—262页。

死的符号。叶适有一段话值得在这里引用：

> 郑铸刑书，叔向讥之。子产于扶补倾坏之中，必欲翦裁比次，自令新美，宜其到变古处，先王之政遂不可复也。治道固不能不与时迁移，然亦有清静宁民，可以坐销四国之患，使古意自存者，而徒为是纷纷，此老聃所以有感于周之末造，且欲并废其初也。[1]

"治道"不是僵死的，而是与时俱进的，这种积极有为是"道"的常态。但即使这一常态，同样也不是僵死的。在特定的历史场域，老子所倡导的清静宁民是正确的选择。换言之，叶适所阐释的儒家之道，与其提升为某种本体，毋宁保留为现象。

按照《尚书》"若稽古"四人的记载，叶适认为儒家之道经过尧、舜、禹、皋陶的传承，如上所述，已基本成形。此后，汤、伊尹时代进一步执守，更经过文王，至周、召时代，则臻完备。对周、召时代的"道"的完备，叶适称誉：

> 次周公，治教并行，礼刑兼举，百官众有司，虽名物卑琐，而道德义理皆具。自尧、舜以来，圣贤继作，措于事物，其该括演畅，皆不得如周公。不惟周公，而召公与焉，遂成一代之治，道统历然如贯联，不可违越。

---

[1] 叶适：《习学记言序目》（全二册），中华书局1977年版，第155页。

周公、召公之重要，绝不在于他们个人，而在于他们形成的完备的制度体系。正是这个制度体系，促成了华夏文明的灿烂。叶适在阐述儒家之道的形成时，虽然标以君臣之名，但这只是一种纪年方式，其思想上其实正相反。轻个人而重制度，可以说是叶适一生思想的根本。早在淳熙五年（1178）中进士廷对时，叶适便明确断言："以庸君行善政，天下未乱也；以圣君行弊政，天下不可治矣。"①后来叶适讲学之所以特别推重《周礼》，正是因为《周礼》体现了周代的制度体系，即所谓"周之道固莫聚于此书，他经其散者也；周之籍固莫切于此书，他经其缓者也"②。

在探讨这一时期的儒家之道时，叶适兼而论及关于道德、性命、天人之交的问题。由前引朱熹《中庸章句序》已知，人心与道心构成程朱性理之学的核心问题，而《中庸》之所以能成为新经典，根本原因在于其开篇那句"天命之谓性，率性之谓道，修道之谓教"，为程朱道学的人心与道心问题提供了超越性的理论架构。但是，正如前文所述，叶适对于这种超越性的理论建构不仅毫无兴趣，而且认为它从根本上背离了儒家之道的真精神。因此，在阐述汤、伊尹、文王时，叶适概要性地论及这个问题。

叶适论汤、伊尹如下：

---

①叶适：《叶适集》，刘公纯、王孝鱼、李哲夫点校，中华书局2010年版，第745页。
②同上，第220页。

次汤，"惟皇上帝降衷于下民，若有恒性，克绥厥猷惟后"，其言性盖如此。

次伊尹，言"德惟一"，又曰"终始惟一"，又曰"善无常主，协于克一"。

这里，叶适极力去除程朱道学在道德性命上所附加的神圣性，强调"其言性盖如此"，即"性"与"德"在汤、伊尹那里，就是现实生活中的躬身践履、固守与一贯、"恒"与"一"。因此，"性"与"德"的问题并不神秘玄妙，而是体现在整个社会伦常之中，为所有人所践履。叶适显然不满于程朱道学的超越性建构，故而在述及汤、伊尹之后，慨然断言："呜呼！尧、舜、禹、皋陶、汤、伊尹，于道德性命天人之交，君臣民庶均有之矣。"

叶适又进一步以文王申论之。他指出：

次文王，"肆戎疾不殄，烈假不瑕，不闻亦式，不谏亦入"；"雍雍在宫，肃肃在庙，不显亦临，无射亦保"；"无然畔援，无然歆羡，诞先登于岸"；"不大声以色，不长夏以革，不识不知，顺帝之则"。夫《雅》《颂》作于成、康之时，而言文王备道尽理如此，则岂特文王为然哉？固所以成天下之材，而使皆有以充乎性，全于天也。

在《诗经》中，周文王被刻画成一位备道尽理、极其完美的圣贤君主。然而，叶适指出，这些诗句并非专指文王，而是一种社会完美形象的塑造，用以引导天下。这里，叶适不仅在某种程度上消解了附加在文王身上的神圣性，而且更重要的是重申了道德性命的世俗性。据此，叶适以他的立场阐释了《中庸》：

> 《中庸》言"鸢飞戾天，鱼跃于渊，言其上下察也"；"德辅如毛，毛犹有伦。上天之载，无声无臭，至矣"。夫鸟至于高，鱼趋于深，言文王作人之功也；"德辅如毛"，举轻以明重也；"上天之载，无声无臭"，言天不可即，而文王可象也。古人患夫道德之难知而难求也，故曰"安安，允恭克让"，"浚哲文明"，"执中惠迪"，"克绥厥猷"，"主善协一"，皆尽己而无所察于物也，皆有伦而非无声臭也。今也，颠倒文义，而指其至妙以示人；后世冥惑于性命之理，盖自是始。噫！言者过矣，不可谓文王之道固然也。

"皆尽己而无所察于物也，皆有伦而非无声臭也"，道德性命之学的根本不在玄远妙论，而全在躬身践履。叶适在此明确表达了他与程朱道学在这个问题上的原则性分歧。

总而言之，在儒家之道的充实阶段，其"现象地"，即世俗的性质得以巩固，而其社会伦常与制度工具的内容得以完备。

这里顺便指出，全祖望曾讲："水心之门，有为性命之学者，有为经制之学者，有为文字之学者。"①叶适门生的这些分流，无疑都源自叶适学术之堂奥。而落在此处，以叶适对儒家之道的阐释而观之，所谓的性命之学与经制之学，即前述之社会伦常与制度工具的内容。只不过在"总述讲学大指"中，叶适只是述其"大指"，而具体的展开则见于他的整个著述。

此外，还有一个潜藏的问题需要点出。按照叶适的阐释，儒家之道至周公、召公而臻完备。对此，牟宗三认为，叶适把道统限定为"尧舜以来三代开物成务之原始综和构造之过程也"，这个"原始综和构造"，"实即政治措施之综和构造"；而叶适以此"综和构造"为道之本统，则结果就是"现象主义之不见本源"，"停于原始之综和构造而不知孔子之开合，落于皇极一元论，而不知孔子对于道之本统之再建"。这就将问题引向了孔子。

（四）孔子工作的性质与价值

次孔子，周道既坏，上世所存皆放失，诸子辩士，人各为家；孔子搜补遗文坠典，《诗》《书》《礼》《乐》《春秋》有述无作，惟《易》著《彖》《象》，然后唐、虞、三

---

① 《宋元学案》卷五五《水心学案下》，沈善洪主编：《黄宗羲全集》（第五册），浙江古籍出版社1992年版，第196页。

代之道赖以有传。

　　周室既衰，道将湮没，人各为家，世迷其路，华夏民族在艰苦卓绝中创设的文明制度，面临着消失的危险。于是，便有了孔子之述道。这项工作，与儒家之道在历史时空中的建构历程相比，虽显得平淡而寂寞，但其意义深远而日彰，儒家之道也赖以有传。这就是叶适对孔子及其工作的基本评定。

　　在叶适关于儒家之道的阐释中，道并不是一个空洞的符号，或者一套玄妙论说，而是具有集众人之材以开物成务功能的治教之道。因此，叶适着意于始于尧，终于周、召二公的道的历史建构过程，以彰显儒家之道的根本不在论说，而在于开物成务。亦因此，叶适对道的阐释标以历代的圣君贤臣，以其为各个时代的象征。在这个意义上，作为平民的孔子，因为没有现实的政治地位而似乎缺乏重要性。牟宗三强调"叶水心之蔽正在停于原始之综和构造而不知孔子之开合，落于皇极一元论，而不知孔子对于道之本统之再建"，原因就在这里。

　　但是，这是需要进一步讨论的问题。首先，"皇极"在叶适这里指什么？"皇极"出自《尚书》，箕子作《洪范》述九畴，其中"次五曰建用皇极"。"皇极"者，"皇建其有极"。孔颖达疏："皇，大也；极，中也。施政教，治下民，当使大得其中，无有邪僻。"①因此，就本义而言，对"皇极"的推崇，实在于

――――――――――――

① 《尚书正义》卷一〇二。

确立并维系一种"无有邪僻"的公正的社会政教体制。当然，我们知道，南宋道学运动重振时，诸儒对"皇极"的解释与孔颖达的疏解是有所区别的。南宋诸儒直接以表面字义将"皇极"解释为人君居于极至，但诸儒关注的重点并不在"皇极"，而是在"建皇极"的"建"字上，强调的是士大夫与君同治天下，叶适正是诸儒中的杰出代表。而观叶适对"道"的阐释，可以清楚地看到，他虽以具体的君臣来标举"道"的确立的历史过程，但一则重在呈现君臣民庶之共"建"，这正是时代的精神；二则认为这个"皇极"的重心并不在于某一位帝王，而在于作为人类共同体象征的文明，即社会伦常与制度工具的双重建构，这亦合"皇极"之本义。总之，叶适对前孔子时代儒家之道的建构，即便标以"皇极"，亦不可简单地理解为是以君主为代表的现实权力结构。

其次，叶适是否"不知孔子之开合"？从叶适对孔子工作的概括来看，他似乎只是陈述了孔子的劳绩，"搜补遗文坠典"。叶适还专加按语，"旧传删《诗》，定《书》，作《春秋》，余以诸书考详，始明其不然"，强调孔子基本是"有述无作"。但是，这并不意味着叶适轻视孔子的意义。诚然，强调孔子是"有述无作"在叶适的思想中是至关重要的，因为他对孔子工作性质的这一还原与确认，从根本上表明了他的立场，即儒家之道的本统是在历史的建构中，而不是在文本的传承中。在这个意义上，孔子的确是有局限的。然而，叶适专门指出："'为政以德，譬如北辰，居其所而众星共之。'孔子不得自为政，故其言如此。然为者有尽，言者无穷，使虽有群圣之政，而无孔子之言，则终莫知所考矣。"①"北辰"可视为"皇极"之喻，孔子虽不能自己为政，但依然取此而论。叶适转而强调，历史的建构固然重要，但任何具体的"道"的建构又都是有限的。而经过孔子的述道，不仅突破了存于具体历史时空中的建构的有限性，使历史的建构获得了无限性的价值，而且存于历史中的建构真正由自发上升为自觉。叶适的话"使虽有群圣之政，而无孔子之言，则终莫知所考矣"，实已近乎"天不生仲尼，万古如长夜"了。

这里顺便指出，前文述及叶适门人分治性命之学、经制之学、文字之学，其中，性命之学与经制之学在叶适的儒家之道的建构中已有呈现，而文字之学却没有落实。叶适能诗文，其门人后来有许多成为文士，这是当时及后世的共识，因此很容易将叶适的"文字之学"简单地归入后世狭义的"文学"。但实际上，叶适的"文字之学"实是孔门四科之一的"文学"，孔子的述道正是文字之学的典范。叶适《习学记言序目》以吕祖谦的《皇朝文鉴》终结，这里的"文"才是叶适"文字之学"的真正内容。只是兹事与此处所论关系不大，故点及而已，容另文再论。

除了以"述道"概括孔子的工作性质外，叶适对孔子在"述道"中融入的新精神也有深切的认知。在论述孔子"有述无

---

①叶适：《习学记言序目》（全二册），中华书局1977年版，第176页。

作"的工作后，叶适颇具意味地加了一条按语："按《论语》'子罕言利与命与仁'，今考孔子言仁多于他语。岂其设教不在于是，朋至群集有不获闻，故以为罕耶？"显然，叶适以反问的方式明确指出，孔子"设教"正在于"仁"，"仁"是孔子赋予儒家之道的新精神。牟宗三强调叶适之弊在于"不知孔子之开合""不知仁教之意义"，从而"不知孔子对于道之本统之再建"，至此可知，这一观点实是缺乏根据的。

叶适真正要否定的，不是孔子的"述道"，也不是孔子所设的"仁教"，而是曾子以下对孔子所述之道的解读与传承。上文所引关于"仁教"的反问句之所以"颇具意味"，是因为它一语双关，既表达了叶适对孔子新精神的深切认知，又指出了曾子以下所述孔子之道的不可信。实际上，"总述讲学大指"以下所言，便全部转向对曾子以下，直至周、张、二程的批评，也就是对朱熹所确认的道统的否定。

（五）对曾子及其以下的否定

"孔子殁，或言传之曾子，曾子传子思，子思传孟子。"这里所谓的"或"，正是指朱熹的《中庸章句序》。对此，叶适完全否定。叶适认为，"言孔子传曾子，曾子传子思，必有谬误"。叶适的这个否定，一是根据授受形式，二是根据思想内容。

关于授受形式，叶适指出，孔子门下弟子三千，贤者七十二，孔子授徒的基本方法是"因材施教"，门下各人对孔子思想的理解存在相当的自主性。因此，曾子所理解的孔子思想只是他个人的理解，并不代表孔子思想本身，更谈不上对孔子思想的独传。此外，叶适在"总述讲学大指"中强调："按孔子自言德行颜渊而下十人，无曾子，曰'参也鲁'。若孔子晚岁独进曾子，或曾子于孔子后殁，德加尊，行加修，独任孔子之道，然无明据。"①显然，叶适的这一分析在学术考证上是站得住的。牟宗三在批评叶适时，对此也不得不承认："说曾子能传圣人之道于后，只因子思是曾子弟子，而孟子又是子思弟子，孔子之道至孟子而大显，故如此云耳。至于曾子究能传多少，则是另一问题。"牟宗三的反驳实际上已淡化了学统上的承继关系，而重在思想上，亦即道统上的承继关系。尤为重要的是，按照牟宗三的看法，曾子对孔子思想的传承，以及由此所奠定的他在道统谱系中的地位，主要不是由于曾子对孔子思想的诠释本身，而是因为他门下有子思，以及子思门下有孟子。但这个分析的前提是必须承认子思与孟子的思想符合孔子精神。然而，这恰恰是叶适所不认可的关键。

但是，从师承的授受形式上怀疑曾子对孔子儒道的独传，在宋儒心中实际上并不重要。程颢可以"得不传之学于遗经"②，便无所谓授受；叶适对此也有非常明确的认识，"夫古昔谓之传者，岂必曰授之亲而受之的哉"？因此，从思想内容上

---

① 叶适：《习学记言序目》（全二册），中华书局1977年版，第188页。

② 程颢、程颐：《二程集》（全二册），王孝鱼点校，中华书局2004年版，第640页。

来否定曾子对孔子思想的继承，才是根本性的。

关于曾子的思想，叶适认为，"曾子之学，以身为本，容色辞气之外不暇问，于大道多所遗略，未可谓至"。这个概括源自《论语·里仁》中的一段记载。《论语·里仁》载，孔子告知曾子，"吾道一以贯之"，曾子认同这点，但对于这个一以贯之的"道"的具体内涵，孔子并未详细诠释，而曾子则将其界定为"忠恕"，即叶适所谓"孔子尝告曾子'吾道一以贯之'，曾子既惟之而自以为'忠恕'"①。根据这个界定，曾子作了具体阐发，认为"君子所贵乎道者三：动容貌，斯远暴慢矣；正颜色，斯近信矣；出辞气，斯远鄙倍矣。笾豆之事，则有司存"（《论语·泰伯》）。由此可知，曾子的思想确实是"以身为本"，叶适的概括是准确的。《论语集注》所引程门师徒以及朱熹本人的解释也是如此。

然而，是否能因此认为"以身为本"便是"容色辞气之外不暇问"，却是值得商榷的。在朱熹看来，"修身之要，为政之本，学者所当操存省察，而不可有造次颠沛之违者也。若夫笾豆之事，器数之末，道之全体固无不该，然其分则有司之守，而非君子之所重矣"②。换言之，"以身为本"并不是"容色辞气之外不暇问"，而是无必要去顾及，因为现实治理政事的基础本来就存在于从政者的修身之中，至于具体的实际操作则只是

---

①叶适：《习学记言序目》（全二册），中华书局1977年版，第188页。
②朱熹撰：《四书章句集注·论语·泰伯》，上海古籍出版社2002年版，第132页。

技术层面的事情，按照社会分工的要求，属于主管的职责。显然，叶适无法认同这种看法。叶适认为，现实治理政事的基础并不存在于从政者的修身之中，它们本质上是两件不同的事情。"修身"是主体的修养，而"为政"则是整合不同的资源以达成某一目标的管理，修养可以由主体的主观认知与践履来决定，而管理则必须使主观的情志符合客观的态势。如果把"修身"定作"为政"之本，那么实际上是用主观一己的意志来干预客观现实的活动。叶适指出：

> 孔子告颜子"一日克己复礼，天下归仁焉"。盖己不必是，人不必非，克己以尽物可也。若动容貌而远暴慢，正颜色而近信，出辞气而远鄙倍，则专以己为是，以人为非，而克与未克，归与未归，皆不可知，但以己形物而已。

因此，曾子以为"君子所贵乎道者三"，"笾豆之事，则有司存"，实质上是"尊其所贵，忽其所贱，又与一贯之指不合，故曰'非得孔子之道而传之'也"[1]。

事实上，叶适认为："忠以尽己，恕以及人，虽曰内外合一，而自古圣人经纬天地之妙用固不止于是。"[2]他还曾比较自己讲学与二程的区别："程氏诲学者必以敬为始，……以余所

---

[1]叶适：《习学记言序目》（全二册），中华书局1977年版，第188页。
[2]同上，第178页。

闻，学有本始，……学必始于复礼，……礼复而后能敬。"①叶适并不是要排斥主体的道德培养，而是认为主体的道德培养必须在主体的社会实践中来得到落实，"复礼"成为这种践履的具体指示。反过来看，程、朱也承认并强调主体的社会践履，但程、朱更着意于主体精神层面的锻造，"主敬"成为这种锻造的标志。正是在"复礼"与"主敬"何者是儒家之根本道路的问题上，叶适与程、朱有着根本的分歧。而且，在叶适看来，这种分歧正是源于曾子对孔子所传之道的自以为是的错误解释。这种解释，加上"礼"已淹没于历史的尘埃，使今人无所凭借。结果按照曾子的指示去做，徒使忠厚者陷于僵化，而轻薄者流于虚伪。对此，叶适在读《礼记》的札记中作了专门陈述：

> 《曲礼》中三百余条，人情物理，的然不违，余篇如此要切言语，可并集为上下篇，使初学者由之而入。岂惟初入，固当终身守而不畔；盖一言行则有一事之益，如鉴睹像，不得相离也。古人治仪，因仪以知事，曾子所谓"笾豆之事"，今《仪礼》所遗与《周官》、戴氏《杂记》者是也。然孔子教颜渊"非礼勿视，非礼勿听，非礼勿言，非礼勿动"，盖必欲此身常行于度数折旋之中。而曾子告孟敬

---

① 叶适：《叶适集》，刘公纯、王孝鱼、李哲夫点校，中华书局2010年版，第163—164页。

子，乃以为所贵者"动容貌、正颜色、出辞气"三事而已，是则度数折旋皆可忽略而不省，有司徒具其文，而礼因以废矣，故余以为一贯之语虽唯而不悟也。今世度数折旋既已无复可考，而曾子之告孟敬子者，宜若可以遵用；然必有致于中，有格于外，使人情物理不相逾越，而后其道庶几可存。若他无所用力，而惟三者之求，则厚者以株守为固，而薄者以捷出为伪矣。[①]

牟宗三认为叶适未能认识到曾子彰显道德自律的意义，其结果是"徒自外面看圣人之德业文章或王者之制度功业以为道耳"。然而，问题在于，虽然道德自律诚为道德本质之所在，但若道德的培养失去道德他律，而只依赖于道德自律，那么叶适所谓的"厚者以株守为固，而薄者以捷出为伪"，绝不是信口雌黄；至于叶适对道德他律的注重，进而将外在的社会实践视为儒家的精神所在，这涉及叶适与朱熹思想对立的根本点，断不可以门户之见而判之。

曾子在道统中的地位，不仅在于他对孔子的一贯之道作了忠恕的诠释，还在于他记录了孔子所讲的由己及人的落实过程，并加以进一步的阐发，这些内容体现在《大学》中。叶适指出：

---

①叶适：《习学记言序目》（全二册），中华书局1977年版，第95页。

按经传诸书，往往因事该理，多前后断绝，或彼此不相顾。而《大学》自心意及身，发明功用至于国家天下，贯穿通彻，本末全具，故程氏指为学者趋诣简捷之地，近世讲习尤详，其间极有当论者。《尧典》"克明俊德"，而此篇以为自明其德，其修身、齐家、治国、平天下之条目，略皆依仿而云也。①

问题与前文所分析的一样，曾子将修齐治平的基础定在"自明其德"，而在叶适看来，这个基础缺乏客观性，极不可靠。除此以外，叶适认为《大学》最大的问题是将"致知、格物"与"诚意、正心"相分离。他指出：

若穷尽物理，矩矱不逾，天下国家之道已自无复遗蕴，安得意未诚、心未正、知未至者而先能之？《诗》曰："民之靡盈，谁夙知而莫成！"疑程氏之言（笔者按：叶适于前文引程氏言"格物者，穷理也"）亦非也。若以为未能穷理而求穷理，则未正之心，未诚之意，未致之知，安能求之？又非也。②

叶适的思想强调，主体的思想必形成于主体的实践之中。

---

① 叶适：《习学记言序目》（全二册），中华书局1977年版，第113页。

② 同上，第113—114页。

按照《大学》的思想，"致知、格物"与"诚意、正心"之间固然存在内在的逻辑，但在叶适看来，这种内在的逻辑是"彼此不相顾"的，是存在矛盾的。因为这种内在的矛盾，叶适断言："为《大学》之书者自不能明，故疑误后学尔；以此知趋诣简捷之地未能求而徒易惑也。"①这样便彻底否定了曾子。

对于曾子以下的"古今百家，随其浅深，咸有遗论，无得免者"②，叶适在思想立场上一以贯之，对程朱的否定甚至更为明确；在议论方法上，除了沿用评论曾子时的对比解释以外，还穿插使用了逻辑推论等。

关于《中庸》，叶适在"总述讲学大指"中指出："按伯鱼答陈亢无异闻，孔子尝言'中庸之德民鲜能'，而子思作《中庸》；若以《中庸》为孔子遗言，是颜、闵犹无是告，而独闻其家，非是；若子思所自作，则高者极高，深者极深，宜非上世所传也。"这便从道统谱系的形式上否定了《中庸》思想的正统合法性，而只承认其是子思个人的思想创造，尽管这个思想创造可以被认为是高远深刻的。事实上，叶适对《中庸》是否为子思的作品有所怀疑，他在札记中有一自注："汉人虽称《中庸》子思所著，今以其书考之，疑不专出子思也。"③叶适认为《中庸》的思想具有高远深刻性，但并不表示他认同这种思想。《中庸》首章是《中庸》思想的核心所在，叶适对此作了细致的

①叶适：《习学记言序目》（全二册），中华书局1977年版，第114页。

②《直斋书录解题》卷十《习学记言序目》。

③叶适：《习学记言序目》（全二册），中华书局1977年版，第110页。

讨论。叶适认为，《中庸》开篇所讲的"天命之谓性，率性之谓道，修道之谓教"，是"近世言性命之总会"，但与《尚书》加以比对，便可看出《中庸》存在的问题。叶适指出：

> 按《书》称"惟皇上帝降衷于下民"，即"天命之谓性"也，然可以言降衷，而不可以言天命。盖万物与人生于天地之间，同谓之命；若降衷则人固独得之矣。降命而人独受则遗物，与物同受命，则物何以不能率而人能率之哉？盖人之所受者衷，而非止于命也。《书》又称"若有恒性"，即"率性之谓道"也，然可以言若有恒性，而不可以言率性。盖已受其衷矣，故能得其当然者，若其有恒，则可以为性；若止受于命，不可知其当然也，而以意之所谓当然者率之，又加道焉，则道离于性而非率也。《书》又称"克绥厥猷惟后"，即"修道之谓教"也，然可以言绥，而不可以言修。盖民若其恒性而君能绥之，无加损焉耳；修则有所损益而道非其真，道非其真，则教者强民以从己矣。[1]

这里，叶适着重将人与物区分开来，从而表现出他与周、张、程、朱所努力确立的"民胞物与"思想的对立。通过这种分离，叶适强调人性随人在物中所展开的社会实践而形成的后

---

[1] 叶适：《习学记言序目》（全二册），中华书局1977年版，第107—108页。

发性，以及政教风化应具备的合乎人性的要求。

在叶适看来，《中庸》首章中唯一正确的内容是"喜怒哀乐之未发谓之中，发而皆中节谓之和。中也者，天下之大本也；和也者，天下之达道也。致中和，天地位焉，万物育焉"。这段话很好地阐明了《尚书》所传的"人心惟危，道心惟微，惟精惟一，允执厥中"这一心诀。但叶适认同这段话的关键在于他与朱熹有完全不同的解读。朱熹的解释重在申明慎独之紧要，朱熹指出：

> 自谨独而精之，以至于应物之处，无少差谬，而无适不然，则极其和而万物育矣。盖天地万物本吾一体，吾之心正，则天地之心亦正矣，吾之气顺，则天地之气亦顺矣。故其效验至于如此。此学问之极功、圣人之能事，初非有待于外，而修道之教亦在其中矣。[1]

而叶适的解释重在指出，通过对已发、未发的厘清，认识到儒家之道的根本在于最终的对象化落实，而绝非仅仅在于对已发、未发的体会。叶适讲："盖于未发之际能见其未发，则道心可以常存而不微；于将发之际能使其发而皆中节，则人心可以常行而不危；不微不危，则中和之道致于我，而天地万物之理遂于彼矣。"[2]因此，《中庸》无论是在道统谱系的形式上，还是在道

---

①朱熹撰：《四书章句集注》，中华书局2012年版，第18页。
②叶适：《习学记言序目》（全二册），中华书局1977年版，第109页。

统谱系的内容上，都遭到了叶适的否定。否定《中庸》与否定曾子，是基于同一个思想，即叶适从根本上认为儒家的精神在于人在实践中的成就。这种成就体现在对象化的存在上，个人内在的精神修养不能必然转化为实践中的成就；而无法转化为实践中之成就的个人内在精神修养，本质上只是一个虚的存在，甚至可能会导致自以为是、唯我独尊的唯我论倾向。叶适强调：

> 古人教德必先立义，教成则德成矣。……教立于此，而德成于彼，非以义理为空言也。子思之疏释……以为时中则不待庸也，以为庸德庸行则不待中也。然则中庸之为德，果一乎？果二乎？后世无所据执而以意言之，虽服膺拳拳，不敢失坠，而以义理为空言之患未忘也，此亦学者之所当思也。[1]

关于孟子，叶适在"总述讲学大指"中有一个基本的评价，即"开德广，语治骤，处己过，涉世疏"。其中，"处己过，涉世疏"是对孟子作风的微词。"处己过"是指孟子自称庶人，而实际上却"后车数十乘，从者数百人"，言己不实；"涉世疏"是指孟子不与别人"言行事"，看似怕麻烦，其实是涉世疏阔。但对于孟子的人格，叶适却高度肯定，他称颂孟子"乐其道而

---

[1]叶适：《习学记言序目》（全二册），中华书局1977年版，第112页。

忘人之势，不以壮老易其守"①。

　　叶适对孟子的评价关键在于"开德广，语治骤"。这个评价的核心是认为孟子是一位开创风气的思想家，而不是一位开物成务的政治家。所谓"开德广"，是指"孟子言性，言命，言仁，言天，皆古人所未及"。牟宗三认为，命、仁、天都是孔子思想的重要概念，唯有"性"是由孟子彰显的，因此他觉得叶适对孟子的称许是"浮泛其辞，乱说一通"。牟宗三的这个说法不免过于苛刻。孟子的思想虽有孔子学理上的渊源，即牟宗三所谓"必然应用之义理发展"，但这种发展终究必须由某个人来完成，尤其是在斯道既丧、邪说并作的战国时期。如果说这只是孟子有功于圣门之事实，尚不足以在思想层面称他"开德广"，那么牟宗三既然承认孟子为孔子之仁教所包藏的"内圣"之学奠定了"更有系统，更有其自觉的可能之基础"，又如何可说"孟子言之不为广"呢？建立有系统、有自觉的可能之基础，实际上是使"内圣"之学由包藏走向彰显，从而示人于门径，接引众人；誉之为"开德广"实不能说是叶适"浮泛其辞，乱说一通"。叶适真正的看法是，孟子固然"开德广"，但这种"德"并没有立竿见影的功效，不足以开物成务，达不到孟子所谓的"治骤"，在"德"与"治"之间尚有很大的距离。

　　孟子的思想具有理论上的自足、圆满与彻底，这是毫无疑义的，加上孟子雄辩的口才，所以叶适认为孟子"言行王道皆

---

①叶适：《习学记言序目》（全二册），中华书局1977年版，第198页。

若建瓴"，与齐、梁诸王言治国时，"夫指心术之公私于一二语之近，而能判王霸之是非于千百世之远，迷复得路，焕然昭苏，宜若不待尧、舜、禹、汤而可以致唐、虞、三代之治矣"①。其实不然。叶适分析道：

> 当是时，去孔子殁虽才百余年，然齐、韩、赵、魏皆已改物，鲁、卫旧俗沦坏不反，天下尽变，不啻如夷狄，孟子亦不暇顾，但言"以齐王由反手也"。若宣王果因孟子显示，暂得警发，一隙之明，岂能破长夜之幽昏哉？盖舜、禹克艰，伊尹一德，周公无逸，圣贤常道，怵惕兢畏，不若是之易言也。②

实际上，叶适也注意到了孟子有关"治道"的具体言论。叶适指出，在儒家思想的传承中，只有子思能"独演尧、舜之道"，而颜回、曾参等精通六艺者却不能。孟子受业于子思，故也具有治国的本领。叶适讲："尧、舜，君道也，孔子难言之。其推以与天下共而以行之疾徐先后喻之，明非不可为者，自孟子始也。"③但是，从《孟子》一书来看，"与梁、齐、滕文公论治，最孟子要切处，惜无他书可以参看。大抵民不能皆有田而尽力于农，学校废缺而上无教，乃当时之大患，故谆谆言之"。叶适分

---

①叶适：《习学记言序目》（全二册），中华书局1977年版，第197页。

②同上，第197—198页。

③同上，第200页。

析了孟子所论及的赋税、井田和学校等若干问题，但终究"无他书参考，不能知孟子欲施置与其时合废省之详，甚可惜也"。

然而，不幸的是，在"治道"方面，有些问题是小事，后儒却因孟子在当时有所讨论而"争论不已"；有些问题属于因时而定的，在历史中也有所解决，后儒却因孟子有过一些说法而"讳避弗称"；有些问题古已有之，于今为烈，后儒却视而不见，"徒讲经界井地"①，终无益于治乱。

更不幸的是，孟子有自足的思想与理论，有治国的自信与本领，或可以由"开德广"而"语治骤"，但后儒既无孟子"从容于进退之间，始终生死，由一道弘益开阐，继尧、舜而有余"②的本领，又要模仿孟子的自信与"开德广"，结果只能是"使道不完而有迹"。因此，叶适对孟子所开风气的历史价值只能发出无奈的感叹。叶适讲："自孟子一新机括，后之儒者无不益加讨论，而格心之功既终不验，反手之治亦复难兴，可为永叹矣！"③孟子以下，宋儒认为儒家之道已失其传承。韩愈最初提出道统时，还部分地保留了荀子与扬雄的地位，然后才轮到自己。北宋初期的学者继承了韩愈的道统，除去了荀、扬，保留了韩愈。至北宋中期以后，则干脆连韩愈也一并去除了，由宋儒直接上接孟子。正因为如此，叶适虽然对孟子有微词，但总体上是肯定的。宋儒虽然都以孟子为基础来建构自己的思

①叶适：《习学记言序目》（全二册），中华书局1977年版，第200页。
②同上，第198页。
③同上，第197页。

想，但由于方向不同，依据的经典也不同。从王安石到叶适，重在开物成务，依据的经典是《礼》；从周、张、二程到朱熹，重在道德心性，依据的经典是《易》，尤其是《易传》。叶适要推倒周、张、二程直至朱熹的思想建设，就必须对《易》作一处理。

叶适对《易传》作者的怀疑，前文已言及，在此不赘述。实际上，叶适对《易经》本身也极力去除笼罩其上的权威性，如他对"伏羲画卦，文王重之"的说法的否定。叶适在"总述讲学大指"中讲：

> 《易》不知何人所作，则曰"伏羲画卦，文王重之"。按周"太卜掌《三易》，经卦皆八，别皆六十四"，则画非伏羲，重非文王也；又，周有司以先君所为书为筮占，而文王自言"王用亨于岐山"乎？亦非也。有《易》以来，筮之辞义不胜多矣。《周易》者，知道者所为，而周有司所用也。

当然，叶适并不完全否定《易》在思想上的价值，只是他对《易》的价值作了自己的解释。叶适认为，卦象只是人类对自己生活中所遇事物的一种符号抽象，是为人所用的。因此，六十四卦是"皆因是象，用是德，修身应事，致治消患之正条目也"[①]。叶适讲：

[①]叶适：《习学记言序目》（全二册），中华书局1977年版，第35页。

　　夫人之一身，自仁义礼智信之外无余理，形于世故，自六十四卦之外无余义，学者溯源而后循流，则庶几得之，若沿流以求源，则不胜其失。故余谆谆焉以卦象定入德之条目而略于爻，又以卦名通世故之义训而略于卦者，惧沿流不足以求源也。①

　　换言之，《易》只是人们行事的实实在在的指南，而不是用来构筑玄远思想体系的理论框架，而后者正是周、张、二程以及朱熹解释《易》的思想宗旨。叶适在"总述讲学大指"中讲：

　　本朝承平时，禅学尤炽，儒释共驾，异端会同。其间豪杰之士，有欲修明吾说以胜之者，而周、张、二程出焉，自谓出入于佛老甚久，已而曰："吾道固有之矣"，故无极太极、动静男女、太和参两、形气聚散、细缊感通、有直内、无方外，不足以入尧、舜之道，皆本于《十翼》，以为此吾所有之道，非彼之道也。及其启教后学，于子思、孟子之新说奇论，皆特发明之，大抵欲抑浮屠之锋锐，而示吾秘有之道若此。然不悟《十翼》非孔子作，则道之本统尚晦。

　　至此，叶适从思想的源流、思想的考辨上彻底否定了朱熹所确认的道统。

_____

①叶适：《习学记言序目》(全二册)，中华书局1977年版，第36—37页。

第三章 叶适思想概论

第一节 叶适道物观简论

叶适的道物观具有独特的"叶适性",不同于朱熹的"天理"形而上学体系。叶适的"道"和"物"的概念在宇宙生成论层面和实践层面有着不同的关系和内涵。在叶适看来,对"道"和"物"的内涵进行仔细探究,"道"可分天道和人道,"物"亦分自然之物(即世界本质)和经由人实践所产生的社会之物。在宇宙生成论层面,自然之物和道的关系无疑是"道不离器";而在实践层面,"道"和"物"的不同内涵有着不同的作用,且由于"物"的性质,"道"在这一层面的作用更加重要。"道"与"物"相互作用,指导并通过人的实践,达成人道社会的至德目标。

一、道不离器

叶适在如何看待客观世界的问题上,遵循唯物主义的观点,认为整个世界是由物组成的,在世界观上肯定了物的第一性,认为物普遍存在且独立,不依附于其他事物:

> 夫形于天地之间者，物也；皆一而不同者，物之情也；因其不同而听之，不失其所以一者，物之理也；坚凝纷错，逃遁谲伏，无不释然而解，油然而遇者，由其理之不可乱也。①

　　存在于天地之间的有形状且能被我们触碰到、看到的只有物，但这并不表示有形事物的性质都相同，相反，这些事物由于构成要素、构成、存在形式等不同，其内在的情况也不尽相同，从而构成了这多彩多样的世界。但叶适也深刻了解到，在这缤纷多样的事物背后，还存在着某种无形的东西，使得万物不管是自身还是与其他事物之间的联系，都变得井然有序，也使得我们可以依此认识它们。虽然物的形态各异，各有其独特的特质，但我们可以把握到物中的"一"，即理，只要不失去这个"一"，认清事物运动变化的规律，那么哪怕事物表现得再怪异、错综复杂，我们都能依据理进行整理，不使其混乱。尽管这个理对于我们感知世界非常重要，但在叶适看来，物仍然是这个世界最根本的构成要素，也是物的性质决定了理的呈现形式和根本作用。

　　那么，"物"具体是什么呢？叶适说：

---

① 叶适：《叶适集》，刘公纯、王孝鱼、李哲夫点校，中华书局2010年版，第699页。

夫天、地、水、火、雷、风、山、泽，此八物者，一气之所役，阴阳之所分，其始为造，其卒为化，而圣人不知其所由来者也。[1]

五行之物，遍满天下，触之即应，求之即得。[2]

叶适认为，构成世界的基本物质是五行之物及八卦所象之物，而气又是构成这些物的材料。由于物是由气所构成，气分阴阳，物内部就有了对立统一的性质。而每个物本身又呈现出多种多样的、各自独有的特质，从而构成了整个多彩多样的世界。而且，叶适认为这些物是"触之即应""求之即得"的，不存在不被我们人类的见闻之知所认识到的事物，肯定了世界的可知性。

对于"道"，程朱理学认为"道"是一个先验本体，而老子认为"道"是在天地生成之前就已经存在。叶适反对程朱理学和老子的观点，认为不能把"道"定为某个具体的"物"或者先验实体，否则只会让人无法真正理解"道"，导致儒家精神被佛道思想所掩盖的弊端。

在叶适看来，世界首先是"物"，其次才是由"物"之形、"物"之情所衍生出来的"道"。叶适承认"道"的存在，也认为"道"可以被认识和把握。但他认为"道"不是某个先验的

---

①叶适：《叶适集》，刘公纯、王孝鱼、李哲夫点校，中华书局2010年版，第696页。

②叶适：《习学记言序目》（全二册），中华书局1977年版，第580页。

实体，"道"其实是从属于"物"的原理和规律。但相对于"物"的变动不居，"道"具有难明易昧、寂然不动的特点，且在气"散和敛"这一构成事物生化的过程中，"道"都是完满的。叶适还以书之道、礼乐之道、事物之理以及道德性命为例，指出它们都不能脱离"物"而存在，从而说明了"道不离物"的道理①。他说：

> 上古圣人之治天下，至矣。其道在于器数，其通变在于事物；……无验于事者其言不合，无考于器者其道不化，论高而实违，是又不可也。②

不只是说"道在器中"，"道"的变化也在事物之中。每个道理的背后都有一个可以落实的"事"或"物"，失去了这个可以落实的"事"或"物"，这个"道"也就不可靠，甚至无从存在了。此外，我们从"物"中得到的"道"也需要回到"物"中去验证，这样才能确保得来的知识是客观有效的，才不会陷入"纸上谈兵"的境地。但"道"也不是完全从属于"物"。叶适认为：

> 按古诗作者，无不以一物立义，物之所在，道则在焉；

①叶适：《叶适集》，刘公纯、王孝鱼、李哲夫点校，中华书局2010年版，第730页。

②同上，第693—694页。

> 物有止，道无止也，非知道者不能该物，非知物者不能至道；道虽广大，理备事足，而终归之于物，不使散流，此圣贤经世之业，非习为文词者所能知也。[①]

叶适认为，"物"是由气构成，气有聚散，因此"物"是有限的存在，是会不断变化的。那么，面对如此变动不居的世界，依照此逻辑，我们无疑会陷入无限的求知循环，根本无从去把握这个有形的世界，这无疑是不现实的，也不符合儒家的本然精神。因此，叶适试图找出一个媒介，通过这个媒介，我们可以清晰、有力地把握这变动不居的世界，而这个媒介就是"道"。"道"虽然诞生于事物，也在存在论的基础上从属于"物"。但在认识论和应用上，"道"是无限的，支配着有限的"物"。叶适认为，可以依靠这无限即无止的"道"，这"道"虽诞生于"物"，但代表了万事万物统一性的原理。我们可以通过对具体的"物"的认识去把握"道"，继而又通过"道"去把握具体的"物"，在这一维度上，"道"与"物"是相依相存的。

总之，叶适认为"物"并非理学家所讲的物欲，而是天地间的根本构成，是最根本的、第一性的条件，而"道"是从属于"物"的规则和条件。但"道"又不只是"物"的附属品，相对于"物"的有限，"道"是无限的，"物"和"道"互为因

---

① 叶适：《习学记言序目》（全二册），中华书局1977年版，第702页。

果和前提。这构成了叶适在生成论上的道物观，即"道不离器"。

二、至德以为道本

叶适承认"物"的第一性，认为"道不离物"，但"道"真的毫无作用吗？他说：

> 道原于一而成于两。古之言道者必以两。凡物之形，阴、阳，刚、柔，逆、顺，向、背，奇、偶，离、合，经、纬，纪、纲，皆两也。夫岂惟此，凡天下之可言者，皆两也，非一也。一物无不然，而况万物；万物皆然，而况其相禅之无穷者乎！交错纷纭，若见若闻，是谓人文。[1]

叶适在这里论述了"物"的运行，一物运行内部必然有相互对立的性质存在，如刚柔、逆顺，且这种情况是普遍存在的。不仅单个物内部是如此，世界上的万物也是两两相对运行存在的，"万物皆然"。而"道"虽然源于一物，但其真正的完成却在于物内部乃至物物之间的两两对立运行，只是世人大多不明白这点。在这里，叶适有意无意地对天道和人道做了区分。在叶适看来，"天自有天道，人自有人道"[2]。他说：

---

[1] 叶适：《叶适集》，刘公纯、王孝鱼、李哲夫点校，中华书局2010年版，第732页。
[2] 叶适：《习学记言序目》（全二册），中华书局1977年版，第312页。

盖水不求人，人求水而用之，其勤劳至此。夫岂惟水，天下之物，未有人不极其勤而可以致其用者也。目之色，耳之声，口之味，四肢之安佚，皆非一日之勤所能为也。智者知之积，一粒之萌芽，一缕之滋长，以教天下，天下由之而不自知也，皆劳民劝相之道也。①

叶适以水为例，"水不求人"，"物"本身独立于人的意志而存在，不需要依靠人的作用，而是完全独立地运动变化，而"人求水而用之"，就是把独立于人意志之外的"物"转化为符合人类目的和利益的"人道"之物。这种转化就需要通过人的勤劳实践，"一粒一缕"进行，从而将人道和天道区分开来，这也是自然界和人类社会的区别所在。之所以要如此区分，是因为在叶适看来，人道和天道不是天道决定人道的关系。相反，虽然天道和人道都不可见，但人道可以通过人类的实践发展，并对天道有所补足。因此，对于人类来说，人道是我们首要追求的，我们不应该去追求天道而忽视人道，这样只会本末倒置：

夫在己不在物，则天下之事惟其所为而莫或制其后。导水土，通山泽，作舟车，剡兵刃，立天地之道，而列仁

---

① 叶适：《习学记言序目》（全二册），中华书局1977年版，第27—28页。

义、礼乐、刑罚、庆赏以纪纲天下之民。①

　　虽然"物"是第一性的，是世界的本原，但社会的构建，不管是"导水土，通山泽，作舟车，剡兵刃"等行动，还是"仁义、礼乐、刑罚、庆赏"等社会制度，都需要依靠人的实践，而不是去乞求神灵或者"天"的帮助。说到底，"物"虽然是"触之即应"，但对于我们人类来说，它只是一种被动的接收物，不会主动去建构一个价值世界。在此，叶适也凸显了"人之在"，强调了人在道物关系中的重要作用。因此，叶适所认为的"道"是人道，更准确地说是三代之"治道"，是人们在实践过程中逐渐获得并又用于实践的"道"。

　　正是在人类的实践过程中，"道"对于我们是不可或缺的。因为"物"是世界的唯一构成，"物"又是独立于人的意志之外的存在，所以想要构建人类社会，就需要发挥人的主观能动性去实践，但人类的主观实践不是不受约束的，而要遵循"物"的内部性质即"道"。即使广大如天地，崇高如圣人，也需要顺"道"而动，"道者限也"②，"道"是人活动的一个限制。如果想要达到预定的目的，就要遵守"道"的约束，也就是根据规律行事。如果逆理而行，势必会受到惩罚。相对于"物"的变动不居，"道"具有难明易昧、寂然不动的特点，且"道"在气

---

①叶适：《叶适集》，刘公纯、王孝鱼、李哲夫点校，中华书局2010年版，第637页。
②叶适：《习学记言序目》（全二册），中华书局1977年版，第659页。

的散和敛这一构成事物变化的过程中，始终是完满的。因此，如果一味着力于物质运动，那就只会是个无止境、不停息的攫取运动。在此运动过程中，人们从来不会去思考是否该停止，或者理会行为是否伤害到他人，这就是人的利益活动。只有完满的"道"，才能让人的利益活动在一个恰当的点、合适的时机停下。

"道"除了约束人的实践行为，对人的实践行为也有极大的推动作用。叶适说：

> 若所好者文，由文合道，则必深明统纪，洞见本末，使浅知狭好者无所形于其间，然后能有助于治。①

"物"在很大程度上是一个个独立的物体，也只能在一定时间和空间内存在。在此情况下，"我们只能认识到什么是现有的，或是有过的，或是将会有的"②。而只有"道"才能突破这一切时间关系中必然存在的因果事物，跨越时间。人们可以考究历史，从历史中得到经验和教训，从而预测可能会出现的情况，为其提供解决思路，指导人们的实践，从而"有助于治"。

而依"道"而行，人类就能通过实践，在自然界中构建出人的价值之社会：

---

① 叶适：《习学记言序目》（全二册），中华书局1977年版，第696页。
② 康德：《纯粹理性批判》，邓晓芒译，杨祖陶校，人民出版社2017年版，第337页。

> 道不可见，而在唐、虞、三代之世者，上之治谓之皇极，下之教谓之大学，行之天下谓之中庸，此道之合而可名者也。其散在事物，而无不合于此，缘其名以考其实，即其事以达其义，岂有一不当哉！①

"道"在此表现为人在实践中所要达到的最高价值目标，人类实践的过程也被理解为推行、实践"道"的过程。"道"是一种限定，是最后的呈现，"中庸"是"道"的最终完成形态，是"道"在世间作为万物最高标准的呈现。所以，叶适之所以反对程朱理学将"道"定为天理，反对老子将"道"当作先天地而生的万物本原，其本质原因在于给"道"留下多样化作用的空间。在自然界万事万物中，"道"可以针对不同的实践目标和最终需要达成的价值目的，展现出对这一实践目的的独特作用。如果硬是将"道"定为某物，才容易陷入教条主义，排斥任何多样化的可能，抹杀世界的多元化，局限于一元单质化。因此，"道"虽然是三代之"治道"，但不是三代具体的社会制度和伦理道德规范，而是三代实践的精神实质。把握这精神实质，人们才能在各个事实、各个不同的具体环境中实现人道之治，而叶适将这一人道之治称为"皇极社会"。

那么，天道难道就毫无用处吗？叶适认为，虽然人道和天

---

① 叶适：《叶适集》，刘公纯、王孝鱼、李哲夫点校，中华书局2010年版，第726页。

道的内容和性质不同，但并不是说天道与人道毫无联系。相反，人道诞生于天道，只是在发展过程中，形成了和天道不同的内容和性质。天赋予了道德以纯粹性和自足性，权势利欲都不能影响道德的存在，不能以功利来评判道德。因此，叶适严厉批判了司马迁关于舜后人陈氏篡位而建立国家的评价，认为这种观点只会害道。这与康德的道德理论有着一定的相似性。康德虽然在知识领域将上帝彻底排除，但在实践领域，引入了上帝概念，以此来为人的道德实践提供支持。叶适的天道也扮演着这一角色。但不同的是，叶适的天道不是超验的，虽在知识领域难以寻觅，但在实践领域中可以设立。在叶适看来，天道就是整个天地万事万物相生相化的运行之道，其呈现之德就是乾德，是带有现实普遍性质的。

总而言之，虽然从宇宙论的角度来看，"道不离物"，但在实践层面，人们往往需要依靠"道"的作用。叶适所追求的"道"，从古至今，就是三代之"治道"，但它不是具体的三代之社会制度和伦理道德规范，而是道德的实质从未改变，就是"以建德为本，以劳谦为用"[1]，两者相依相存，互相成就，构成了儒家精神寓超脱于现实的终极人文关怀，而天道则为人这一实践赋予了纯粹性和自足性。

---

[1]叶适：《叶适集》，刘公纯、王孝鱼、李哲夫点校，中华书局2010年版，第752页。

在叶适看来，达到中庸从而建立"皇极"需要依赖于圣人，而普通人需要学习圣人制定的规则，从而明白自身的职责。那么，这圣人如何而来？圣人又是如何"观天道以开人治"？这中间制定的规则又是如何得来的呢？在叶适看来，圣人也需要通过后天观察自然界万事万物的运行规律，从中学习，才能与天相沟通：

> 且虽圣人，无不自修于受形之后，而未有求知于未形之先者，及其既修而能全天之所赋矣，则惟圣人为求知天。[1]

圣人的本质其实也是"物"，不同的是，圣人在"受形"之后，能"自修"以"全天之所赋"。圣人有着天赋，可以全面、

---

[1]叶适：《习学记言序目》（全二册），中华书局1977年版，第649—650页。

深刻地认识到自然界万事万物的运行规律。也就是说，想要成为圣人，也需要经历一番修行。在叶适看来，圣人在某种意义上是一种理想的人格。而这种理想人格该如何成就呢？叶适说："古人未有不内外交相成而至于圣贤。"①想要成为圣贤这一理想人格，叶适认为没有其他途径，只有在"内外交相成"的过程中才能实现。

那么，何为"内外交相成"？在叶适看来，"内外交相成"有着多种含义，这里其实也包含着叶适关于如何学而成就圣人人格的思想。第一个层面，在认识论层面，"内外交相成"的"内"代表着人内在的理性能力，而"外"则代表着人的感性能力。叶适认为，"道不离物"，物是认识的前提，而物"触之即应"，想要获得真正的知识，首先要考察外在客观世界。人通过耳目之官即感性能力接触外物，从而获得感性知识。叶适说：

> 夫欲折衷天下之义理，必尽考详天下之事物而后不谬。②

也就是说，认识的来源和对象是客观世界中具体的万事万物，没有离开经验的先天知识。一切知识和指导人的义理，都必须抛掉人的主观偏见，考察天下万物，不能想当然，这样才

---

①叶适：《习学记言序目》(全二册)，中华书局1977年版，第207页。
②叶适：《叶适集》，刘公纯、王孝鱼、李哲夫点校，中华书局2010年版，第614页。

能得出真正无误的见闻之知，即感性材料。然后，通过"心"即如今的大脑的思考，对从客观世界所得来的感性材料进行加工，转化为知识。"内外交相成"意味着，人不能无视外部的真实世界，以为可以通过心性的打磨，除去物欲的障碍，从而获得真理。真理从来没有先天就存在于人的内心，想要获得，就需要走出心性的范围，与对象世界互动、实践，从而获得真实无误的真理，进而实现对万事万物的全面认识。

第二个层面，"内外交相成"涉及人格完善，也涉及传统哲学中关于道德修养的工夫论。这一意义上的"内"，是指人内在的道德意识、认知和修身；"外"则指人的实践工夫以及外在的社会制度和伦理规范。一方面，人的道德意识和认知帮助并指导人们有意识地做出一系列符合自身道德规范的行为，人们有意识地去做自己觉得"应该"做的事，而不是被强制为之。另一方面，叶适不认为有什么先天的道德概念。既然"道不离物"，那么人的道德意识和认知一开始就是从人与人的交往以及外在社会制度和伦理道德规范中获得的。而这最初的获得往往始于家庭，父母将为人处世的智慧传授给孩子。随着孩子长大，学校又承担了这一角色。如果违反了这些规范，则就会受到制度的惩戒。而人在这外界社会制度和伦理道德规范中不断更新自己的道德意识和认知，进而又通过内在修养，利用自己的道德意识和认知去指导自身实践，比如如何与人相处等。

在这一意义上，我们不能简单地认为以叶适为代表的永嘉学派只注重外在的事功而忽视内在的心性修养。只是永嘉学派认为，人的自身完善不能仅仅依靠内在的"存天理"，否则只会原地踏步。只有通过"内外交相成"，外在和内里修养相结合，人才能不断完善。

第三个层面，"内外交相成"之说体现了对实践的关注。这里的"内"代表人对外在实践的内在把握和认知，"外"则是外在具体的实践过程。叶适认为，人在通过感官接触外界事物，获得见闻之知后，还需要经过内在的理性加工：

> 所谓觉者，道德、仁义、天命、人事之理是已。夫是理岂不素具而常存乎？其于人也，岂不均赋而无偏乎？然而无色无形，无对无待，其于是人也，必颖然独悟，必渺然特见，其耳目之聪明，心志之思虑，必有出于见闻觉知之外者焉；不如是者，不足以得之。[1]

对于事物的知识以及伦理道德，不能仅从见闻之知中得到，还需要作进一步的处理。因为见闻之知带给我们的是杂乱无章的感性材料，而人的内在理性可以把握、整理这些材料中"无色无形""无对无待"的道。所以，认识不能停留在见闻之知所获得的感性材料，这样得来的东西不叫真正的知识，也指导不了人的实践，要更进一步交给理性来处理，对当前的感性材料

---

[1]叶适：《叶适集》，刘公纯、王孝鱼、李哲夫点校，中华书局2010年版，第141页。

进行系统的整理、剔除，一步步"除之又除之"，"尽之又尽之"，①从而把握住当前面临事件中最简单、最抽象的本质，即"道"。

在把握"道"的基础上，我们还需要用此对自身实践进行指导，而不是停留在空想。所谓义理之学只有在事物的检验下才算是真理，不然"无验于事者其言不合；无考于器者其道不化。论高而实违，是又不可也"。因此，叶适认为格物致知就是一种人的主观见之于客观实践性质的活动，最后还是要回到具体事物中，如他所说：

> 《春秋》者，道之极也，圣人之终事也。天地之大义，在于君臣、父子、兄弟、夫妇、朋友、宾主之交，其尤精者，上通于阴阳，旁达于无间。②

"道之极"和"天地大义"就体现在日常的人伦关系中，即人的实践活动。而正是在对人伦的这种履践上，人对"道"的把握以及外在实践不断提升，最终"其尤精者，上通于阴阳，旁达于无间"。换而言之，叶适的超越意蕴就在于肯定"道"与外在实践的相互成就，从而构成无限的双向上升。

当然，如果人没有办法"内外交相成"，该如何呢？比如

---

①叶适：《叶适集》，刘公纯、王孝鱼、李哲夫点校，中华书局2010年版，第200页。
②同上，第701页。

在孔子所处的礼崩乐坏的时代，即使如孔子这样的人，空有一身才能却无法实施，这意味着自身的知识不能在实践中得到检验：

> 道之不一久矣。王政阙而礼乐坏，礼乐坏而民性失，目无正色之视也，耳无正声之听也。自外而入者，其不为夷狄者几何！惟其心之不可变，性之不可忘，由中而出者，犹可以复得圣贤之旧，则是书存焉耳。①

这是叶适对自己"内外交相成"理论的修正与完善。当处在礼乐崩坏的时代，自外而入的见闻之知所得来的经验知识无法给人提供正确的指导。相反，外界无序、混乱，掺杂着各种私欲的外在感性材料，必然会对人的内在认知和道德修养产生破坏，这一现象在历史上也得到了验证。那么，该如何解决这一问题呢？叶适认为，保持"内外交相成"无误并对自身有裨益的根本在于人的心。只有心才是不变的。见闻之知是我们获取外界信息的唯一渠道，但这见闻之知会随着外界环境的变化而出现极大的错漏。而只有不变的心能做到对这些见闻之知进行公正的审判，遵循天命所赋予人的当然之则，"由中而出"，这样尚且还可以获得圣贤的道统，并由此著书以"述道"。不过，能做到如此的人少之又少，这也正是孔子的可贵之处。因

---

① 叶适：《叶适集》，刘公纯、王孝鱼、李哲夫点校，中华书局2010年版，第730页。

为要做到这一点，无疑需要保持一颗"常心"。这颗"常心"到底是什么呢？难道是如同心学所说的先验的"心"？叶适对此有比较具体的解释：

> 天有常道，地有常事，人有常心。何谓常心？父母之于子也，无不用其情，言不意索而传，事不逆虑而知，竭力而不为赐，有不以语其人者，必以告其子，此之谓常心。①

"常心"就像"常道"和"常事"一样，是每个人都拥有的，但这"常心"不是先验的。在叶适看来，人与物没有什么区别，而物具有一个至关重要的特性，即"触之即应"。人自出生开始，最开始接触的就是父母，即家庭，而在这种接触之中，人最原始的情感不需要任何条件就自然迸发出来，这是人与人的最直接、最原初的情感。对于父母来说，这是对孩子的无私爱护之心；对于孩子来说，这是孩子对父母最原初的孺慕之情。这些都是最开始、最无私、不掺杂任何利益的情感，而这就是"常心"。每个人都有着"常心"，因为人之所以存在于世界，就是源于父母的生育，没有任何人可以是从"无"中诞生的，人类社会就是在这种前后相继的传承关系中不断形成、发展的。基于人类最初形成的情感"常心"的进一步发展，正在于人与

①叶适：《叶适集》，刘公纯、王孝鱼、李哲夫点校，中华书局2010年版，第697页。

人的不断交往之中，是人在生活实践中自然而然形成的。而三代的"治道"也正是源于此，其精神实质就在于人的基本情感和人伦。只是先贤将这份"常心"进一步推广，形成了一套社会制度和道德规范。在这里，叶适还是着重强调了后天实践的重要性，指出"常心"的获得和培养根本上还是在于经验世界的影响和后天的践履。只要保持这自父母之爱开始的"常心"，不被外界利益因素干扰，就能保持自己从外界纷杂的见闻之知中筛选出正确的经验材料，从而对自己内在知识体系和道德修养有所裨益。

综上所述，叶适的"内外交相成"不单单局限于认识论层面，实际上包含了三个层面，即认识论、人格完善和实践。但叶适也承认，在某些特定的时期，人不能很好地践行"内外交相成"。因此，叶适提出了"常心"这一经验而非先验的概念，修正、完善了"内外交相成"理论。

《易》作为"六经"之首，有着重要的意义和作用。在叶适看来，《易》是"道"的反映。前文说过，物由气构成，气的聚散就是物的产生和灭亡，所以世界万物是变动不居的，不以人的意志为转移。《易》虽然不是"道"，但却是对圣贤行"治道"的记录。因此，叶适本人对《易》十分重视，在《习学记言序目》中有专门的四卷论述《易》。此外，叶适在《水心别集·进卷》中也有专门论《易》的文章，以及其他散见于《习学记言序目》中的相关论述，足以看出叶适对《易》的重视。但是，对于《易》的内容，叶适认为《彖》《象》才是孔子所作，才能表达儒家精神，而《易传》等只是其他人托孔子之名所作。通过考察君子、小人这一核心内涵和《论语》的文风，叶适认为唯有"《彖》《象》辞意劲厉，截然著明"，最能契合，而《易传》"文义复重""浅深失中"[1]，不是孔子所作。

---

[1]叶适：《习学记言序目》（全二册），中华书局1977年版，第35页。

　　叶适重视《易经》的原因不仅在于它是儒家经典"六经"之首，更在于其是学习儒家精神的捷径。只要明白《易》之《彖》《象》，以此为基础，再以儒家其他经典为辅助，就能成为合格的儒者。正是由于此，对于当时以《易传》为理论基础的程朱理学，叶适予以了驳斥。《文言》固然详尽，但"嘐嘐焉皆非《易》之正也"①，其实儒家之道早已在《象》中阐释清楚。除此之外，叶适也猛烈抨击了当时象数解易的思想进路，认为其十分有害于儒家之道。象数只是"小"，学者若不知，以象数之术去解《易》，以为"思理玄妙"②，独得常人不及之道。在叶适看来，真正的儒家之道"条目粲然"③，没有什么神秘、玄虚，孔子早已在《彖》《象》里将大道明示，众人皆可从中懂得儒家之道。而那些强调带有个人神秘体验感悟的学者，只是"鄙儒"，以象数解《易》，完全无法传承儒家之道。一味追求《易经》的神秘性，只会导致"依于神以夸其表，耀于文以逞其流"④，失去《易经》的内在实质。如此，儒学就只能与异端会同，这不仅不能助于儒学的发扬，遏制道释，反而还会让道释借儒学之口进一步传播。

　　换言之，在叶适看来，世界本就只有物，根本没有形而上的先验实体，所以也就无所谓太极等玄虚的概念，这些东西只有方外的佛家才会去讲求。如果真正明白这个世界的本质，明

---

①叶适：《习学记言序目》（全二册），中华书局1977年版，第1页。

②③同上，第556页。

④同上，第39页。

晓儒家之精神的话，自然而然不会在意佛、道的论调。但程朱理学未能明白这一点，这正是叶适与朱熹的根本分歧所在，也是永嘉学和理学的天然矛盾。叶适对上下《系辞传》《序卦传》的否定，旨在彻底推翻程朱理学建构形而上学所立基的易学理论，而永嘉事功学核心理论的确立，则有赖于叶适对《象传》的肯定与阐扬。①叶适否定《易传》，正是为了消除程朱理学的形而上影响，把人的视野拉回到物质世界。永嘉学派自叶适开始完成了一次自我革新，实现了从高层向寻常百姓生活的转变，建立了自身的道物体系，彻底完成了世俗化和个人化的转型。

那么，叶适是如何通过《易经》的道物体系，摆脱程朱理学的本原形而上影响，彻底实现世俗化和个人化的呢？我们都知道，《易经》有乾、坤、震、艮、离、坎、巽、兑八个卦，分别象征着天、地、雷、山、火、水、风、泽八个物象。叶适认为：

> 日与人接，最著而察者八物，因八物之交错而象之者。②

这八物是"物"的一部分，除此之外，还有五行之物。但从人的角度来看，八物是与人最为密切且最为明显的。而这八

---

① 参见拙稿《还理于〈象〉——叶适易学的破与立》。

② 叶适：《习学记言序目》（全二册），中华书局1977年版，第34页。

物相互交错，构成了六十四卦，每卦都象征了一个事件，构成了人类生活中所遇到的各种错综复杂的问题。而面对外部世界如此错综复杂的问题，我们该怎么应对呢？叶适认为，物不是永恒不变的，三代先贤遇到的具体问题与我们如今遇到的问题在具体内容上有着或多或少的不同，但《易》的可贵之处在于，将遇到的问题进行了抽象，化作了一个个象，并提供了应对该象时所应在实践中表现的德行，从而指导人们解决问题：

> 皆因是象，用是德，修身应事，致治消患之正条目也。①

叶适认为，《易》六十四卦中五十四卦的每一卦都象征着一种君子所应具有的品德。象其实不是最重要的，最重要的是在每个象之后的"用德"，修身应事。因为在叶适看来，事物不是永恒不变的，但内在于物的"道"（即此处的德）是不变的，这也正是三代之"治道"的精神实质。没有什么形而上的先验道德，有的只是人在与事物互动、实践过程中一点一滴积累起来的品德，这正是"人德"。这种"人德"是现实具体的人在生活世界和政治世界的展开。正如叶适在大畜卦中所谈到的：

> "大畜刚健笃实辉光，日新其德"，而其《象》曰"君

---

① 叶适：《习学记言序目》（全二册），中华书局1977年版，第35页。

子以多识前言往行，以畜其德"，夫德未有无据而能新者，故必多识前言往行以大畜之，然后其德日新而不可御矣。①

《易经》象征着品德，德这一基本概念和定义虽然固定不变，但德的具体内容本身并非如形而上一般固定不变。原因就在于世界是在不断变化的，不能用固定不变的德去应对万事万物。相反，德在物后，随事物的变化，其内在具体规定也会发生变化，并非一成不变，但也不是完全无常。事物的变化有着内在逻辑，是循序渐进的。真正的君子可以在日常生活实践中，不断获取经验和知识，并一步步、一日日"大畜之"，不断更新德行，进而应对不断变化的事物。

叶适没有忽视事物本身的复杂性。他认为，物是由阴阳二气构成的，所以其内部必然存在阴阳相互对立的性质。他们相互辩证才能完全阐明事物的完整义理。如果只是偏重一方，那就会陷入讼、噬嗑卦的困境：

> 夫天与水违行为讼，刚柔分为噬嗑，然则各徇一物之偏而交错往来之，文何由施焉！②

所以，此处又引出一个问题：我们在实践中如何才能把握

---

①叶适：《习学记言序目》（全二册），中华书局1977年版，第17页。
②同上，第14页。

尺度，从而不"各徇一物之偏"？而且，在具体实践层面，面对如此纷繁多样的事物，我们如何才能不偏离儒家之道，把握此间义理？数千年来，人们为何不断追问世界的本原？其原因是人作为有限的理性存在，时常会被感性本能所驱使，被欲望所裹挟，且受限于肢体等有形之物，能力是有限的。面对这无限的世界，人们必然要找到一个简单但能代表整个世界的终极本体，以此指导自身活动，不然只会陷入"以有涯随无涯，殆矣"的境地。程朱理学认为儒家的道德先验本体早就已经存在，只是当时没有特意点明，而这就是"理"。而叶适认为，根本不存在先验实体，也不存在先天地而生的本原。叶适主张不必外求，去追寻世界的本原，反求诸己足矣：

> 圣人之于《易》也，不以一德御众变，《书》《诗》异指者，自此以往，诸卦皆然也，此德之应于物者也；若其有诸己也，则一而已矣。[①]

德，应于事物，"不以一德御众变"，需要随着事物的内在逻辑变化，在日常生活实践中，不断获取经验和知识，并一步步、一日日"大畜之"，不断更新德行，进而应对不断变化的事物，这是人外在应于事物之德，所以是多样而不断变化的。但如推及人自身，其实只需要"一而已矣"。这正是叶适道物体系

---

①叶适：《习学记言序目》（全二册），中华书局1977年版，第3页。

中的重要一环，即人的作用，也是整个理论的高明之处和鲜明特色。叶适认为，人只要具备一种德行，就足以应对纷繁的世界，把握事物的矛盾，运用繁多的品德去一一应对万事万物，而这一品德即是乾德，这是人的内在之德，是上天赋予的。针对当时学者推崇《易传》里的"一阴一阳之谓道"，叶适认为，"道者，阳而不阴之谓也。一阴一阳，非所以谓道也"①。在叶适看来，《易》里的儒家之道十分明显，就是阳德，即乾德。同时，叶适认为，乾对《易经》的作用十分重要：

> 乾为《易》之主，非他卦交错相成之比，故其为初也潜而隐，而非不可用也；其为四也跃而进，而非必求用也；至于上，则道成且革矣，故爻以为"亢而有悔"，而《象》以为"盈不可久"，明其将变而之阴尔，非若《传》之所谓也。且始终皆道，奚位之择？独乾御世，奚民之求？功则由己，奚辅之待？后世不知乾所以成《易》，而指成《易》以论乾，是以其言若此也。②

多数学者认为先有《易》，然后才论乾，但叶适认为此言大谬。"乾为《易》之主"，先有了乾，后人依据乾才写成《易》。乾是唯一一个不与其他卦交错而得以行于事物的卦。而除了阳

---

① 叶适：《习学记言序目》（全二册），中华书局1977年版，第42页。
② 同上，第44页。

之外，之所以有阴，只是因为在客观世界中万物在不断变化，圣人为了应对这一变化，设立了阴来与之对应。乾也并非本原形而上的概念，相反，它本身就是客观存在的物象，"乾，物之主也"[①]，乾就是自然界万事万物相生相化的运行之道，即天道。把乾的品德落实到人的身上，人只要坚守乾德，就能自然而然地以乾德去御万变。而且，这一过程不是溯流而上，而是如流水归海一般积累：

> 夫人之一身，自仁义礼智信之外无余理，形于世故，自六十四卦之外无余义，学者溯源而后循流，则庶几得之，若沿流以求源，则不胜其失。故余谆谆焉以卦象定入德之条目而略于爻，又以卦名通世故之义训而略于卦者，惧沿流不足以求源也。[②]

乾于人之一身，即阳德，表现为仁义礼智信，而在外，则为《易经》六十四卦所阐述的品德。所以，只要坚守阳德，果行育德，最终就能养成圣人之德。这也是叶适对永嘉学术两个传统的继承。

叶适如此强调乾德，是因为他深知，对于如此广大的世界，人的力量是无比渺小的。叶适尖锐地指出："且观诸天地，物何

---

① 叶适：《习学记言序目》（全二册），中华书局1977年版，第3页。
② 同上，第36—37页。

时而生，亦何时而蒙乎？"①对于这些问题，我们完全无法回答。相反，物与我们人息息相关，人生于世间无可逃也。就如水等物从来不需要人的帮忙，相反，恰恰是人有待于物。但人并非无能为力，只要果行育德，人类美好生活乃至文明的建设就可以一步步积累实现。此外，久与物接，就可能会被物影响乃至迷失。作为儒者的叶适与程朱理学学者一样，对物欲抱有极大的警惕：

> 夫君子未尝不以心亨，及其掩于物而不自达，愤不能平，则有时而言矣，故戒之曰"尚口乃穷"，然则必反于心而后可也。刚者，我也；命者，天之所以命我也；志者，我之所以为我也。见掩于物，坐而受困，致命遂志，所以全我也。②

面对物掩，程朱理学选择建构以天理为本体的理论体系，而叶适寻求的是精神上的超脱，其关键在于乾德。叶适继承孔子的天命观，认为哪怕一时受困，只要坚守志向、顺应天命，仍能实现自我价值。从这里可以看出，叶适还是带有一定的心学倾向，面对外在的复杂环境，他最终还是寄希望于内心的道德坚守。叶适的这一思想背景与宋代"近世化"和江南儒学的

---

① 叶适：《习学记言序目》（全二册），中华书局1977年版，第2页。
② 同上，第27页。

发展有关。在"近世化"的经济背景下，人的主体地位得到凸显。处于东南沿海、受"近世化"影响最为深刻的温州所诞生的永嘉学派，对于人的主体能动性十分重视。加上当时南宋处于风雨飘摇的时期，朝内诸多大臣偏安一隅，得过且过。程朱理学又过度注重对外在、玄虚的理的追求，使得当时学者更加偏向于静坐以修养心性，而忽略了现世的实践，逐渐偏离了儒家现世关怀的道路，反而使儒学沦为佛老之学。因此，叶适推明《易》的阳德所在，以此强调人们要发挥个人的主体能动性，应该刚健有为，学者应该积极入世，在现世中实现自身抱负。叶适不认为只有少数人才能践行乾德，相反，有一定学识的人都应该实践乾德。当然，由于时代的限制，叶适本人还未将目光完全放在平民百姓的身上，更多的还是期望士人去实践乾德，未能如王阳明那样提出"人人皆可是圣人"的主张。

总而言之，叶适认为《易经》的《彖》《象》才是孔子所作，代表了儒家之道，而《易传》只是后人托孔子之名所作。通过否定《易传》而重《彖》《象》，摆脱了程朱理学的形而上理论影响，建构了永嘉学派的道物体系。他认为，《易经》六十四卦中的五十四卦的《象》所蕴含的品德已将儒家义理道尽，"皆因是象，用是德，修身应事，致治消患之正条目也"。他又借乾统一了整个体系，为人的实践提供了指导，避免自身理论体系落入形而上的窠臼。

第四章 | 叶适对事功学的自我疏证

叶适论学，根柢"六经"。《习学记言序目》说经十四卷：《易》四卷，《尚书》《毛诗》各一卷，《周礼》《仪礼》合一卷，《礼记》一卷，《春秋》一卷，《左传》二卷，《国语》一卷，《论语》《孟子》各一卷。其中，《国语》以《左传》为参照比较。叶适"虽以《诗》《书》《春秋》《易》《周官》《左氏》为正文，推见孔氏之学，而患无书可以互考"，故于十四卷后，续以《老子》《孔子家语》《孔丛子》各一卷，以作参考。不过，叶适以为，"六经"载道，孔子述道，而孔子的弟子们及孟子未必真知孔子之意，《论语》《孟子》与"六经"终有根本区别。故本书将"六经"与《论语》及其后，分而论之。

论经首论《易》，《易》推天道以明人事，在传统知识系统中居群经之首，在知识内涵上被认为是所有知识的源头。宋儒对此高度重视，叶适也是如此。《习学记言序目》论经共九卷，首四卷都是关于《易》，不仅对于六十四卦——作了讨论，而且在此基础上专门撰写了卷三《周易三》"上下经总论"条，阐明自己的总看法。

解《易》的维度因人而异，大致有四：辞、象、占、变。叶适主张取象是解《易》的正道，每一卦象代表了人类实践的一种典型经验，以及隐含于这一经验中的道理。他摘录《象传》对每卦的解释，指出这些解释是"皆因是象，用是德，修身应事，致治消患之正条目也"，其内涵与《论语》中所记载的孔子问答弟子们的内容相吻合。

传统观点认为，整个《易传》是孔子所撰，但叶适质疑这一看法。他认为，只有《彖传》《象传》可能是孔子写的，而《象传》尤其反映了孔子的精神。《象传》不仅在思想上与《论语》的内容相吻合，而且言语风格也一致。孔子以后，《象传》与《论语》这种简明亲切、明确易行的道理与风格渐趋消失，所谓的义理看似千端万绪，其实只是繁杂空洞。

与《象传》因象明理相区别，《彖传》重在揭明卦的义理。叶适指出，卦所隐含的义理，有些很明白，有些需要通过解释才能说明，而且当时的卦义在后代也未必适用。因此，对卦义不必太拘执，全部卦义无不归于后来的仁义礼智信中。总之，叶适解易，由卦象而明德，由卦名以通义。

叶适在前三卷中逐一解卦，认为《易》的各卦本身就是先人积累的典型经验，进而为自己在第四卷驳斥程朱理学的理论架构和核心概念打下了基础。第四卷专论《系辞传》与《序卦传》。由于程朱理学的理论架构与核心概念主要来自《系辞传》，叶适专论《系辞传》主要是针对程朱理学，持批判与否定的态度。

在卷四《周易四》"系辞"条中，叶适首先指出，历来众多的解《易》者，淫诬怪幻者居多。孔子自称"述而不作"，但于《易》却有专论，这正是叶适主张的《彖》《象》为孔子所作。孔子"不语怪力乱神"，因此其《彖》《象》与历来解《易》的淫诬怪幻有根本的区别。而且，叶适认为，孔子作《彖》《象》，就是因为对解《易》的淫诬怪幻有所忧患。然而，学者们往往推崇《系辞传》以下的诸篇，未把握孔子解《易》的根本精神。叶适以为，《系辞传》的根本问题是"依于神以夸其表①，耀于文以逞其流②"，虽已在相当程度上摆脱了淫诬怪幻，但终究与《彖》《象》所呈现的朴实风格相悖。

叶适最后讲到，据《周官》，原本有《三易》：《连山》《归藏》《周易》。只是前二者失传了，仅《周易》流传了下来。但因此将其神化，则是不应该的。

在"系辞上"条中，叶适对《系辞上》的攻驳较详，所论散布，难以一一列举，这里仅举几例，以为管见。

第一，主张崇阳。在阴阳关系上，解《易》有崇阳、崇阴、阴阳并重三种立场。《系辞传》取阴阳并重，所谓"一阴一阳之谓道"。程朱理学也主要取此立论。叶适批评这一主张看似精妙，"以为微言之极"，其实"至难明也"；落在践行上，则往

---

①依于神以夸其表：以神秘玄远的理论来夸耀《易传》。

②耀于文以逞其流：放弃《彖传》对卦义的质实之释，转而依托浮夸之言，敷衍成说。

往"综统之机难执"，"归全之本易离"。只有坚持崇阳，才能真正继善成性，仁者不忧，智者不惑。

第二，否定《易》有成序。程朱理学强调事物背后都有特定的理据，程颐的《周易程氏传》尤其重视《序卦传》。但叶适否定这种卦象背后秩序的存在，他强调六十四卦就是独立的人类经验，这些经验之间并无内在的逻辑。人们研修《易》，就是从具体的经验中获得启示。

第三，否定揲蓍成卦。《系辞上》有"大衍之数五十"一节，后人据此解释成卦的方法，朱熹即是如此。叶适以为，《易》的成卦方式就是三爻而成八卦，八卦重叠而成六十四卦。所谓的用四十九，经过挂、归、扐，只是筮人后来浅薄了的仪式化做法。如果执此来解卦，那就成了本末倒置。

第四，否定太极概念。"易有太极"是程朱理学的重要理论，即叶适所指"近世学者以为宗旨秘义"。叶适以为，《易》象只有八物，各具其义，八物之义不足，则进而有六十四卦，但唯独没有所谓"太极"。"太极"其实源自庄子、列子的概念，这是《系辞传》引道家思想以释《易》的表征。

在"系辞下"条中，叶适所论要简略许多，且以一二段为例。在第一段，叶适针对《系辞下》第二章中提到的六十四卦中的十三卦，以推测古人因卦象而立礼法、制器用，批评这样的比附过于牵强。他认为，研习《易》不应沉迷于这种附会，而应该由卦象而明义，以此经世济民，律身成德。

在第二段，叶适针对《系辞下》讲的"天下同归而殊途，一致而百虑"，指出这样的说法实为虚浮的夸大之辞，"以为不足思，不足虑也"。叶适这样的批评，旨在针对宋代理学发展中所出现的援禅入儒，强调知识的增长与德性的培植，都有赖于对前人言行的艰苦学习，不存在轻松的殊途同归、百虑一致。

除了批判"系辞"，叶适对《序卦传》也持负面的看法，并且否定得更为彻底。在"序卦"条中，他指出，《易》的六十四卦本来以卦象取之，文辞甚少，而且有些也不清晰明确，彼此之间并无内在逻辑关系，只是对零散经验案例的汇集。《序卦传》试图揭示六十四卦背后的逻辑，这在叶适看来是强为之说。叶适的易学思想主要针对程颐的《周易程氏传》，程颐的易学思想重在建构理的观念，其《易传》依据《序卦传》，着力阐发卦的内在逻辑，以彰显事物表象背后的理据，叶适则强调事物本身，他的思想与程颐理学正相反。

而对于《尚书》，叶适基于自己事功学的视野，形成了与当时学者不同的见解。传统观点认为"六经"都是孔子删修，包括《尚书》及其《书序》。叶适专门在卷五《尚书》"书序·孔安国序"条中指出这一说法出自班固，班固又据司马迁，而司马迁是根据孔安国的说法。孔安国是孔子的十世孙。汉武帝时，孔府旧宅破壁，发现了《尚书》《礼记》《论语》等，其书写的文字是汉代人已不认识的古文字。孔安国用汉代人书写的文字进行了整理，但他认为《尚书》及其《书序》为孔子所作。在叶适看来，这是无依据的。在思想上，由后文论及的"总述讲学大指"可知，叶适以为，道由尧、舜起，孔子只是道丧以后的传承。因此，孔子整理《尚书》是可能的，但不能认为《尚书》是孔子所作。这一札记反映了叶适在《尚书》问题上对道统思想的理解。

在后续"总论"条中，叶适再次强调"道"应当从尧、舜讲起。近世之学，即宋代儒学，虽然都尊经，但泛泛而言，未经梳理，因此杂乱无统，以致尊崇舜与文王，却忽略了尧、禹；强调曾子、子思的思想，却无视皋陶、伊尹的贡献。叶适以为，"道"的源起要从《尚书》加以求证。

对于《诗经》，叶适更是基于自己的事功学，阐述了自己的见解。在卷六《毛诗》"诗序"条中，叶适就指出，诗用形象的语言勾勒出意象，而在意象中是否隐含诗义，或者寄托了怎样的诗义，是《诗经》学中的重要问题。叶适以为，诗的意象中应该是隐含着诗义的，否则就没必要创作诗了。

在《诗经》学中，《诗序》因其对诗义的阐释而具有重要地位。但宋儒疑传疑经的风气兴起，对经典的注释乃至经典都提出了许多质疑，对《诗经》也是如此。朱熹是宋代质疑乃至否定《诗序》的重要代表，叶适虽没有朱熹那么强烈与系统，但同样持质疑态度。叶适以为，用《诗经》来进行印证，可以发现《诗序》的论断有失条理。比如，讨论诗风的正变是《诗经》学的一个重要内容，《诗序》虽然多有见解，但并非完全合理。

此外，叶适还质疑了孔子"删《诗》为三百篇""《雅》为朝廷礼乐政事而作"等传统观点。最后，叶适试图说明唯独周代的诗得以流传的原因是周人推行诗教。

在"总论"条中，叶适就根据《诗》的成篇年代，参证《左传》中的逸诗，推断《诗经》的编集目的主要在于反映治乱兴亡以及中兴，从而对君王进行美刺，以行诗教。而且，诗教的传统起于周，由朝廷而下及诸侯。因此，《诗经》成书应在西周之后、东周之时，断非孔子删定为三百篇。不仅《诗经》如此，"六经"大义皆源深流远，后世将其全归于孔子，虽出于尊崇，但并不符合史实。叶适的根本宗旨就在于阐明儒家的道就是华夏民族的文明，而此文明是自尧、舜以来的创造演化。孔子的贡献在于他生当礼乐崩逸之时，以自己的努力纠正当时的偏离。叶适这一核心思想的关键在于强调现实生活中实践的重要性与先在性，这也是永嘉事功学在叶适这里得以集大成的根本精神。

在此札最后，叶适由《诗》《书》而论及《易》。他认为，《诗》《书》原已有之，《易》是卜筮的工具，占卜者各自立说，导致象数之学胜，易的义理茫昧难明。孔子撰《彖》《象》，从而使易的义理得以彰显，与文王、周公的精神相一致，故孔子系《易》的性质与删《诗》《书》是有所不同的。

《周礼》在叶适的事功学中占据着较为核心的地位。永嘉学派以经制言学，所谓"经"，是根柢"六经"，以"六经"为思想基础；所谓"制"，是重视周制，以《周礼》为历史基础。这个特点在宋代永嘉学派即已形成，至晚清民初永嘉学重振时依然继承。

作为永嘉学派的集大成者，叶适对《周礼》无疑是十分重视的，在卷七"《周礼》"条中，他专门对《周礼》进行了总体评论。《周礼》又称《周官》，是关于周代政治制度的记载与说明，但晚出于秦汉之际，故真伪一直难定。叶适既不认为它是周公所作，也不认同它完全是刘歆伪造。叶适总体上认为此经是由类似周公这样的人物所设想的政治理想，即所谓"周、召之徒，因天下已定，集成其书，章明一代之典法"。叶适对此书的论证与阐释，参用《诗》《书》，证诸历史，这是他治学的重要特征。参用《诗》《书》，是以经证经；证诸历史，是以史证经。

《周官》是基于一定政治实践的政治理想，因此后世怀抱政治野心或追求者，多有死搬硬套《周官》来进行政治改革，如汉之王莽、宋之王安石。在叶适看来，这是极成问题的，因为历史已发生变化，不可能用基于历史经验而设想的政治制度来治理变化了的后世。但是，叶适对《周官》的基本精神是充分肯定的。他指出，"《舜典》以人任官，而《周官》以官任人尔"。"以官任人"，才能以职责设岗任人，从而"知官有职业，则道可行；知人有职业，则材可成"。

在"天官冢宰"条中，叶适进行了详细的制度分析。《周官》设天、地、春、夏、秋、冬六卿，其中"冬官司空"已失，仅存《考工记》一篇。叶适对其余五官都有评论，这些评论是他政治思想的重要表达。天官冢宰，又称太宰，是主财务与王家宫内事务的官。周武王死时，成王年少，周公曾以此官行摄政。由此可知，这其实是六卿之首。财政是国家的根本，它以赋税的形式取之于民，用之于政。赋税究竟收多少合理，是人民能否安康、社会能否持续发展、国家能否长治久安的重要问题，为历代政治家与思想家所重视。叶适批评汉代经学大师郑玄对赋的解释只重文字表面之义，而失政治大意。叶适以为，"尧、舜三代之治法，任民以地而不责其身，故用民之力，丰年无过三日，其爱惜如此"，强调赋税核定的依据在地，即实际收入，而不是人口，要减轻赋税。另外，国家财政应该用于教养人民，使人民起居饮食有足，吉凶生死和谐。至于具体的定税标准，应该以此为准，而不是死板地遵循十取一的原则。如果真正用于人民，则不止十取一亦无妨；如果不真正用于人民，哪怕三十取一也是多了。

财政用于人民的教养，能使人民起居饮食有足，吉凶生死和谐，这就是"儒以道得民"。叶适进而指出，《周官》"言道则兼艺"，即养之外，重教化，这便是"至德以为道本"。叶适以为，对"道"的这一精神，孔子讲得尤为明确，但孔子没有对"道"作直接的界定；老子则相反，离开具体的事物本身，大讲特讲"道"，近于隐士所言。《易传》以及子思、孟子开始界定"道"为何物，至宋儒进一步援引佛老加以阐扬，结果愈详说，愈乖离。因此，叶适强调，"儒以道得民"与"至德以为道本"最为关键。这其实也是叶适事功哲学在政治思想上的呈现。

地官掌管田地耕作与劳役，叶适借"地官司徒"条，考证分封领地的大小事，旨在说明分封领地的大小与其可食者并无必然关系，从而表示田地耕作与劳役的政策应当据实而定。此外，市场既是人员混杂的场所，也是利益交集的地方，故管理应该特别加强，即"司市为之治教禁令甚详"。

春官宗伯掌管邦礼。叶适以治"道"为儒家的精神内涵，故他在"春官宗伯"条中，从功能主义的视角来说明礼乐的作用。人的行为和言语是受理性支配的，属于"魂知"，可以"匿情"，亦可称为"伪"，归于阴；人的感官和情绪是"体魄"的自然反映，无所隐藏，归于阳。礼的功能是规范人的行为和言语，乐的功能是调和人的感官和情绪，礼乐兼用从而使人"性正而身安"，"中和兼得"。中和是宋代儒学非常关注的哲学主题，但所论偏重人的内在精神，"教人抑情以徇伪"。叶适由《周官》出发，作了不同的解释，立足于人的活动，使人的生命感性存在与社会的文明规范达成某种和谐。由此，叶适对古代的原始歌舞与原始宗教也作了相应的解释，强调以人为中心的文明建构。

此札最后一段又论及三易之法，沿用一贯的以经证经的方法，引《诗》《书》证伪有关《易》"人更三圣、世历三古而后成书"的观点，阐明孔子系《易》的根本精神是抉发易学的中正理性，剔除祸福利害的卜筮虚妄。

夏官司马掌军。当时南宋正面临金兵入侵，在"夏官司马"条中，叶适引《周官》军事设施的用心安排，说明南宋与金的边界无险固可守。叶适一直主张抗金北伐，但开禧北伐时，他已深知南宋的困境，主张改北伐为备边。《习学记言序目》是在开禧北伐失败，叶适致仕后隐居水心村时写成的，此札首段由古论今，亦是有感而发。此札第二段讨论周的疆域，以为周的实际统治领域狭小，但战略所及却广大，表明周公、召公之政，并非赖以武力，而主要仰赖德政。

秋官司寇掌刑狱。刑狱是治国不可或缺的工具，但如何认识与使用刑狱，则是政治思想的一个重要内容。《周官》有"刑新国用轻典""刑平国用中典""刑乱国用重典"的"三典"之说。但叶适在"秋官司寇"条中指出，"周、召之用刑，罪有余而法不足；孔子之论刑，杀有穷而生无穷"，刑不可无，但不得已而用之，并不恃刑滥用。而且，周重礼制，也并不在于仪式本身，而在于人心的感召。周朝礼崩乐坏以后，对刑狱真正有所认识与实践的，只有管仲的德礼之治。只是孔子对管仲有"小器"的批评，加上孟子对刑狱问题缺乏真正的认识，"欲以建三典，纠万民"，使得后世对刑狱问题的认识闭塞甚多，也一并忽略了管仲的贡献。

《礼》有"三礼"之称，包括《周礼》《仪礼》《礼记》。《仪礼》记载周朝冠、婚、丧、祭等种种仪式，"当时举一礼必有仪，仪不胜记"，虽《仪礼》已难全。叶适在"《仪礼》"条中指出，仪式本身只是一种形式，它的真正价值在于形式中所隐含的意义。因此，研究《仪礼》的根本是要把握其隐含的意义，弄清楚其精神，而不是就形式而形式。与此同时，虽然仪式有隐含的意义，但并不意味着任何仪式都有明确的指义，而且仪式本身也在时时变化中。因此，学者应该从儒家之道的根本出发，把握仪式的真精神，而不宜拘执于破碎的仪式复原。

《礼记》原是《仪礼》的附属，是战国秦汉时期儒家有关礼的论述，至东汉郑玄选辑作注后定编，收有四十九篇论述，从而由附属而独立，逐渐成为经典，其思想的丰富与影响的深远要超于《仪礼》与《周礼》。叶适《习学记言序目》论《礼》三卷，也以《礼记》的讨论最多。

《曲礼》是《礼记》中的一篇。在卷八《礼记》"曲礼"条中，叶适对《曲礼》上下篇给予高度评价，以为所记的三百余条礼，"人情物理，的然不违"，不仅"使初学者由之而入"，而且"固当终身守而不畔"。叶适以为，孔子教人为仁，克己复礼是根本路径，"必欲此身常行于度数折旋之中"。然而，曾子将广泛的生活实践压缩为"动容貌、正颜色、出辞气"三件事，使克己复礼被严重窄化。后世对于传统的各种礼规已难以知晓，在这样的背景下，曾子三事固然也可以遵用，但必须在生活实践中作进一步的拓展，"有致于中，有格于外"，才能真正把握与践行儒家之道。此札不仅反映了叶适"内外交相成"的思想，而且着重否定了程朱所确认的曾子对孔子思想的垄断性继承。

《王制》是《礼记》中的一篇，反映了儒家关于国家法律制度的思想，内容涉及封建、职官、爵禄、祭祀、刑罚，以及建邑、选官、学校等。叶适在"王制"条中指出，此文是出于施政的实际需要，由博士诸生考论而撰成的，因此不同于一般的见闻记录，所述比较系统。但是，叶适指出，历史是向前不断演化的，孔子的时代已不同于唐虞三代，孟子又身处不同于孔子的时代，秦汉郡县制以后更是大不同于宗周封建礼制。因此，对国家法律制度的梳理考论，应该体会制度背后的精神，即

"古人之意"，而绝不是复原陈迹，妄想以虚文致用于当下。

月令原是古代的一种文体，主要按月将人事活动纳入，以为准则。《礼记》中的《月令》是这种文体现存的一篇，主要反映了汉代的思想。在"月令"条中，叶适对《月令》进行了严厉的批评，认为月令这种思想，根本上是对自然世界的功能与作用作一种僵化、呆滞的认识，如果以此来支配人的活动，无疑是荒诞不经的。《礼记》所存的《月令》把汉代的五行观念附于四季，看似精致，实则更成问题，后来的谶纬种种附会之说，都由此滋生。《月令》的作者与《礼记》中其他篇章的作者一样，都难以确考，叶适推测《月令》是来自吕不韦的杂家思想。当然，叶适并不完全否定自然有其规律，但他反对对自然规律作简单化处理，以免陷于虚妄，而更重视自然规律的丰富性与复杂性，强调具体现象世界中的经验习得。

婚与丧是人生命中的重要环节，其相关仪式在儒家礼仪中也成为重要部分。《曾子问》是《礼记》中以孔子与曾子答问的形式，讨论丧制与丧服主题的一篇文章。叶适在"曾子问"条中着意指出，曾子所问反映出他对礼仪的关注更偏向于内心，而非仪式本身，这与《论语》中曾子所讲的"笾豆之事，则有司存"是相吻合的。叶适批评曾子的这种内心化偏向，认为礼仪背后是存有意义的，不习礼，实际上将难以体会仪式中的义；孔子的持守与所教在于克己复礼，虽颠沛流离而犹不忘，而曾子的偏向与孔子的言行有所偏离。这实际上也是叶适否定程朱以曾子为孔子正统继承者的重要依据，体现了叶适对儒家精神的理解不同于程朱理学。

《礼运》是《礼记》中以孔子与言偃答问的形式论述礼的演变和运用的一篇文章。叶适在"礼运"条中，首先否定《礼运》是孔子的思想。他认为，孔子的言语都非常简明，直面当下事情，解决当下问题，根本没有道行与道隐、大同与小康这些浮辞泛说。后世对儒者的诟病皆因这些浮辞泛说而起。叶适还分析了孔门弟子对孔子精神的偏离及其后果。叶适指出，知识性质的"义数"可以通过书本传承，价值性质的"义理"可以存于人心而不泯灭。孔门弟子中，颜回与曾子求于心，子贡、子游、子夏等求于书，结果使孔子关注现实的精神被分散而不可复合，礼亦因此坏而不行，即便勉强行之，又因失其传承而不能。

《乐记》是《礼记》中关于乐论的文章，不仅论述了乐的产生，乐与礼的关系，以及乐对人类社会的作用等，而且论及人性与认知及其价值偏向等。由于"六经"中的《乐》失传了，《乐记》在相当程度上成为替代《乐》的经典。

叶适把儒学的根本界定为文明的建构与演进，即所谓"治道"，因此他对一切知识，包括礼乐都在"治道"的功能上作阐释。在"乐记"条中，叶适以为"治道"初以礼乐，后转向刑政，这在孔子以前就已如此。后人将礼乐刑政并称，看似融通，其实肤浅，最终落到"礼乐不用而以刑政为极功"。

《乐记》中论及人性及其与外物的关系，以为人的天性是静的，感应于外物而生发出的是人的欲望，叶适否定"以性为静，以物为欲，尊性而贱欲"的观念。此外，《乐记》还讨论了人的认知与外物的关系，以为认知因外物而生，进而衍生出情感上的好恶，好恶的情感不受节制，致使天理灭矣。叶适对此显然也不认同，因为这把知与物都界定为不善。如此，人类文明的发展便无从谈起。叶适在讨论《乐记》的知与物时，援引了《大学》"致知在格物"的观念，以为对照，表明他对《大学》观点的认同。

《礼记》中的《祭义》专论祭祀的相关问题。叶适在"祭义"条摘录了其中孔子与弟子宰我关于鬼神魂魄的答问，就此发表了自己的观点。叶适先引《论语》中孔子不谈论死与鬼神的内容，强调《祭义》中孔子与宰我的答问是不可信的。接着，他引《周官》说明，祭祀本是政治文明的组成部分，其功能在于建立族群的共同认同，而非个人性质的行为，这是《论语》中孔子不回答这类问题的原因。然后，叶适杂引季札、子产以及《礼运》《易传》的相关论述，综而论定孔子在鬼神问题上的思想是"人道立而鬼神可安，人职尽而生死为一"，即叶适以为祭义的核心在于人道的确立。

《礼记》中的《经解》篇引孔子关于"六经"得失的话，并作进一步阐发。叶适在"经解"条中据此而论"当时读书之人，其陋已如此"。叶适强调，周公、召公之后，儒家的大道已离析，只有孔子还能加以统合，予以传承，至子思、孟子时，已有所缺憾了。叶适自视甚高，他的志向就是要根柢"六经"，折衷诸子，从而继承孔子，这也是《习学记言序目》的宗旨。

《仲尼燕居》记述了孔子与弟子子张、子贡、子游漫谈礼的问题。在"仲尼燕居"条中，针对首段所载孔子对子张（师）、子夏（商）与子产的评论，叶适以为只是贬抑子产，而叶适对子产高度肯定。同时，叶适又针对文中接下来提出的问题，指出"愈疏阔矣"。

接着，叶适就礼乐问题作了自己的阐述。他以为，礼乐固然有其内在的意义，但玉帛钟鼓所表征的仪式是不可或缺的。后儒不明此义，将仪式停留于言语，以为只要讲述清楚，便足以体认到仪式中所隐含的意义，从而落实于践行。其结果，"不惟礼乐无所据，而言行先失其统"，"天下遂无复礼乐矣"。

《中庸》是从《礼记》中抽离出来，与《论语》《大学》《孟子》合为"四书"的篇章。"四书"是宋代理学发展中确立起来的新经典系统，被视作通往传统经典"五经"的阶梯。叶适显然不认同这个新经典系统，所以他在"中庸"条中强调自己根柢"六经"。关于《中庸》的作者，汉代学者认为是子思，但叶适在小注中怀疑"不专出子思"。

由于宋代理学高度重视《中庸》，叶适在此札中也辨析甚详，对《中庸》的主要论断几乎都作了考论，提出了自己的论述。比如，对"为近世言性命之总会"的首章"天命之谓性，率性之谓道，修道之谓教"，叶适不以为然，他运用一贯的论学方法，援引"六经"（此处主要是引《书》以及《论语》）予以辩驳。与此相反，叶适对"故君子戒慎乎其所不睹，恐惧乎其所不闻，莫见乎隐，莫显乎微，故君子慎其独也"一章给予高度肯定，以为"《礼记》中与圣人不抵牾如此类者甚少"。总体而言，叶适强调，"古人教德必先立义，教成则德成矣"；"教立于此，而德成于彼，非以义理为空言也"。

《大学》与《中庸》一样，属于"四书"新经典系统之一；而且，"六经"中的文字，"往往因事该理，多前后断绝，或彼此不相顾。而《大学》自心意及身，发明功用至于国家天下，贯穿通彻，本末全具，故程氏指为学者趋诣简捷之地，近世（指朱熹）讲习尤详"。但在"大学"条中，叶适并不完全认同《大学》的论述，而是以为"其间极有当论者"。

叶适认同大学以致知为始的观点，但认为不必再添一"物"字，将"致知"与"格物"并提，因为"格物"的内涵是不明确的。如果"以为物欲而害道，宜格而绝之"；如果"以为物备而助道，宜格而通之"，但是"物之是非固未可定"，关键仍在"致知"，所以不必在"致知"上再画蛇添足，提"格物"。叶适进而指出，程颐说"格物者，穷理也"，更是有问题。叶适强调，《大学》的正心、诚意、致知，都是"入德之门"，并未能达到穷理的层面。如果物理获得了穷尽，自然已是达到正心、诚意、致知；如果没有达到正心、诚意、致知，又如何可能去穷理？因此，程颐将"格物"界定为"穷理"，是有疑问的；而程颐的问题，正是《大学》"致知"与"格物"并举造成的。此外，叶适还对"诚意"章提出了辨析。

叶适对《大学》的总体认识是，大学异于小学，根本在于强调"以其学而大成"，"处可以修身齐家，出可以治国平天下"，但《大学》硬将此根本思想"开截笺解"，结果"彼此不相顾，而贯穿通彻之义终以不明"。《大学》本身有此弊病，而"学者又逐逐焉章分句析，随文为说，名为习大学，而实未离于小学"，这又是针对朱熹的批评。

《春秋》为"六经"之一，自孟子起，被认为是孔子所作的鲁国历史，内含褒贬，"以代天子诛赏"。叶适在卷九"《春秋》"条中指出，"古者载事之史，皆名《春秋》"，只是"史有书法而未至于道，书法有是非而不尽于义，故孔子修而正之，所以示法戒，垂统纪，存旧章，录世变也"。尤其是，叶适强调，对历史事实作价值评判，并不只是帝王的权力，而是每个人都拥有的权力。

《春秋》难读，后世有《公羊传》《穀梁传》《左传》予以解释。叶适以为，在这三传之中，只有《左传》为理解《春秋》提供了可靠的史实，《公羊传》与《穀梁传》是"末世口说流行之学"，"空张虚义"，"《春秋》必欲因事明义，故其浮妄尤甚，害义实大"。叶适对三传的评定与取舍，充分体现了他对史学的重视。但是，叶适指出，虽然"读《春秋》者，不可以无《左氏》"，但并不等于"《春秋》非《左氏》不成书"，作为经的《春秋》与作为史的《左传》互为印证，这正是叶适集大成的永嘉事功学经史并重的思想特征与方法。

此外，叶适指出，《春秋》的大旨是对世治道行与否的记录，而管仲所代表的功业，即所谓齐桓、晋文之事，则是《春秋》之桢干。"至于凡例条章，或常或变，区区乎众人之所争者，乃史家之常，《春秋》之细尔"，是史学者应该有所了解的。

叶适在卷十一《左传二》"总论"条中的论述，核心是为《左传》作辩护，他细述《左传》与《春秋》的关系，指出《左传》的重要性是在于"以其足以质传闻之谬，订转易之讹，循本以知末，因事以明意"。叶适重视史事，因为他强调道理存于事实之中，离开了事实的道理只是虚理，这正是永嘉事功学的根本思想。但是，历史是向前的，为什么记录过往史事及其隐含价值的"六经"对后人仍然具有永久性的意义呢？如何看待孔子的工作呢？叶适在此则札记的最后指出，华夏文明的发生与发展，如果没有孔子的工作，早就都湮灭了，孔子使得文明与文化得以传承，这是孔子的贡献。但是，"若夫托孔、孟以驾浮说，倚圣经以售私义，穷思致虑而无当于道，使孔氏之所以教者犹郁而未伸"，则是令人"甚惧"的。

《左传》与《国语》同是记载春秋史事的重要著作，但汉、魏相传二书的作者是一人，叶适在卷十二《国语》"总论"条中对此提出了自己的分析。

　　叶适虽然根柢"六经"，但他对《论语》的评价并不低。他讲："余尝疑集《论语》何人，而义精词严，视《诗》《书》有加焉。孔子而无是书，其道或几乎隐矣。"同样，虽然叶适对孟子的思想有许多不同看法，但他也以为孟子对尧舜之道的传承具有重要作用。他讲："尧、舜，君道也，孔子难言之。其推以与天下共而以行之疾徐先后喻之，明非不可为者，自孟子始也。"由于依靠"六经"来推见孔子之学会受限于文献，叶适于《论语》《孟子》后，取《老子》《子华子》《孔子家语》《孔丛子》以参见。颇有意味的是，叶适对这些书的真伪都持怀疑态度，但他显然更看重它们的思想是否有助于对孔子之学的阐明。这一思想取向，从下文首条他论《论语集解》"何晏序"，高度肯定"破经生专门之陋"，就能看得很清楚。

　　《论语》共二十卷，叶适的札记只涉其中十四卷，这正是《习学记言序目》笔记体的特征——有感而发。何晏是魏晋玄学的代表人物，他的《论语集解》推翻了汉儒的注疏，开宋学先风，即所谓"后世诣理之学，以晏及王弼为祖，始破经生专门之陋"。但东晋经学家范宁对何晏、王弼非常不满，而叶适在卷十三《论语》"何晏序"条中对此说则不以为然。

在"学而"条中，《学而》共十六章，叶适只对其中五章作了札记，此下各卷亦随感而札论之。今亦仿之。比如，对《学而》首章的三句话，叶适给予高度肯定，"若孔子成圣之功，在此三语而已，盖终其身而不息也"。这表明叶适将此三句话视为人生命的存在形态。叶适将自己的代表作命名为《习学记言序目》，亦足以体现他对《学而》首章的认同。针对《学而》第二章有子所言，叶适指出，"有子虽不为放言，而卑弱如此，孔氏之传失矣"。有子在孔门中的地位很高，孔子逝后，曾一度为接班人，但不被众人信服。叶适此评点出了有子的优长与短处，有子之优长在于规规矩矩，短处在于卑弱，可知有子守成有余、开拓不足，不能真正继承与光大孔子儒学。

叶适是同时代中非常具有独立思考与批判意识的思想家，同时他的批判也不是凭空而发，通常都依据文献对比，或者经验推论。比如，在"为政"条中对于孔子"六十而耳顺，七十而从心所欲"的质疑，便是例子。又如，关于"学而不思"和"思而不学"，叶适以为这是孔子在具体语境中有所针对的讲话，但在后世读书人中，则表现为另外的两种病症："学而不思"，表现为"祖习训故，浅陋相承"；"思而不学"，表现为"穿穴性命，空虚自喜"。

叶适以"治道"为儒学的根本内容，故他对孔子思想的阐扬也着重于此。《八佾》共二十六章，但叶适仅由首章《孔子谓季氏章》而发论。在"八佾"条中，叶适由三家之僭礼，论及"治道"的败坏，再联系到管仲的功业，以及孔子对管仲的评价，强调孔子的志向在于现实政治秩序的建立，"将率天下以复周、召之功"。孔门弟子误解了孔子对管仲的评价，孟子则把现实治理看得易如反掌，"以齐王犹反手"，在叶适看来，这些都是偏离了孔子思想的根本。

孔子思想以"仁"为核心概念，至宋儒都强调在心性上用工夫，而叶适依据《里仁》所记的"里仁"条，强调"要须有用力处"。其中，"克己复礼"与"为仁由己"是具体内涵，"出门如宾，使民如祭"是操作形式，"己欲立而立人，己欲达而达人"则为更细碎的工夫。

此札对《子曰参乎章》作了长段论述，因为这涉及叶适思想的关键。宋儒复兴儒学，从韩愈那里继承道统的观念，构建自己思想传承的正统性。这一具有正统性的道统自孔子而下，曾子是关键。曾子将孔子的"吾道一以贯之"解释为忠恕，叶适认为文本并不支持这一解释，只是曾子的自以为是，故"疑此语未经孔子是正，恐亦不可便以为准也"。至于"一以贯之"的道究竟是什么？叶适以为，从功能上讲，道应该是"行之于身，必待施之于人，措之于治"，但要给予界定，则"道者，自古以为微眇难见；学者，自古以为纤悉难统"。因此，叶适根柢"六经"，折衷诸子，证于历史，见于文章，予以阐明，《习学记言序目》的宗旨就在于此。

　　"公冶长"条论及《公冶长》中的五章，这里略讲其中两章。《伯夷叔齐章》讲伯夷、叔齐不念旧恶，很少抱怨。这个怨，可以有己怨与人怨二解。己怨，指伯夷与叔齐兄弟之间不念旧恶，彼此很少怨恨；人怨，指他俩对别人不念旧恶，故别人很少怨恨他俩。人有过错，虽圣人不免；有过错，招人厌恶，也是正常，但能恶其事，不恶其人，便是难得。伯夷、叔齐能够做到这点，故孔子在此章中给予肯定。叶适对比孔子与孟子，微讽孟子过于高标。这其实也是叶适对孟子有所不满的地方。

　　《颜渊季路侍章》是一则很有画面感的场景记录，描述孔子与颜渊、子路各言其志。子路的志向是与朋友分享自己的车马与衣裘，虽坏无憾。颜回的志向更偏向于精神层面，不夸耀自己的善德，不吹嘘自己的劳苦。孔子的志向似乎很平淡，给前辈安宁，给同辈信任，给晚辈关怀，但其实这是一个很高的境界。只是，宋代儒学对孔子的这一志向又作了无限的抽象拔高，"与天地同量"。叶适对这样的赞颂不以为然，因为这样反而遮蔽了孔子"安老而怀少"的世俗情怀。

　　在"雍也"条中，叶适对《哀公问弟子章》作了颇有意味的评述。此章记录哀公问孔子门下弟子谁最好学，孔子告知是颜回，而给出的理据是"不迁怒，不贰过"。孔子弟子三千，通六艺者七十二，孔子独誉颜回好学。因此，颜回所好何学便成为一个令人感兴趣的问题。"不迁怒，不贰过"的表述，表明孔子对颜回的好学显然不在于知识，而在于践履。颜回早逝，他的知识也许还没有达到博通的程度，但他的践履却进入较高境界。因为怒与过，人所难免，颜回能够不迁、不贰，很难得。不迁怒，说明他克己工夫很强；不贰过，反映他用力工夫很正。但是，叶适以为，仅作此解，还不足以体会孔子称誉颜回的根本。他强调，"盖置身于喜怒、是非之外者，始可以言好学，而一世之人，常区区乎求免于喜怒、是非之内而不获，如撑泥而扬其波也"。换言之，孔子标举颜回好学而欲垂教于世的，乃是对知识的追求，应当超越个人喜怒的情感与是非的价值判断，不人云亦云。叶适在此札中的其余多条还涉及对人物的品评。

对《述而》篇，叶适的札记较多，此举前三章《述而不作章》《默而识之章》《德之不修章》而言之。叶适在"述而"条中以为"三章相属联，似若有意次第者。盖初言功用，中言所以用功，末言功之所以不得成而废；虽未必一时之言，而其言正相发明，学者不待他求也"。故叶适论此三章，从发现孔学根本、知晓孔子如何用功，到揭示孔子的警示，构成了一个完整的闭环。

在《述而不作章》中，孔子自比于商朝贤大夫老彭，"述而不作，信而好古"，自谦没有创作什么新东西，只是整理编纂了旧材料。这看似保守，但其实在对旧材料的整理中，不仅确立起了知识系统，而且蕴含了对人类价值的确认。叶适所谓"初言功用"，即在此意。在叶适关于儒家思想的理解中，他始终以"治道"，即人类文明的形成与发展，作为儒家精神的根本。因此，尧、舜、周、孔之道贯通一体，而又分为两段。"自尧、舜至于周公，有作矣，而未有述也"；孔子虽述而不作，但传承了文明，塑造并确立了知识与价值系统，使得后世有所依据。叶适反复强调，只有明确这一点，才能既充分认识到孔子的地位与意义，又能得孔子儒学之精神，如此才算得上是真正信奉孔子。否则，无论怎么尊崇孔子，也只是"不述乎孔子而述其所述，不信乎孔子而信其所信，则尧、舜、周、孔之道终以不明"。

在《默而识之章》中，孔子讲自己"默而识之，学而不厌，诲人不倦"。叶适以为，这承接了上章，讲如何用功。孔子这三条，看起来似乎寻常，但作为学者，要真正做到，绝非易事，常人更难做到。学不见道，虽久也难默识；学非所乐，很难日久不厌；事不关己，哪来不倦的热情与耐心？故叶适称誉孔子是"自陈尽力处以告后人，如火燎暗冥，舟济不通，可谓至切至近，无微妙不可知之秘"。

在《德之不修章》中，孔子讲了自己所忧的四件事："德之不修，学之不讲，闻义不能徙，不善不能改"。叶适以为，这四件事正是"功之所以不得成而废"的原因。修德是目的与手段的合一；德是目的，修是手段；德是道理见之于心，心随事而发，其状态如何，只有自己知道，故需要时时体会调适，这便是修。修德据于明理，故不能不学，而学问必须讨论讲习。明白了道理，践行又是一大考验。有些事，方向虽正确，但有许多不合理处，一旦认识了，就要调整；有些事，压根就错了，就要下决心改。每个人遇到的问题有所不同，但这四件事可作为重要抓手，引导自己前行。

《曾子有疾孟敬子问之章》是涉及宋代儒学思想正统性辩论的重要文本，而这一正统性的背后涉及的是对孔子儒学精神的确认问题。《曾子有疾孟敬子问之章》记载了曾子临终前的答问。曾子以为君子最在乎的道主要是三个方面："动容貌、正颜色、出辞气"，而表征礼制与一切政务的"笾豆之事"，则属于官员职守，非道之所重。这样的遗训将孔子的儒学精神内化为个人的修身，呈现在体貌、神色、言辞等方面。由于宋代儒学的主流认同孔子、曾子、子思、孟子的思想传衍代表了正统，曾子对孔子儒学的内化便获得了思想正确性。但叶适对此是持坚决否定态度的。叶适在"泰伯"条中予以了否定，主要从两个方面展开。一是质疑曾子对孔子的垄断性继承。孔子弟子众多，叶适以为，这些弟子"所受各不同。以为虽不同而皆受之于孔子则可，以为尧、舜、禹、汤、文、武、周公、孔子之所以一者，而曾子独受而传之人，大不可也"。二是质疑曾子对孔子思想的理解。叶适指出，曾子的话并没有得到孔子的认定，因此，"以为曾子自传其所得之道则可，以为得孔子之道而传之，不可也"。叶适进而阐明，孔子告知颜回"一日克己复礼，天下归仁焉"，这表明"己不必是，人不必非，克己以尽物可也"。如果仅从曾子所强调的体貌、神色、言辞来看，"则专以己为是，以人为非，而克与未克，归与未归，皆不可知，但以己形物而已"；曾子以修身为贵，视政务为官员的职守，实是"尊其所贵，忽其所贱，又与一贯之指不合，故曰'非得孔子之道而传之'也"。概言之，叶适所认为的孔子儒家之道是"内外交相成"之道，必是成己成物之道，而不只是内化于一己之身的修养。

　　孔子倡言复礼，尝被误解为极端的保守者，《麻冕礼也章》则很好地体现了孔子的真精神。在这章中，孔子举了两个例子：一是选用什么质料的冠冕，二是如何行拜礼。在他所处的时代，这些服饰与仪式都是变化的，孔子深知这种变化的必然性，但他有自己的取舍。在选用冠冕的事上，他缘俗而化，接受改变，因为改变的背后是更为俭省。而在行拜礼的事上，孔子不接受改变，固执传统，因为礼仪改变的背后是对人的尊重的丧失。叶适在"子罕"条中对孔子的真精神具有高度的理解与认同，指出"孔子言古今异同，有所损益从违于其间，一本乎理而已。若记礼及他书之言，不能判其是非而但以变古为贬者，非也"。孔子并不是一个保守主义者，他的复礼以及他对传统的取舍损益，依据的是合理性。

　　《先进》篇凡二十五章，叶适札记仅涉及四章，主要目的是借"先进"条表达自己出处进退的论点。在《从我于陈蔡章》中，叶适指出，那些早年追随孔子周游列国、受困蒙难的弟子，都是远离了父母、兄弟、妻子，周旋于天下而不得安宁，其困顿的境遇有时"欲自比于寻常怀土力田之人而不可得"，但正是这样的坚持，才"卓然成材，没世而名立也"，"此圣贤出处之要也"。

　　叶适自年轻起就怀抱经世济民之志，故他并不欣赏消极的人生观，但他的进取与否并不取决于是否对个人有益，而在于能否有功于国家与社会。他在开禧北伐中的态度、担当与退隐，就是最显著的表征。在《子路曾皙冉有公西华侍坐章》中，孔子有"吾与点也"的评断，令后人将孔子精神解读为飘然洒脱。叶适在此章的札记中指出，"孔子之所以为天下后世师者，道进而心退"，他对曾点的肯定，是在于"其心庶几焉"，即曾点的"浴沂风雩，咏歌而归"的心志比较接近"道进而心退"的境界。如果仅就"浴沂风雩，咏歌而归"而言，"通国皆然"，又有什么值得肯定的？故叶适一生抱持着积极的人生观，并不以自己的个人利益而进取或消沉，唯如此，他在晚年退出政坛，隐居家乡以后，能够勤勉于学，著成极有思想针对性、充满现实关怀的《习学记言序目》。

叶适对孔子答颜回的"克己复礼为仁"非常看重，反复强调这是孔子仁学的精神。在"颜渊"条中，他更揭示这是"举全体以告颜渊"；这一"全体"又"因目而后明"。所谓的"目"，就是视听言动，即生活的具体展开。叶适否定曾子以忠恕为孔子精神，正是因为曾子将孔子之仁局限于修身的范畴，而忽视了其在生活全体中的大用。

孔子的弟子冉有担任鲁国季氏的家宰。《子路》篇中的《冉子退朝章》记载，某日冉有退朝颇晚，孔子问原因，冉有答"有政"，孔子便回应了"其事也。如有政，虽不吾以，吾其与闻之"这句极富深义的话。叶适在"子路"条中指出，其深义在于揭明废兴，为后世法。因为当时季氏专权，冉有与季氏讨论的只是季氏的家事，并非国家的政务，否则孔子虽已不见用，但他尝为大夫，按制度，他对政务应当有所听闻，不会全然不知。孔子着意于政务与家事的区分，亦即公与私的分别，便揭示了废兴所在。

通行本《论语》共二十篇，但仔细看，前十篇似构成一个较完整的体系。这十篇中，前九篇记录了孔子应答学生与时人的话，以及学生记录的孔子教诲，或个别弟子的话，体现了《论语》的基本风格——语录体；第十篇《乡党》不是语录，记录的主要是孔子日常生活中的行为。言与行，似已呈现了孔子的完整形象。《论语》后十篇好像是前十篇的续编，不仅内容略有重复，而且编到第十九篇时似乎已基本完成，最后第二十篇只有三章，仿佛是凑数。总之，《论语》后十篇与前十篇存在一定差异。这也是程朱以为存有"错简"的原因。但是，叶适反对这样的怀疑。在"季氏"条中，他强调："《先进》以后诸篇，言厉而义峻，皆成德以上之事，当时门人不能尽识，谓之错简，非也。"叶适的思想根柢"六经"，同时他对《论语》非常重视，认为后者是对前者的进一步阐释。

《微子》的《逸民章》记录了七位隐逸者。孔子按持志、身份认同、言行取舍，将七人分成三类，并予以评价，从而说明虽同为隐逸者，但其立心与造行大不同。然而，即使是隐逸者，即便他们率性放言，舍弃自己，也大抵是在坚守大道的前提下的一种权变之举。换言之，虽为隐逸者，也不至于完全放任自流。孔子自认为与此七人有根本不同，表现在"无可无不可"。叶适在"微子"条中对"可"与"不可"作了解释，但同时强调，孔子之"无可无不可"只是表示"不为"，并非"以无可、无不可为圣人也"。孔子的"无可无不可"并不是失其持守，而是"从心所欲不逾矩"，正如尧、舜、文王，无所谓可与不可。

《孟子》一书自唐代起逐渐受到士人重视，至宋代叶适之时，已与《论语》《大学》《中庸》一起合为"四书"，构成儒学的新经典系统。然而，叶适在卷十四《孟子》"梁惠王"条中表达了对曾子、子思、孟子所代表的儒家传统的不认同，以为这一传统将孔子所传述的尧舜三代之道狭隘化为心性之说，故他对《孟子》的评论多围绕此展开。《孟子》共七篇，叶适的札记涉及其中六篇，没有涉论最后的《尽心》篇，这恐亦与他对孟子的格心之功不以为然有关。

在《梁惠王》的札记中，叶适针对梁惠王与孟子的问答指出，孟子以为"格君心之非"乃国家治理的关键，因为"君仁莫不仁，君义莫不义，君正莫不正，一正君而国定"；而心术之公私判明，又可以在具体事务中用一两句话指出，这便将国家治理的复杂艰难看得过于简单了。叶适强调，"舜禹克艰，伊尹一德，周公无逸，圣贤常道，怵惕兢畏，不若是之易言也"。况且，孟子的时代，"去孔子殁虽才百余年，然齐韩赵魏皆已改物，鲁卫旧俗沦坏不反，天下尽变，不啻如夷狄"，单凭孟子对梁惠王的启发，"岂能破长夜之幽昏"？叶适最后指出，"自孟子一新机括，后之儒者无不益加讨论，而格心之功既终不验，反手之治亦复难兴，可为永叹矣"。

叶适在"公孙丑"条中论孟子三点。一是引孟子的"四十不动心"，以批评"近世之学"，即以程朱为代表的理学。叶适以为，孟子"四十不动心"，能够"乐其道而忘人之势，不以壮老易其守"的原因，在于"集义所生者，非义袭而取之"。他进一步引孔子"君子有三戒"之语，强调人的生命自始至终基于血气，无血气则无生命，"集义所生"是"化血气从义理"，"义理本要调和一身，使蹶趄者能为浩然，耘锄者不为助长"。然而，"近世之学"却反其道而行之，"搵义理就血气"，"以不动心、养气为圣贤之难事，孟子之极功，诘论往反，析理精粗"，结果到老也未能有成，更谈不上"四十不动心"。一遇到出处进退等具体事情，便离古人远甚。

二是分析孟子的"以不忍人之心，行不忍人之政"。叶适指出，孟子的这个观点是针对"战国之人失其本心，无能不忍人者，故著此论"；至于现实的政治治理，则"先王之政，则不止为不忍人而发"。叶适强调，"舜、禹未尝不勤心苦力以奉其民，非为民赐也，惧失职耳"。后世因孟子之语，作偏狭之论，将儒家之道狭隘化为格心之功，这正是叶适所反复争辩的问题。

三是主要比较孔子与孟子面临出处进退时的果断与迟缓，微讽孟子。

叶适对孟子的思想难得有肯定的议论，但在"滕文公"条中有两点肯定。一是论"孟子道性善，言必称尧、舜"，肯定孟子对政治的自觉担当。叶适讲："尧、舜，君道也，孔子难言之。其推以与天下共而以行之疾徐先后喻之，明非不可为者，自孟子始也。"宋代士人有与君共治天下的高度自觉，叶适自年轻起就以天下为己任，他把士人的这种政治自觉归功于孟子，无疑是对孟子的极大肯定。二是以为孟子"与梁、齐、滕文公论治，最孟子要切处"。叶适以为，孟子所处的时代，"大抵民不能皆有田而尽力于农，学校废缺而上无教，乃当时之大患，故谆谆言之"；同时，赋税问题是国家治理的根本，故孟子亦多论之。这说明，孟子对于国家治理的认识并非全在格心之功，经世济民的举措同样是其认真考量的内容。叶适指出，诸如田地、学校、赋税这些现实问题，需要根据具体时代而论，后人因为孟子有所议论，或"争论不已"，或"违避弗称"，结果对于现实问题，"乃茫然无以救此"，无益于"治道"。

《离娄》篇的数则札记，都是针对《孟子》书中的一些议论而发。叶适重批判意识，好作质疑性评论。但细读"离娄"条，其中有些观点颇具启发性，也自有依据；而有些则近乎刻意挑刺。见仁见智，不必一概而论。

叶适论学，经史并重，经为理义，史为事实，而理义须见诸事实。在叶适看来，"六经"不完全是空言义理，其本身即是古史的记录。"六经皆史"的正式提出虽然晚至清代章学诚，但其思想意识实早已有之，叶适大致也有这样的意识。在"万章"条中，对于孟子，叶适讲："孟子之论理义至矣，以其无史而空言，或有史不及见而遽言，故其论虽至，而亦人之所未安也。"在叶适看来，孟子的议论常常缺乏历史依据，而孔子不是这样的。

性善是孟子的核心思想，叶适在"告子"条中对此态度复杂。一方面，肯定提出性善的意义。他认为，在孟子所处的时代，政治已极度败坏，人们以为人性本是如此，或如告子所讲，人性可以进行纠正。孟子提出人性本善，其不善是因为政治的败坏，"牧民者之罪，民非有罪也"。因此，孟子的主张直指现实政治的问题，"以此接尧、舜、禹、汤之统"。另一方面，质疑性善论不准确。叶适引汤、伊尹、孔子关于人性的论述，以为"乃言性之正，非止善字所能弘通"。

孟子在《告子》篇中提出的另一个重要思想，就是将心与耳目对立起来，强调心的功能，认为心是"天之所与我者。先立乎其大者，则其小者弗能夺也。此为大人而已矣"。叶适对此很不以为然。他引《洪范》而强调，耳目感官与心之思不可偏废，而须相得益彰，唯有如此，才可能"内外交相成"。"内外交相成"是叶适最重要与最基本的思想，他认为人的一切知识与能力都由此而成，并进而发展与完善，"古人未有不内外交相成而至于圣贤"。孟子独标心的重要性，"舍四从一，是谓不知天之所与"。对此，叶适的批评是非常严厉的，他讲："盖以心为官，出孔子之后，以性为善，自孟子始；然后学者尽废古人入德之条目，而专以心性为宗主，致虚意多，实力少，测知广，凝聚狭，而尧、舜以来内外交相成之道废矣。"

叶适对司马迁《史记》中关于老子的史述，以及庄子所述，皆持怀疑态度，在卷十五"《老子》"条中就讲道，"二说皆涂引巷授，非有明据"；所谓孔子学礼于老子，叹其犹龙，则是"黄老学者借孔子以重其师之辞也"。至于老子的思想，叶适的基本看法是："盖老子之学，乃昔人之常，至其能尽去谬悠不根之谈，而精于事物之情伪，执其机要以御时变，则他人之为书固莫能及也。"为此，叶适甚至特意花了大量笔墨来论证。

《老子》共八十一章，叶适的札记或论单章，或合几章而论之，但也并非各章皆论。在"一章"条中，叶适以为，老子虽被后世奉为虚无之宗，但所言都是可以加以验证的道理，所论范围从事物的有无之变，到人间的好恶之情，启示人们把握其中的机理，从而应对之。如果将老子的思想理解为虚幻不定的东西，那么就不能把握老子的思想宗旨，只能以浮言泛滥于世。换言之，叶适秉持他的经验主义精神，对老子的思想持理性的认识态度。

在"四章"条中，叶适以为"四章"所言是老子论道而示人最亲切处，其要义在于冲而不盈。人的所为，都会因舒泰而过分，结果引发事物与自己关系的变化，而道的要义在于冲而不盈，故人应该知道谦退。

在"五至七章"条中，叶适将老子的思想放置于经验的层面进行理解，反对对其作超经验的论说；如果作超经验的论说，其实只是一己的主观臆断，无法获得自然的验证。此札开门见山地点明这一点，即"余固谓老子之言有定理可验，至于私其道以自喜，而于言天地则多失之"。接着，叶适杂引《老子》第五至第七章中所论天地言语，指出"古人言天地之道，莫详于《易》"，而"老子徒以孤意妄为窥测，而其说辄屡变不同"。最后，叶适断言，"从古圣贤者畏天敬天；而从老氏者疑天慢天，妄窥而屡变，玩狎而不忌，其不可也必矣"。

在"五十三章"条中，叶适对老子论道作出总的论断。叶适指出，老子之论道，"以盈为冲，以有为无，以柔为刚，以弱为强而已"，这些智慧与修养，尧、舜三代之圣不可能不知晓，或不具备。但是，尧、舜三代文明的历史发展过程所表征的儒家之道要远比老子的道丰富而艰难。因此，《老子》的作者不可能是周代史官老聃，而更可能是王道衰阙之际的处士山人；《老子》所言，实是"妄作而不可述，奇言而无所考，学者放而绝之可也"。

《子华子》旧题为周朝程本撰。程本之名见于《孔子家语》，子华子则见于《列子》。程本与子华子是否为同一个人，并不清楚。《子华子》一书在汉代已亡，南宋时重新流布，但被疑为伪托之作。在卷十六《子华子》"总论"条中，叶适似乎并不在乎《子华子》的真伪，而更在乎程本以及此书的论述，即所谓"盖程子与孔子同时，相从一倾盖之间，所敬惟夫子，其书甚古，而文与今人相近"。事实上，《子华子》多被认为是颇具理致文采的子书，故叶适颇多采录而论之，反映了叶适对于知识的理性态度。

《孔子家语》是记录孔子及其弟子思想言行的一部著作，汉代曾失传，至东汉末王肃自称得之于孔子后人并为之作注后，此书得以广泛流传，但唐代起始疑为伪书，清代以后这一观点更成为定论。晚近的考古出土文献表明，《孔子家语》并不能简单地被视为伪书。

叶适对《孔子家语》比较重视。从卷十七《孔子家语》"总论"条可知，虽然"终不能明其于孔子之言为正伪"，但他仍作了较多摘录并作了札记。在《总论》中可以看到叶适的基本观点。他认为，《家语》虽然比不上《论语》的"问对之极"，不如《论语》"正实"与"切事"，但"孔子周旋当世五六十年，所从之众，问对之多，宜不特《论语》一书而止，则其别为记集以辅世教，如《家语》之类几是也"。这里，叶适还提出了一个重要的方法论问题，即虽然他也怀疑《论语》《左传》之外所记录的孔子言行，但他并不持简单粗暴的排斥态度；相反，孟子自视甚高，推倒众人，"以孔子为生民所未有而愿学之者，然其于《论语》《左氏》及《家语》之正伪亦未能有别也"。

《孔丛子》共二十一篇，内容近似于孔氏家学的学案，记述从战国到东汉中期十几位孔子后代子孙的言语行事，旧题为八世孙孔鲋（子鱼）撰。书末另附孔臧写的赋和书，故又别称《连丛》。然而，《孔丛子》的编纂与成书年代至今没有定论。

叶适针对此书中的《嘉言》《居卫》《独治》《连丛》撰有四条札记，从《孔丛子》"独治"条中可以看到，叶适对此书评价不高，认为其不仅对于孔子思想的认识有偏差，而且对孔子后代事迹的记载也不可考。但是，叶适并不完全否认此书的学术价值，在《独治》的札记中，他以子鱼与叔孙通的师生关系，试以说明秦汉之际的儒学传承。

《习学记言序目》论史，诸家目录多以为二十五卷，从卷十九《史记》到卷四十三《唐书六·五代史》。但按此划分，卷十八《战国策》便无从安放。叶适以为战国史缺乏史书，而"《战国策》本迁所凭依，粗有诸国事，读者以岁月验其先后，因之以知得失，或庶几焉"。《温州经籍志提要》将论《战国策》归入读史部分。叶适剖析历史，充分体现了其事功学"欲废后儒之浮论"的学术风格。后人尝以为"水心之才之识，最长于论史事"，"是书史学二十五卷，往往得水心经济所在"；馆臣亦云："论唐史诸条，往往为宋事而发，于治乱通变之原，言之最悉，其识尤未易及。"因史事繁杂，难以细述，故于所涉各史略取数则而偏于思想，以冀得窥斑之效。

《战国策》作者不详，名称原亦多种。西汉末年，刘向进行校订、整理，取名《战国策》。《战国策》体例与《国语》相同，按国编排，但内容主要是战国时游说之士的策谋和言论汇编。因此，此书不能全作史书看，可以作为研究战国纵横家的材料。但它反映的时代是春秋之后，始于东周定王十六年（前453）韩、赵、魏三家灭智氏，终于秦二世元年（前209），故又的确是战国时期的重要史书。叶适《习学记言序目》研读史书部分，由此书始。

叶适在卷十八《战国策》"刘向序"条中，对刘向序文中关于战国史的论述，以为"大意虽不差，尚浅而未究"。他认为，时势的变化是一个过程，"道德、礼义、学校，自有天地圣人以来共之，非文、武之所独为也，及圣人不作，积以废坏，极于亡秦，而诈伪之弊遂不可复反"，战国之行诈作伪不完全是战国本身的问题。

在"总论"条中，叶适根据"《战国策》国别必列苏、张从横，且载代、厉始末"，推测"其宗苏（秦）氏学者所次辑也"。此外，叶适提出"论世有三道，皆以人心为本"的论断，而人心由止于道德仁义，渐失而最终背心离性，则是一个世变的过程。人类的知识追求应当是"复于人心之所止"，但从历史中需要把握的根本是要认识其世变，而不是流于表象；如果津津乐道于《战国策》中的策谋，则更不应该，当为学之大禁。

司马迁的《史记》作为第一部纪传体通史，在史著中具有崇高地位。叶适对《史记》自然也很重视，在卷十九《史记一》"《五帝本纪》"条中，分别摘录本纪、表、书、世家、列传等，最后是太史公自序，进行评论。只是叶适从史法到史识，重在批评，提出问题，而不是表彰。

在"《五帝本纪》"条中，叶适批评司马迁"不择义而务广意"。虽然叶适颇具史识，对古史断自尧、舜，认为是取以文明开化为标准，即所谓"简弃鸿荒"，而不是因为孔子提及，但他对司马迁"未造古人之深旨，特于百家杂乱之中取其雅驯者而著之"的批评则不免苛责。上古史料缺乏，司马迁穷其可能而述之，其实正是他的贡献。

在"《项羽本纪》"条中，叶适指出，"古书之于圣贤，皆因事以著其人，未尝以人载事"，项羽"盗夺"，《史记》却立本纪。《项羽本纪》详细记载了项羽的成学经历，似足以借此了解"古人之材与后世之材何以教，何以成就"。但叶适以为，"上世教法尽废，而亡命草野之人出为雄强。迁欲以此接周、孔之统纪，恐未可也"，这多少反映出其历史观的偏颇。

"述高祖神怪相术，太烦而妄"，叶适在"《高祖本纪》"条中对有关高祖的神怪相术记载极不以为然，认为是"史笔之未精也"。传统史籍中的帝皇与重要人物传记，大多有神异化记载，但叶适强调，"若舍其德而以异震愚俗，则民之受患者众矣"，他的批评显然是理性的。

叶适高度重视历史经验的习得，但他并不简单地在古今之间作取舍。在"表"条中，叶适以为，历史中的所有举措都是据于当时的时势所作出的，后人研习历史，重在由中知其是非得失，了解变化的由来。他讲："明于道者，有是非而无今古。至学之则不然，不深于古，无以见后；不监于后，无以明前；古今并策，道可复兴，圣人之志也。"但他同时指出，对此，"言之易者行之难"。

《太史公自序》是司马迁自述撰写《史记》的理论依据的重要文章，但叶适在卷二十《史记二》"自序"条中认为，司马迁依据董仲舒的《公羊》春秋学，存有许多问题，故此札详疏而论之，反映了叶适对汉代儒学的评断。他强调，《春秋》只是"六经"之一，不可舍他经而专奉《春秋》，而且"六经"是一个整体，不可自为分别，否则对儒家之道就缺乏系统整体的把握。"学者必学乎孔孟，孔子之言约而尽其义，孟子之言详而义不遗"；董仲舒的《公羊》春秋学，"前后章义俱不尽，杂然漫载；迁之言亦然"。

在卷二十一"《汉书一》"条中，叶适指出，自《史记》起，上古历史的记载方式发生了根本改变，班固《汉书》以下不得不别自为法，采用包举一代的断代史体例。叶适对《汉书》《后汉书》都比较重视，分别有三卷札记。在这则《汉书》的开篇札记中，叶适承认了班固的"别自为法"，并为"汉以来为准点"，但又指出，因此而使得"唐、虞三代姑泛焉而已"。叶适比较了作为史书的"六经"与后世的史书，指出："古人以德为言，以义为事，言与事至简，而犹不胜德义之多，此《诗》《书》诸经所以虽约而能该贯二千年也。"换言之，班固以下的史书详于言与事，即所谓"世次日月，地名年号，文字工拙，本末纤悉，皆古人所略，而为后世所详"，至于德与义，反而淹没了。人类历史真正的意义在于"德与义"所代表的人类价值系统的确立与发展，"言与事"只不过是历史的陈迹。

《汉书》的编纂体例，大体根据《史记》而小有改变，其中最凸显的是改"书"为"志"。《汉书》的"志"不仅比《史记》的"书"更为系统，而且内容也远为拓展，有些完全是独创，如食货、刑法、地理、艺文等志。此为叶适所重视。

董仲舒的著名论述"正其谊不谋其利，明其道不计其功"强调人行为的动机与理据，而不以行为的结果为虑，此属义务论的立场。但人的行为完全脱离了行为的结果而论，则所谓动机与理据终亦难以成立。叶适是事功学的集大成者，自然不认同董仲舒的论断，在卷二十三《汉书三》"列传·董仲舒"条中就指出"此语初看极好，细看全疏阔"。他强调，"古人以利与人而不自居其功，故道义光明"，行为的结果是行为的重要依据，只是人不应完全将结果视为一己所有，此为根本。事实上，董仲舒此语的思想也近于此，他所谓的利与功，也是针对一己而言。只是话一旦成为一种标签，便往往被滥用而失其本义。

宋儒推倒汉唐经学是大势所趋，其背后的理据便是以为训义解说不足以把握尧、舜三代之道。然而，虽然训义解说可能构成一种认知障碍，但人终究难以摆脱语言本身。就此而言，在卷二十五《后汉书二》"列传·郑玄"条中，叶适也不得不承认孔子言教的必要性与必然性。但在叶适的思想中，孔子之言教，仍是面向生活世界本身的，而郑玄的训义解说"不过能折衷众俗儒之是非尔，何曾望见圣贤藩墙耶"。

叶适在政治上主张宽政，故在"列传·崔骃"条中，对崔寔欲以威刑整肃治理的政论颇为不满。他认为，崔寔所论，虽然针对末世而发，其祸犹小，但这样的政论一旦成立，对后世而言，其祸甚大。

在卷二十六《后汉书三》"列传·黄宪"条中，叶适认同对黄宪的肯定，但他着意指出，"观孔子所以许颜子者，皆言其学，不专以质"，即他对学予以肯定，以为这是"德"的由来。如果只是以质为道，那么就会使老庄之说与孔颜之道并行。

《后汉书》是南朝宋人范晔所撰的纪传体东汉史。司马迁、班固分别撰《史记》与《汉书》时，虽无史官，但作者与时代相接，采撰有所便利。范晔距东汉亡国已有两百多年，因此见闻传说难以获得，但前人所撰史书可以采录。尤其是后汉开始有史官，有官修史书《东观汉记》，加上其他各种私人所撰《后汉书》，为范晔撰《后汉书》提供了极大的便利。对此书，叶适在"总论"条中的论断是"类次齐整，用律精深，但见识有限，体致局弱"；此外，范晔在《后汉书》各卷中，多数有论或序，颇多议论，反映了宋、齐以来的文字风格。

在卷二十七《魏志》"彭城王据"条中，叶适阐述了自己的学习主张和德性工夫论。叶适非常重视人的成长，即德性的培养，认为这依靠学习，而学习是一个持续的过程。学习的根本在于除去那些拖累德性成长的积习，以及对蒙蔽之心的持续启悟，以求通透，即"常虑所以累德而去之，开心所以为塞而通之"。

"和洽"条则清晰地阐述了叶适的义利观。叶适认为，好虚名者容易片面强调义，以致"以义抑利"。作为事功学的思想家，叶适主张"以利和义"，即义与利相协调，离开了利的义只是空言，"勉而为之，必有疲瘁"。

在论"治道"时，制度与人才是两个要素，而说到底，制度由人制定，人是根本。一世自有一世的人才，而主事者往往以为没有人才，究其实，多是制度设计阻碍了人才的涌现。结果，进入体制内的，因循守旧，"皆愚儒也"；未能进入体制内的，又为不逞之徒。叶适在"杨阜"条中指出，只有做到"度内而非愚，度外而非不逞"，才足以真正谈得上人尽其才。

卷二十八《吴志》"吴主权"条引孙权论魏明帝事，比较魏明帝与孙权的治理，对孙权的统治予以彻底的否定，从中可知叶适的政治思想。叶适指出，"（孙）权有地数千里，立国数十年，以力战为强，以独任为能，残民以逞，终无毫发爱利之意，身死而其后不复振"，吴国败亡正源于孙权的统治。

《三国志》共六十五卷，包括《魏志》三十卷、《蜀志》十五卷、《吴志》二十卷，晋陈寿撰，南朝宋裴松之注。《三国志》有纪、传，无志、表，素以文笔精简而记事翔实著称。叶适对《三国志》评价甚高，以为"笔高处逼司马迁"，"终胜（班）固"。在"总论"条中，叶适指出了一件很有意味的事，即由裴《注》可知，陈寿著书时，有许多史料"已尽取而为书矣，《注》之所载，皆寿书之弃余也"。正史修纂都经过史料的取舍，后人偶见正史中没有记录的史料，即以为是新发现，实际上，这些史料往往是"书之弃余也"。

天人感应论在中国传统思想中是一直存在的，只是呈现出渐为淡化的趋势。在卷二十九《晋书一》"志·天文"条中，叶适引《左传》，试图说明"先王旧学，天不胜人"，表达了即便是有所应验，人道仍应为重的观点。

传统政治中，君相关系经历了复杂的变化；同时，在制度设计中，权力如何分配才能有效，也是极为重要的问题。"志·职官"条便是叶适围绕上述问题而作出的史论，总体而言，权力的分配似应该总是处于调整之中，不然，久则弊病滋生。

兵是国家重器，销兵能让百姓获得休息，但如因此而放松战备，以致祸患，则反让百姓受害。在卷三十《晋书二》"列传·陶璜"条中，叶适指出，销不销兵其实不重要，关键在于君主的德行以及如何认识与把握好"兵"，若一味强调销兵，反而会营造出一种大家鲜言战、一味求和的氛围。

《晋书》共一百三十卷，于唐太宗贞观年间修成，从此，正史改由官修。官修正史，署名者主要是领导者，如《晋书》署名是房乔，实际上房玄龄只是以宰相身份领导修书，真正参与修撰的，主要是令狐德棻等十余人。《晋书》保存了许多重要史料，编纂体例也甚有可取之处，令狐德棻等撰者也被认为是老于文学。在"总论"条中，叶适表明了对《晋书》的取舍根据，乃是自己一贯秉持的经世济民之志，他对历史的成败得失更为重视，而于文字则轻之，故对韩愈"记事者必提其要，纂言者必钩其玄"的读书法仍具微言。

在卷三十一《宋书》"帝纪·顺帝"条中，叶适由刘宋下及整个南朝，分析其国祚短促的原因在于"君臣上下自富贵娱乐一身之外更无他说"；又穿插讨论古人治理天下的常道——"肇修人纪以至于有万邦"，指出周、秦以下，这一常道被逐渐破坏的过程。他的论述涉及历朝重要人物，不仅对于理解所涉史事和人物有所启发，而且也有助于理解他的政治思想。

《宋书》共一百卷，南朝梁沈约撰，记刘宋六十年史事，有纪、传、志而无表，保存史料较多，八志内容上溯三代秦汉，魏晋尤详。但《宋书》叙事多有忌讳。所以，叶适在"总论"条中说它"事多义少，其后遂为会要矣"；认为这样的体例能"备一代之故"。

南朝梁萧子显所撰《南齐书》，今存五十九卷，记南齐二十四年史事。萧子显是齐高帝萧道成的孙子，齐明帝萧鸾杀萧道成子孙殆尽，萧子显时8岁，幸免于难。齐亡后，萧子显入梁，官至吏部尚书，奉敕撰修南齐史。在"二十四史"中，《南齐书》是唯一一部由前朝帝王子孙撰写的前朝史书。由于萧子显是宫廷政治的亲历者，撰记的是与自己关系非常密切的史事，该书一方面保留了原始史料，另一方面不免夹杂着个人恩怨。《南齐书》以叙事简洁著称。叶适在卷三十二《南齐书》"列传·王僧虔"条中综述当时玄学的情况及其兴衰。他指出，学术思潮一旦形成，便有自己的兴衰周期，其兴衰既取决于学术思潮的内容，又取决于参与其中的学者的水平。

叶适的学术思想具有高度的独立批判意识，"列传·张融"条便充分体现了他的观念。叶适强调，"人具一性，性具一源，求尽人职，必以圣人为师，师圣人必知其所自得，以见己之所当得者"。

南朝中的《梁书》《陈书》都是唐初姚思廉在其父姚察的基

础上撰成的。《梁书》记梁朝五十六年史事，《陈书》记陈朝三十三年史事。姚察与梁、陈二朝都有密切关系，经历了梁、陈二朝的亡国，入隋后奉诏撰梁、陈之史。姚思廉初唐任职，受诏与魏徵同撰梁、陈二史，但魏徵实是监修，姚思廉完成了父亲的未竟之业。二史是现存记载两朝比较原始的史书，其中《梁书》内容更丰富、文笔也更生动。叶适在卷三十三《梁书二》"列传·王褒"条中论述了梁朝士大夫三教兼举的情况。宋儒追求儒学复兴，叶适的评论也反映了宋人对韩愈的肯定。

叶适在"列传·诸夷海南诸国"条中阐述了他对佛教的认识。叶适曾经专门研读大量佛教著作，他总体认为佛教属于夷学，与中国的学术思想迥异，但其源于各国的国情，因此对佛教"无足深贬"。叶适曾指出，周敦颐、张载、二程的思想，表面上是兴儒斥佛，实质上只是袭用《易传》中的一些概念，结合了佛教的思想，因此只是"变其道而从夷，而又以其道贬之"，"颠倒流转""不复自知"。

《魏书》由北齐魏收撰，记北魏道武帝拓跋珪到东、西魏相继灭亡的史事，共一百七十余年。叶适在卷三十四《魏书》"帝纪"条中讨论政治治理，极有自己的识见。叶适认为，"华夷地势不同，习俗亦异，统御不一，彼此不安，亦其势然也"。因此，有效的治理必须各有针对。他以道武帝与孝文帝为例，指出道武帝"纯用胡法控勒诸夏，故最为长久。孝文慨慕华风，力变夷俗，始迁洛邑，根本既虚，随即崩溃"的历史事实，强调"用夏变夷者，圣人之道也；以夷制夏者，夷狄之利也；失其利则衰，反其常则灭"，体现了叶适政治思想中理想而又现实的特性。

永嘉学派重事功，对经济多有心得。在叶适所处时期，国家钱币问题十分突出，这在前文也已提及，故叶适在"列传·高道穆"条中论述了钱币问题。

叶适言学极重独立精神与自由意志，故"列传·徐遵明"条言"古者师无误，师即心也，心即师也；非师无心，非心无师"。但他提出"师即心也"并不是弃学，相反，他强调习学，只是在习学中须保持内心的自觉。

《北齐书》共五十卷，唐李百药撰，记载公元534年前后北魏分裂、东魏建立，中经550年北齐取代东魏到577年北齐灭亡的四十余年史事。在卷三十五《北齐书》"列传·陆法和"条中，叶适批评"世人舍仁义忠信常道而趋于神怪"。无论是个体，还是社群，都难免遭遇难以预料的事件，即所谓无常。如何在无常中趋利避害，几乎是所有人追求的，其根本的常道只能是仁义忠信。但世人往往以为仁义忠信不足以为常道，因而趋于神怪，"然神怪终坐视成败存亡，而不能加一毫智巧于其间"。上古时期，人类生活中充满了怪力乱神，而孔子儒学则"敬鬼神而远之"，"子不语怪力乱神"。叶适继承了这一理性传统，而且这在他的思想中占有重要比重。

《周书》共五十卷，唐令狐德棻撰，记载北周二十余年史事。高欢据中原，为北齐；宇文泰据关陇，为北周。双方力量相当，但高欢自以为正统，宇文泰门望不如高欢，文化不如江南，故着意改革。苏绰主持这一改革，改革特点是复古，尤其是在官制与文字方面。《周书》卷二十三《苏绰传》是有关北周政治史的重要文献。叶适在《周书》"列传·苏绰"条中高度肯定苏绰，以为"由晋以后，南北判离，弃华从戎"，因苏绰改革，"至是自北而南，变夷为夏"。

《隋书》共八十五卷，唐魏徵等撰，记载隋代三十七年史事；《五代史志》共三十卷，唐长孙无忌等撰，记载梁、陈、周、齐、隋五代的典章制度。隋代虽只有三十七年，但结束了从东晋南北朝以来的长期分裂，实现了国家统一，为后来唐代的发展奠定了基础。对于宋代而言，隋唐五代便是近代史，隋的短暂、唐的长久、五代的混乱，对宋代具有直接的历史意义，因此叶适研读史籍时，以隋唐五代为重。卷三十六《隋书一》"志·律历"条因《隋书·律历志》所涉阴阳自然观而论，体现了叶适对于自然现象以及人事与自然之间关系的认识。

卷三十七《隋书二》"经籍志·因《隋史》叙谶纬事"条可以视为叶适对"谶纬"的基本认识。谶是秦汉间兴起的预示吉凶的隐语，附会于自然现象，后衍生为民间的求神问卜；纬是汉代附会儒家经义的解释。谶纬之学在传统政治中常被用来干预政治，叶适明确斥之。他指出，"古圣人所以为治道者，必能知天人之常理而顺行之"；他以鲧治水的失误，分析政治能否依顺自然与人事的常理是"三代"与"汉唐"的根本区分，对谶纬之说作出"起于畏天而成于诬天"的判定。

东晋以降，因南北分治，遂有南学与北学的差异，但在叶适看来并非如此。他在"列传·儒林"条中认为，前人对南北之学的认识，只是表象，而非根本。在他看来，学术的根本在于对道的认知，进而正确表达这样的认知。至于章句注疏，只是形式。正是基于这种对知识的理解，叶适的学术思想呈以《习学记言序目》的形式，基本上是以问题为导向，通过对经典史籍的研读来阐明自己的思想。

叶适的唐五代史札记达六卷，其议论往往从宋代的治理出发，具有很强的现实针对性，这也正是叶适治学的重要特征。《唐书》有《新唐书》与《旧唐书》。《旧唐书》由后晋刘昫等撰，修成后未及百年，宋人因不满意而重修，由欧阳修、宋祁等撰。自《新唐书》行世，《旧唐书》读者日少，得书亦不易，直到明代才有翻刻宋本流行。但叶适的札记同时涉及新旧《唐书》。对于新旧《唐书》的比较，一直有不同的判识。在卷三十八《唐书一》"帝纪"条中，叶适以《书》《左传》为准，强调史书当以载事为重，载事必具本末。他批评《公羊传》"空言主断"，《史记》纪传体又变史法，因人以著其事。他指出，欧阳修《新唐书》杂用三者，结果都不尽如人意。这条札记对于理解叶适的论史法很有益。

叶适是永嘉事功学的集大成者，但他首先需要弄清楚什么是"功"。陈亮与朱熹曾就汉唐帝王的王霸义利有过争论，陈亮基本的观点是以效果论英雄。"帝纪·高祖"条表明，叶适显然不认同陈亮的观点。叶适讲："如汉高祖、唐太宗，与群盗争攘竞杀，胜者得之，皆为己富贵，何尝有志于民！以人之命相乘除而我收其利，若此者犹可以为功乎？"这表明，在叶适看来，"功"的内涵应该是有志于民，绝不是单纯以成败论之。

唐宋转型的一个重要标志是世系望族被散户细民取代。故在卷三十九《唐书二》"表·宰相世系"条中，叶适对于《唐书》所称颂的那些"各修其家法，务以门族相高，其材子贤孙，不殒其世德，或父子相继居相位，或累数世而屡显，或终唐之世不绝"的望族，提出了与时代相适应的看法。他先引孟子的观点，强调所谓的世臣，"必常与其国其民之命相关，治乱兴衰之所从出也"，而不只是关注自家门户的兴盛。他指出，"若夫志不必虑国，行不必及民，但自修饰进取为门户计，子孙相接，世有显宠"，只能算是叔孙豹所讲的"谓之世禄，非不朽也"。

叶适在卷四十三《唐书六》"列传·李德裕"条中对佛、老持坚决的否定态度，所据立场主要是在"治道"的层面。在他看来，佛、老各自有一套自圆其说的理论，但与以"治道"为本的儒家思想风马牛不相及。因此，对于宋儒念念不忘辟佛斥老，叶适认为完全是多余之举；甚至有些人表面上在辟佛斥老，实际上是援佛、老以乱儒。

叶适以"治道"为儒家学术思想的中心，其内涵是通过宽民致利、迁善远罪来实现社会繁荣，即"古人勤心苦力为民除患致利，迁之善而远其罪，所以成民也，尧、舜、文、武所传以为治也"。如果社会治理只是追求简单粗暴的整齐划一，则虽不难达到，但对于人民而言，不过是桎梏。叶适在"列传·南蛮"条中就强调，战国至秦，儒家的"治道"遭到败坏，后世杂霸王道而用之，以致往往把申不害、商鞅的法家之术视为有效的"治道"，这是对儒家"治道"的错误认识。

《五代史》也有新、旧之分。《旧五代史》是北宋薛居正等撰，后散佚，今本为清人所辑。《新五代史》是北宋欧阳修所撰。欧阳修奉命修《唐书》，《新唐书》属于官修；《新五代史》原名《五代史记》，是欧阳修私人所修，为"二十四史"中自唐朝以后唯一的私修史书。《五代史》"梁本纪"条虽然是讲梁太祖朱温，但叶适主要针对的是宋代的事情。李纲与宗泽都是两宋之际著名的抗金名将，黄潜善则是南宋初年主和的宰相。叶适强调，即便有李纲与宗泽，但如遇黄潜善这样的权相，也仍然难有作为。

据叶适弟子孙之弘序，现存《习学记言序目》是叶适儿子叶宷"以先志编次"，汪纲锓板刊印的。据汪纲跋，叶适另一弟子林德叟另有两帙本："一自《书》《诗》《春秋》三经历代史记讫《五代史》，大抵备史法之醇疵，集时政之得失，所关于世道者甚大；一自《易》《礼》《论》《孟》《五经》诸子讫吕氏《文鉴》，大抵究物理之显微，著文理之盛衰，所关于世教者尤切。"叶适论学，根柢"六经"，折衷诸子，对诸子熟读深研，但以为《庄》《列》无益于"治道"，加上晚年精力不济，故《习学记言序目》着力于荀、扬、管子与《武经七书》。吕祖谦婺学有"中原文献之传"称誉，承诏所编《皇朝文鉴》实北宋文化总汇，时人以为叶适之学足以嗣之，叶适《习学记言序目》以此殿后，"总述讲学大指"。

荀子（约前313—前238）作为战国末期的著名思想家、儒家学派的代表人物，对先秦时代的诸子思想有集大成的贡献。荀子主张性恶论，提出"隆礼明法"以及"制天命而用之"等一系列重要观点。荀子的著作在汉代流传较多，但有许多是重复的，经过汉代的整理，定著三十二篇传世。后世儒者论孔孟以后，常常将荀子与汉代扬雄并举。故叶适折衷诸子，首先对荀、扬二人的著作作了认真的研读与评论。

关于荀子，这里仅就卷四十四《荀子》"劝学"条与最后一则"总论"略加讨论。荀子的论述富有逻辑，析理精细，《劝学》是荀子的名篇，但叶适对此不以为然。叶适认为"道无内外，学则内外交相明"（在别处又称作"内外交相成"），而不是区分知与行，然后以知论学。叶适以为，荀子虽然"比物引类，条端数十，为辞甚苦，然终不能使人知学是何物，但杂举泛称，从此则彼背，外得则内失"。叶适又进而指出，扬雄亦是如此。总之，在叶适看来，内外相隔，知行区分，正是学之不明的根源。

在关于荀子的"总论"条中，叶适作了总结性的批评，即"于陋儒专门立见识，隆礼而贬《诗》《书》，为人道之害，又专辨析诸子，无体道之弘心"。这一批评主要包含两点。一是"隆礼而贬《诗》《书》"，实质是认为荀子舍弃"六经"所承载的"治道"，追求表层的制度设计，而依据的理论是性恶论，故"为人道之害"。叶适进一步举例说明，正是由于这样的认识偏差，不仅"先王大道，至此散薄，无复淳完"，而且还把孔子"诛少正卯，戮俳优"，视为"孔子之极功"。二是"专辨析诸子"，指荀子论理明晰，在理论上对诸子进行批判，这似乎有益于对儒家思想的辨明与认识，但叶适认为，这其实是流于言语，不能真正践行孔子的精神。孔子的精神是"未尝以辞明道，内之所安则为仁，外之所明则为学"，故荀子热衷的"辨析诸子"，其实是"无体道之弘心"。叶适还进一步对"以辞明道"作了追溯性的认识，指出这一传统由子思开始，中经孟子，至荀子达到了极致。

扬雄（前53—18）是汉代著名文学家与思想家。他早年以辞赋著称，后来以此为雕虫之事，转而研究哲学，仿《论语》作《法言》，仿《易经》作《太玄》。在"《太玄》"条中，叶适认为，《太玄》一书，"首名以节气起止，赞义以五行胜克，最为此书要会"。但是，此书最终归结为吉凶祸福死生，教人以避就趋舍。同时，叶适强调，《易传》中只有《彖》《象》可能是孔子所撰，《十翼》其他诸篇都不是孔子所撰。而扬雄与汉代人都笃信《十翼》是孔子的作品，并加以模仿，融入汉代的五行、四时、二十四节气等知识，结果在思想上远不如《十翼》。

扬雄仿《论语》作《法言》，共十三卷，每卷约语录三十条，最后有自序，述说每篇大意，以及概述自己的思想。《法言》的内容很泛，政治、经济、伦理、文学、艺术、科学、历史人物与事件等均有涉及。扬雄被后世儒家所肯定，与他强调孟子思想，自觉捍卫儒学有关。叶适在"《法言·吾子》"条中将荀子与扬雄并重，虽然多有批评，但显然是高度重视的。这里择取两条为例。

《吾子》是《法言》第二卷，扬雄主要讲了两层意思。一是表达了对赋的看法。作为一个著名的赋文学家，扬雄对赋的创作进行了否定。二是尊崇儒家经典。他强调要排除诸子的影响，像孟子一样维护孔子的思想。叶适在这则札记中肯定了扬雄对赋的批评，认为尧、舜、三代之文自屈原始变，至扬雄"方知以上更有事"，此"乃雄回转关捩处"。但扬雄欲自拟《法言》为《经》，叶适指出："虽更有孔子，其书亦不得为经也，而况《太玄》《法言》乎！"在最后一段中，叶适就孔子的"博"与"约"展开讨论，以为只有颜回正确理解了孔子的意图，孟子已"渐失孔子之意"，"至雄析见为卓，而失之愈甚矣"。

"道"是以形象的路来表达具有普遍合理性的概念，是先秦哲学中最重要的核心概念。《问道》篇是《法言》的第四卷，在"《法言·问道》"条中，叶适先引扬雄关于"道"的回答，然后对其解释进行辩驳。叶适强调，"道"是唯一的，因此"以道为止"。这意味着，道与人的生活不可分离。叶适认为，如果以"道"为始，这是子思、孟子的观点；或如果以"道"为通，这是扬雄的观点，那么"道"就可能与人的生活分离，引导人们于生活之外别求所谓的"道"。这样，对"道"的追求，开始尚只是小小的差异，但久之便有南辕北辙的结局，即所谓"其初不毫忽，而其流有越南、燕北之远矣"。

《管子》托名于春秋时期齐国政治家、思想家管仲，原有八十六篇，今本存七十六篇。叶适在卷四十五"《管子》"条中认为，"《管子》非一人之笔，亦非一时之书，莫知谁所为；以其言毛嫱、西施、吴王好剑推之，当是春秋末年"。总览《管子》全书，内容庞杂，包括先秦各家思想，而以道家与法家为重。叶适对管仲评价甚高，但对《管子》多有批评，他在摘录《管子》诸篇的各条札记中，凡近于儒家者予以肯定，批评处多属道家与法家。叶适指出，此书托名于管仲，故后世论"治道"者，多发挥引申，极大地损害了对儒家"治道"的正确理解，使法家思想得以张目，使百姓蒙受祸害，即所谓"山林处士，妄意窥测，借以自名，王术始变，而后世信之，转相疏剔，幽蹊曲径，遂与道绝；而此书方为申、韩之先驱，鞅、斯之初觉，民罹其祸而不蒙其福也"。

《习学记言序目》卷四十六是关于《武经七书》的札记。《武经七书》是北宋朝廷所颁的兵法丛书，共有《孙子兵法》《吴子兵法》《司马法》《六韬》《三略》《尉缭子》《唐太宗李卫公问对》七部，基本包括了北宋以前主要的军事著作，属于兵家经典。叶适折衷诸子，又始终关心抗金北伐，故有《武经七书》札记。

《孙子兵法》十三篇是最早也是最著名的兵家著作。孙武是春秋末期齐国人，《孙子兵法》是孙武由齐流亡到吴，觐见吴王阖闾时已完成的著作，后在吴国的经历使其进一步补充完善。汉初，《孙子兵法》十三篇是独立而完整的，但后来又有了八十二篇的记载。东汉末年曹操完成恢复十三篇的版本，其余八十二篇的版本在唐以后失传。叶适在卷四十六"《孙子》"条中对于孙武与《孙子兵法》都表示怀疑，他推定《孙子兵法》只是"春秋末、战国初山林处士所为，其言得用于吴者，其徒夸大之说也"。因此，他对《孙子兵法》总体上评价不高，在具体札记中，主要也是持批评意见。在札记最后，叶适讲："司马迁谓世所称师旅多道《孙子》十三篇。始管子、申、韩之学行于战国、秦、汉，而是书独为言兵之宗。及董仲舒、刘向修明孔氏，其说皆已黜，而是书犹杰然尊奉逮今，又将传之至于无穷，此文武所以卒为二涂也。悲夫甚哉！"这可以说是叶适对《孙子兵法》的论定。

《吴子》即《吴子兵法》，相传是战国初期吴起所著，战国末年已流传。吴起是卫国人，一生历仕鲁、魏、楚，在内政与军事上都有很高的成就。他的兵家思想融合了儒家与法家，主张内修文德，外治武备。《吴子兵法》在汉代称四十八篇，但唐代记载为一卷，今本分上、下两卷，共《图国》《料敌》《治兵》《论将》《应变》《励士》六篇。

叶适的"《吴子·图国》"条涉及《图国》《治兵》《论将》，三则札记都是摘录原文，然后简单下一评语。在《图国》札记中，叶适肯定了吴起的分类法，这是《吴子兵法》强调"以治为胜"的重要基础，但叶适最后的评语"屠城、决围非是"，非常明确地表明他对《吴子兵法》的肯定只是在战术与技术的层面，而在思想与价值的层面持否定的态度。从《治兵》的评语"按孙子言将事太深远，不若此之切近"，以及《论将》的评语"按《孙子》《军形》《兵势》《虚实》《军争》《九变》诸篇，微妙入神。然起此语简直明白，无智愚高下皆可用，用而必验，则过之矣"，同样可以看出叶适在战术与技术层面肯定《吴子兵法》，而且在这个意义上，叶适对《吴子兵法》的评价要高于

《孙子兵法》。

《司马法》大约成书于战国初期。据《史记·司马穰苴列传》，齐威王使大夫追论古者司马兵法而附穰苴于其中，故称《司马穰苴兵法》。司马迁在《太史公自序》中还讲到，《司马法》一直为人所尊崇。《司马法》并非一人所撰，而是在夏、商历代掌兵的司马编纂的基础上，由周朝的首任司马姜太公初编成书，又经后人增补完成。在《汉书·艺文志》中，《司马法》共一百五十五篇，至《隋书·经籍志》时仅存三卷五篇，即今本原型。司马迁对《司马法》评价很高，即叶适所引述的"司马兵法闳廓深远，虽三代征伐未能竟其义"，但叶适对此深表怀疑。在"《司马法》"条中，他摘引了二三句，以为"不成语"或"尤不成语"。总体上，叶适以为后世儒生学士从根本上没有领会儒家之道，因而也不能积学以成德，只是借名于兵，结果"漫漶弛靡无所归宿"。

《六韬》又称《太公六韬》《太公兵法》。《汉书·艺文志》著录"《太公》237篇，其中《谋》81篇，《言》71篇，《兵》85篇"；《隋书·经籍志》收录此书，题"周文王师姜望撰"。姜望即姜太公吕望。全书以太公与文王、武王对话的形式编成，分文韬、武韬、龙韬、虎韬、豹韬、犬韬六卷。南宋始疑为伪书。1972年，山东临沂银雀山汉墓出土与《六韬》有关的竹简，证明此书至少在西汉已流传。现一般认为此书成于战国时代。

叶适相信文王遇太公望之史事，但可惜记载阙略，只有《诗》与《左传》有一些零星记载。至于《六韬》，叶适在

"《六韬》"条中认为是"兵家窃借以为书",内容"阴谲狭陋"。叶适所撰两条札记,一条综论《龙韬》至《犬韬》,指出这些内容是对孙子、吴起以及先秦诸子有关思想的混合;另一条专论《虎韬》中的《军用》篇,对其内容有所质疑。

《三略》又称《黄石公三略》,相传作者是汉初隐士黄石公。《史记·留侯世家》中张良遇黄石公授兵书,就指此事。实际上,《三略》不早于西汉中期,是在吸收先秦兵家思想的基础上,总结秦与汉初的政治与军事经验,假托前人名义编纂而成。《三略》分上略、中略、下略三部分,主要讲战略,尤侧重政略。叶适札记仅涉上略与中略。

"《三略·上略》"条从"将礼"切入,指出"礼"的本义在于"有所别异",而兵家"军礼"则求同,系兵家自创,与《周官》"军礼"不合。叶适同时说明,兵家提出"将礼","亦不可谓不得古人之意"。只是"后世及今,讹谬相传,为将者不言礼而皆言威";"其有能吊死哀伤,同士卒甘苦,则又以为恩而不复言礼"。结果,原本是"将之本"的礼,与"将之末"的威,本末倒置,恩则成为威之余;士兵对于长官,"惟威是必,无敢希恩",更谈不上"将礼"。

"《三略·中略》"条先是引述古书《军势》中的话"使智使勇,使贪使愚",以阐述《中略》所关注的用人问题,核心是强调权变,用人所长,志在取胜,即叶适所谓"师必以功,无不可使,惟其胜而已"。叶适对《武经七书》的评价总体上都不高,原因不在于战术或技术,而在于兵家没有正义的观念,

"惟其胜而已"。叶适以为，如果兵家"惟其胜而已"的价值观成立，那么其后患便不可止。

《尉缭子》传世本共五卷二十四篇，此书的作者、成书年代以及属于兵家或杂家一直都存有争议。宋代将它收入《武经七书》，表明在宋人看来，它主要属于兵家。《隋书·经籍志》注称作者是梁惠王时的尉缭，但也有学者以为是秦始皇时人。1972年，山东临沂银雀山汉墓出土了《尉缭子》残篇，表明此书在西汉已流传，故一般认为其成书于战国时期。叶适的"《尉缭子·制谈》"条只涉及二十四篇中的《制谈》与《武议》篇。

在《武经七书》中，叶适最认可的是吴起，认为吴起的军事思想切近实用而简洁明了。此则因《尉缭子·制谈》而引述吴起语，"要在强兵，破游说之言纵横者"。叶适以为，兵家著作喜欢在谋略上大做文章，但"世固自有常势，士已无特出之智，所恃者以前代成败自考质，或能警省尔"。如果不能从历史中吸取经验教训，认清世之常势，那么历史只是徒增眩惑；至于专谈权谋计略的兵书，"则腐陋不足采听尤甚矣"。

《孙子》是兵家的代表，但叶适并不以为然，反而批评甚多。"《尉缭子·武议》"条引尉缭子之语，批评《孙子》强调"计虏掠之多少"。叶适进而指出，天下名为禁暴除患者，其实往往不过盗贼自居。这也是叶适对喜谈兵法的兵家不以为然的原因。

《唐太宗李卫公问对》简称《唐李问对》，共三卷，因以李世民与李靖一问一答而得名。此书的真伪一直存有争议，但所涉军政问题具有一定的意义。卷上主要论述军事理论中的奇正问题，以及其他阵法、兵法、军队编制等；卷中主要论述戍边、训练军队等问题；卷下主要论述重刑峻法与胜负关系、御将、阴阳术数等问题。叶适在"《唐太宗李卫公问对》"条中择取自己关心的议题，结合史事进行了讨论。

叶适论诸子的札记是他事功学思想的重要组成部分。孙之弘的这则附记说明了叶适没有涉及《庄》《列》《文中子》的原因。在"孙之弘附记"条中，据孙之弘所引叶适信，可知叶适虽熟读《庄子》《列子》等道家名著，但没有专门讨论，一则是所涉甚广，难以简单处理，晚年精力恐亦不济，再则也是觉得不值得处理，即所谓"因思向前有多少聪明豪杰之士，向渠蘲瓮里淹杀，可邻！可邻"。"可邻"，便是可怜之意。至于《文中子》，这是隋唐之际王通的著作，颇受宋人重视，但叶适没有关注。

《皇朝文鉴》又称《宋文鉴》，共一百五十卷，是南宋吕祖谦奉宋孝宗之命编选的文集，共收北宋文集达八百家。古人所称"文学"，内涵比今天的文学宽泛许多，属于孔门德行、言语、政事、文学四教之一。《皇朝文鉴》所收文章，从赋、诗、骚等单纯的文学，到诏、敕、册、诰、奏疏等政书类文书，涵盖了当时所有的文体，内容则政治、经济、文化、军事、技艺等无所不包，正如卷四十七《皇朝文鉴一》"周必大序"条所讲，"以道为治，而文出于其中"。一代文章的总汇足以反映一代的兴衰存亡，而选文宗旨则如孝宗所谕，"专取有益治道者"，故取名《文鉴》，如《资治通鉴》一样，"以文为鉴"，可以"资治"。

吕祖谦（1137—1181），字伯恭，浙江金华人，人称东莱先生。吕祖谦在南宋初中期的学术思想史上，与朱熹、张栻并称。朱熹尝认为吕学合永嘉陈傅良与永康陈亮二人学术于一，是浙学代表人物；吕祖谦逝后，浙学中人认为叶适足以嗣吕学。《习学记言序目》以《皇朝文鉴》殿后，表明叶适有继承吕学之意。周必大是南宋重要的政治家与文学家，承诏为序，但叶适以为，周序对北宋一代文章的评价"均年析号各擅其美"并不成立，而对王安石改革、二程倡言道学的危害也没有指出，整个序文"无一词不谄"，不足以论。

在卷四十九《皇朝文鉴三》"序·因范育序《正蒙》，遂总述讲学大指"条中，叶适自称"总述讲学大指"，足见其是他思想的大纲，非常重要。"讲学大指"分四层。

第一层是从尧讲到周公。这主要是对儒家之道作了"唐虞三代之道"的概括与描述，也就是对儒家的基本内容与根本精神作了历史性的阐述。通过这一历史性阐述，叶适说明儒家之道就是华夏文明形成与演化的历程，这一文明涵盖了从物质生活到制度安排，从社会伦常到精神世界的全部，它是在历史中逐渐演化并完善的。

第二层讲孔子。这部分文字很少，但却是叶适思想的关键。叶适以为，在孔子所处的时代，发展到周公的华夏文明遭到了毁灭性破坏，孔子删修"六经"，使华夏文明得以传承。叶适这一阐述，表彰了孔子对传道的贡献，但也容易掩盖孔子思想的创造性贡献。即便如此，叶适对于孔子删修"六经"，依然有质疑；同时，他指出了孔子思想本身在文献中存在的问题。

第三层是从孔子殁讲到孟子。叶适围绕宋儒所认同的孔子传曾子、曾子传子思、子思传孟子的思想脉络，从事实与思想两个方面进行辩驳。在事实方面，主要是质疑曾子对孔子的传承，从而切断这一脉络；在思想方面，主要是指出曾子、子思、孟子的思想虽然自有创发，但在精神宗旨上是与孔子思想有根本分歧的，从而否定这一脉络。

第四层是其余部分。叶适着重指出，入宋以后，儒者依托《易传》，重构儒学，以此来攻驳佛教，但实际上是援佛入儒。这种做法既不足以真正攻倒佛教，也未能真正阐扬儒家之道。为了阐明这点，叶适对于孔子是《易传》作者的真实可靠性提出了质疑，并予以否定。最后，他对佛教本身阐发了自己的认识，指出佛教与儒家的根本区别。

从"总述讲学大指"既可以看到叶适关于儒家之道的基本认识，也可以看出叶适《习学记言序目》具有非常强烈的针对性。《习学记言序目》并不是单纯的读书札记，而是叶适思想的系统表达，其批判对象主要是宋代儒学的主流，即程朱理学与陆九渊心学。叶适以为，陆九渊心学以心通性达为学，虽自以为接续孟子，但其实近乎废弃知识学问，其不足取而不足以论；程朱理学强调格物穷理，对于知识学问高度重视，故叶适的批判主要针对程朱理学。在叶适看来，程朱理学虽重学，但将学自限于从曾子、子思到孟子的脉络，依托《易传》来展开，其实质是引佛入儒，不仅背离了孔子思想的精神，而且遮蔽了儒家之道的丰富性，使得呈现广阔的整个生活世界的儒家之道抽象成虚幻的形而上学，并变为狭窄的心性之学。整个《习学记言序目》就是要通过对以往全部知识的重新学习，彰显儒家之道的丰富性与广阔性。

叶适在卷五十《皇朝文鉴四》"总论"条中，先说明《皇朝文鉴》足以表征北宋一朝的"治道"，即所谓"盖一代之统纪略具焉"，同时以为由此可以理解吕祖谦的学术思想，即"欲明吕氏之学者，宜于此求之矣"。然后，叶适借陈亮的祭文，对孔子儒学的后世传承作评判，并推崇吕祖谦。北宋的学术思想大略可分二程性理、三苏文章、荆公新学，吕祖谦的学术思想有合北宋三派于一体的气象，只可惜其年未满五十而逝。当时浙学中人以为叶适之学足以嗣吕学，叶适因札记《皇朝文鉴》而追记此故事。以《习学记言序目》而论，可以断言，叶适的学术思想呈现于从"六经"至《皇朝文鉴》的整个经史子集研读札记中，其视野和气象已超出吕祖谦《皇朝文鉴》所涵盖的北宋一代之学术思想，其识见论断也足以表明晚年叶适的卓绝独特已自成系统而超越吕氏婺学了。

第五章

叶适思想的当代价值

关于叶适的生平事迹，周学武的《叶水心先生年谱》与周梦江的《叶适年谱》已作清晰的编年梳理，张义德的《叶适评传》也有较详细的介绍，无须赘述。然而，生平事迹往往只能勾勒出一个人有形的轨迹，而寓于其中的无形的精神气质与学术风格却容易被忽视。[①]对于理解一位传统士大夫兼思想者的思想与行动来说，这些无形的特质实在是不可或缺的重要参照，甚至直接构成了某些特征。[②]虽然"丹青难写是精神"，但本书仍试图从士风与学风两个维度勾勒叶适作为士大夫兼思想者的精神气质与学术风格。

---

①此外，生平事迹所隐含的历史信息也有待进一步挖掘。

②人类学家本尼迪克特在分析文化的形成时指出，只有首先理解了一个社会在情感与理智上的主导潮流，才得以理解各种行动所取的形式（本尼迪克特：《文化模式》，张燕、傅铿译，浙江人民出版社1987年版，第45页）。虽然这种分析是针对文化这样一个大的对象而言的，但对于理解个体也不无启发。

一、自负而理智

宋代士大夫的政治主体意识高度自觉与张扬，而且这种自觉与张扬并不限于少数理想高远的士大夫，而是宋代士人阶层的一种集体意识。不仅如此，宋代士大夫高度自觉了的政治主体意识在现实的政治活动中得到有效释放。因此，在这样的历史场域中，士大夫们不可能在政治识见上保持一致。而且，由于现实的利益因素渗透其中，宋代的士大夫们不可避免地形成不同的政治团体。毫无疑问，这些分属不同政治团体的士大夫，从其自身的政治识见和现实的利益考虑，自然会有不同的思考方式与处事态度，从而形成各不相同的士风。

从类型学的视角看，我们可以先对宋代士大夫进行类型划分，然后据此来说明叶适的士风。但是，类型划分对于宋代士大夫的整体分析可能更有意义，而对具体人物的分析也许并不有效，甚至会显得空洞。而且，对于一位具体的士大夫而言，其士风在某种程度上也受到个性的影响，尽管对这种影响很难给予实证性的说明。因此，我们更希望从叶适具体的仕宦经历来体会他的士风，而类型上的划分充其量只是淡化了的背景。

《宋史·叶适传》称"适志意慷慨，雅以经济自负"，这种"自负"可以说构成了作为士大夫的叶适一生的基本精神气质。早在淳熙元年（1174），25岁的叶适在京师待了年余，以求出身，但没有结果。返乡前，他上书右相叶衡，就非常"自负"地对南宋的"国是"作了一番议论，甚至不免"狂妄"地以为，

"今天下之事，非某谁实言之"①。出仕以后，在政见相异的官员眼里，叶适同样表现得相当"矜己以傲人"。《四朝闻见录》载：

> 刘（德秀）为大理司直，会治山陵于绍兴，朝议或欲他徙。丞相留公正会朝士议于其第，刘亦往焉。是早至相府，则太常少卿詹体仁元善、国子司业叶适正则先至矣。詹、叶亦晦翁之徒，而刘之同年也。二人方并席交谈，攘臂笑语，刘至，颜色顿异。刘即揖之，叙寒温，叶犹道即日等数语，至詹则长揖而已。揖罢，二人离席默坐，凛然不可犯。②

晚年，叶适虽隐居水心村，但这种"自负"的精神气质似乎没有丝毫衰减。嘉定十四年（1221），这已是叶适致仕的第二年，两年后他便去世了。这一年，叶适为他的学生宋驹撰写了墓志铭，铭文开篇有一段精彩的叙述：

> 时诸儒以观心空寂名学，徒默视危拱，不能有论诘，

---

① 叶适：《叶适集》，刘公纯、王孝鱼、李哲夫点校，中华书局 2010 年版，第 541 页。

② 《四朝闻见录》丁集"考异"条，中华书局 1989 年版，第 151 页。这里称叶适"亦晦翁之徒"，显然不应该理解为叶适是朱熹的门人，而宜从政治上的党徒来理解。这种政治派系的划分实际上构成了南宋士林的一种分类背景。

猥曰："道已存矣。"君（宋驹）固未信，质于余。余为言学之本统，古今伦贯，物变终始，所当究极。忽昂然负载，如万斛舟；如食九奏，大牢先设而醢酱不遗；如赐大宅，百室皆备，从门而入也。识益增，智愈长，千岁前成败是非之迹，纠结者条理，郁暗者昭灼，破竹迎判乎！伐柯睨远乎！常掩卷叹曰："世孰能为我师！"家居，或尽一史，露抄雪纂，逾月不出门。野宿，或专一经，山吟水诵，兼旬不返舍。每与余言，自谓乐甚，非人所知。且其趋舍不同流，知奚用为！盖余友如君比不过数人尔，数年间相继死。悲夫！无以寄余老矣。①

我们照录这段文字，是因为这里所述的看似是墓主的事迹，而真正彰显的却是叶适对自己平生学问与立身的"自负"。叶适这种"自负"的精神气质，其实是他特立独行性格的写照。对自己的这种性格，叶适是清楚了解的。由于特立独行大抵是一种高标的性格，叶适尝以自谦否认的方式指出自己的这种性格。嘉定五年（1212），在给夫人高氏所撰墓志铭的结尾处，叶适感慨道：

余观自古特立独行之士，无所复望于世，而旅泊其身

---

① 叶适：《叶适集》，刘公纯、王孝鱼、李哲夫点校，中华书局2010年版，第490页。

以苟免者，固已众矣，是不足悲也。然而岂亦不有夫顺亲
和戚之属而为之托焉！今余非敢谓特立而独行也，然既老
而休，且病且衰，旦暮且尽，而高氏迫不余待，遂弃余，
以是使余无顺亲和戚而为之托也，是亦不足悲乎！①

而从叶适为母亲杜氏所撰墓志大致可以看出，叶适的这种
性格或与他自幼所承母教不无关系。从曾祖父起，"叶氏自处州
龙泉徙于瑞安，贫匮三世矣"，叶适母亲杜氏嫁入叶氏20余年，
始终处于困厄之中，甚至居无定所。在叶父"聚数童子以自给，
多不继"的情况下，"夫人无生事可治，然犹营理其微细者"，
虽亲戚共劝改业，但杜氏终持守本业，并以此训诫诸子，叶氏
"得保为士人之家者，由夫人见之之明而所守者笃也"②。

不过，虽然"自负"的精神气质在叶适身上表现得非常明
显，而且贯穿其一生，但这种气质并非他独有，而是同时代的许
多士人，特别是道学人士所共有。前文所引文献中与叶适同样
"凛然不可犯"的詹体仁，即是一显例。此外，据宋人的观察，
永嘉"士风任气而矜节"③，似乎在精神气质上还有着某种区域
特征。

如果我们细心体会前引《四朝闻见录》中的记载，可以发
现，虽然詹体仁与叶适同样都对与自己有同年关系的刘德秀表

①叶适：《叶适集》，刘公纯、王孝鱼、李哲夫点校，中华书局2010年版，第355页。
②同上，第509—510页。
③程俱：《北山小集》卷二二《席益差知温州制》，四库全书本。

现出了"凛然不可犯"的傲慢，但叶适似乎温和些，至少还与对方寒暄数语。詹是朱熹门人，陆学中人更甚，不仅是自负傲慢，更是几近张狂，朱熹曾用"狂妄凶狠，手足尽露"①来描写。这种区别，实际上真正反映出了叶适的士风特征，即在他"自负"的精神气质中含有相当理智的成分。

我们试从叶适仕宦生涯中的两件大事来佐证这一点。第一件事是淳熙十五年（1188）叶适独上封事为朱熹辩护。②叶适虽然比朱熹小20岁，但思想早熟，淳熙五年中进士以后，他的思想就渐有影响，淳熙十二年撰成的《外稿》更为士林所重，盛行于时。虽然朱熹在绍熙二年（1191）的《答叶正则》中才提及"但见士子传诵所著书"③，但在淳熙十二年的《答陈同甫》中，朱熹就已有"观其（指叶适）议论，亦多与鄙意不同"④之语。因此，双方在那时即已知晓彼此思想的分歧。然而，当林栗弹劾朱熹时，叶适并没有因为思想上的分歧而袖手旁观，在群臣沉默时，他独上封事为朱熹辩护，一方面固然是为包括朱熹以及自己在内的一批推动儒学发展的思想家的思想学术活动力争

---

①朱熹撰：《晦庵先生朱文公文集》卷五〇《答程正思》，《朱子全书》（第22册），上海古籍出版社、安徽教育出版社2002年版，第2327页。

②参见叶适：《叶适集》，刘公纯、王孝鱼、李哲夫点校，中华书局2010年版，第16—20页。关于叶适与朱熹的交往，可参见拙著《南宋儒学建构》。

③朱熹撰：《晦庵先生朱文公文集》卷五六《答叶正则》，《朱子全书》（第23册），上海古籍出版社、安徽教育出版社2002年版，第2651页。

④朱熹撰：《晦庵先生朱文公文集》卷三六《答陈同甫》，《朱子全书》（第21册），上海古籍出版社、安徽教育出版社2002年版，第1585页。

合法权利与生存空间，但另一方面更重要的是他坚持了道学一党的政治志业。叶适能够超越思想分歧而着眼于政治上的志业，正表明了他对主观自我的克制，反映出他在士风上的理智。

第二件事则是开禧二年（1206）叶适在北伐问题上的语默进退。叶适素有北伐志愿，因此韩侂胄决定北伐时，"以适每有大仇未复之言重之"[1]。然而，叶适并没有因为自己的凤愿以及长期以来树立的形象，而无视对时势的理性分析。针对当时的强弱之势，叶适明确表明不同意北伐。他上书宁宗，主张以备边取代开边，[2]甚至为了拒绝起草北伐诏书，力辞兼任直学士院。更有意味的是，当他未能劝阻韩侂胄北伐，北伐发生溃败，中外恐悚之时，他又毅然受命于危难之际，出任宝谟阁待制、知建康府，兼沿江制置使，用以攻为守的策略取代据江而守的被动战术，从而为扭转战局立下了大功。[3]

对于叶适在北伐问题上的立场变化，《宋史》本传表达了一种委婉的批评，以为"第出师之时，适能极力谏止，晓以利害祸福，则侂胄必不妄为，可免南北生灵之祸，议者不能不为之叹息焉"。但这种批评实际上过于苛刻，因为韩侂胄北伐心意已

---

① 《宋史》卷四三四《叶适传》。

② 参见叶适：《叶适集》，刘公纯、王孝鱼、李哲夫点校，中华书局2010年版，第5—9页。

③ 参见《宋史》卷四三四《叶适传》；叶适：《叶适集》，刘公纯、王孝鱼、李哲夫点校，中华书局2010年版，第12—15页。

决，包括叶适在内的任何人都不可能谏止。作为一位素怀恢复之志的士大夫，叶适能够清醒地认识到开禧北伐是一场在不恰当的时候发动的不恰当的战争，而且不惜否定自我形象，上疏陈其利害，力阻其事，直至力辞直学士院以拒绝起草北伐诏书，这不仅是一种极其理智的举措，而且实已是极为艰难的选择。而当战事既起，出现危机之时，叶适能够搁置自己在北伐问题上的看法，前往一线指挥，这更属极具风险而难能可贵之举。如果战败，叶适自然是没有好结果，而在当时战败的可能性极大；如果战胜，叶适似乎又表现出对韩侂胄北伐的认同，但叶适清楚韩侂胄执意北伐的结局不好。事实上，次年韩侂胄被诛，御史中丞雷孝友劾叶适附韩侂胄用兵，叶适落职，此后他便退隐水心村直至去世。如果说叶适为朱熹辩护，尚只是反映出他对共同的政治志业的坚持，那么在开禧北伐上的语默进退，则彰显了他作为士大夫对政治责任的承担。开禧年间，乾淳时代的老一辈已基本谢世，叶适已是当时士林中最具思想号召力的士大夫。但叶适的举措表明，他并不受累于这样的身份与名誉，甚至不顾及个人的处境，几乎完全根据冷静而理智的认识，以负责的态度做出选择，有所为，有所不为。

二、"徇于道"与"由于学"

毫无疑问，"自负而理智"的士风，固然有着个人习惯的可能，但也不免有主观努力的成分，而叶适有着高度的自觉。叶适讲：

> 士在天地间，无他职业，一徇于道，一由于学而已。
> 道有伸有屈，生死之也；学无仕无已，始终之也。集义而
> 行，道之序也；致命而止，学之成也。①

"徇于道"与"由于学"，正是令叶适"自负而理智"的内在依据与支撑。对于"学"，下文将详说。这里就"道"对叶适士风的影响作进一步申述。

叶适以为，士的志业之一是"徇于道"，这个"道"在叶适的思想中不是悬空了的虚设之路，而是存于历史现实中的诉求。具体地说，在叶适成长与从仕的年代，一位真正"徇于道"的士人，需要对"凡天下之大政，师旅刑赋之本末，道德法制之先后，至于宫掖之议，民伍之情"②有深刻的了解，从而为南宋找到一条切实的"治道"。

淳熙十四年（1187）冬，叶适迁博士，获对孝宗。在《上殿札子》③中，叶适纲领性地阐述了他对南宋"治道"的认识，提出了变国是、变议论、变人材、变法度，从而根本性地改变兵多而弱、财多而乏、不信官而信吏、不任人而任法、不用贤能而用资格的困局。值得注意的是，叶适指出，针对南宋"报

---

① 叶适：《叶适集》，刘公纯、王孝鱼、李哲夫点校，中华书局2010年版，第193页。
② 同上，第541页。
③ 参见叶适：《叶适集》，刘公纯、王孝鱼、李哲夫点校，中华书局2010年版，第830—836页。

二陵之仇、复故疆之半"的"国是"，尽管无人否定，但许多人强调外虏强大而难攻、坚固而未动，因此南宋只能等待时机。结果，"公卿大夫，私窃告语，咸以今之事势举无可为者，姑以美衣甘食老身长子自足而已"，实际上完全是"率易苟且，习闻卑论，而无复振起之实意"。由此可见，叶适的"自负"，在极大程度上是源于他蔑视南宋士林这种因循苟且的士风，自持求治愈新的理想主义情怀。

上述尚从大处而言。事实上，叶适的"徇于道"绝不只是停留在求治愈新的理想层面，而是见诸重大问题的处理上。他在推动光宗内禅一事上的作用即是显例。吴子良《荆溪林下偶谈》云：

> 水心平生静重寡言，有雅量，喜愠不形于色，然能断大事。绍熙末年，光庙不过重华宫，谏者盈庭，中外汹汹。未几，寿皇将大渐，诸公计无所出。水心时为司业，御史黄公度使其婿太学生王楶仲温密问水心，曰："今若更不成服，当何如？"水心曰："如此却是独夫也！"仲温归，以告黄公，公大悟，而内禅之议起于此。[1]

南宋始终未能摆脱被牵制的困境，但叶适的这种"徇于道"的经世情怀却一生不渝，他对自己的经世思想充满自信。嘉泰

---

[1] 吴子良：《荆溪林下偶谈》卷三"水心能断大事"条，四库全书本。

四年（1204），叶适在久病稍苏而未愈之时，取出近20年前（淳熙十二年，1185）撰写的《外稿》进行修订，他在附记中讲：

> 而此书虽与一世之论绝异，然其上考前世兴坏之变，接乎今日利害之实，未尝特立意见，创为新说也。惜其粗有益于治道，因稍比次而系以二疏（引按：指《上殿札子》与《应诏条奏六事》）于后，他日以授宷、宓（引按：系叶适的儿子）焉。①

嘉定十三年（1220），叶适在为学生周南的策文作跋时，也忆及当年吕祖谦对自己"治道"思想的评价："往东莱吕氏评余《廷对》，谓自有策以来，其不上印板即不可知；已上印板，皆莫如也。"虽然他接着谦虚地表示，"嗟夫！予何足以及此"②，但自信之情溢于言表。

对于自己关于"治道"的撰述，叶适表示"与一世之论绝异"，由此足见他的"自负"。但这种"自负"又非凭空而生。叶适曾在《上殿札子》中向孝宗陈说，宋室南渡以来，小人之

---

① 叶适对于"治道"的认识，也为时人所称誉。赵汝回《呈水心先生》诗云："外稿定于何日上，中兴只在十年间。"参见《两宋名贤小集》卷二二九《东阁吟稿》，四库全书本。

② 此系叶适佚文，参见周南：《山房集》卷七《丁卯召试馆职策》所附跋语，四库全书本。

论一味偏安主和，不足以言，而即便是君子之议，同样不可期待。他分类指出：

> 为奇谋秘画者，则止于乘机待时；忠义决策者，则止于亲征迁都；沉深虑远者，则止于固本自治；高谈者远述性命，而以功业为可略；精论者妄推天意，而以夷夏为无辨。

与此相反，叶适强调自己的议论虽然"未尝特立意见，创为新说"，但是经过了"上考前世兴坏之变，接乎今日利害之实"，即基于理性的智识主义立场，对南宋的政治经济提出了系统分析与对策。

换言之，叶适精神气质上的"自负"，固然源于他的"徇于道"，但这个"道"本身又是"由于学"的。这便意味着，叶适精神上因"徇于道"而滋生的"自负"气质，因其"由于学"而复有理性的成分。叶适曾评价友人黄度"公志在经世，而以学为本"[1]。这个评价其实也完全适用于叶适自己。

三、为学自善与唯道是求

叶适一生可以非常清晰地以嘉定元年（1208）他59岁罢官隐居水心村为界，分成两个部分：此前主要是经世实践，此

---

[1] 叶适：《叶适集》，刘公纯、王孝鱼、李哲夫点校，中华书局2010年版，第393页。

后则是系统地阐释与证明他对儒学的认识，"以斯文为己任"①。虽然叶适的思想最终是在归隐以后的16年中得以确立，但他似乎自始就认为"重其任而轻其道，专其学而杂其施，此为政者所以谬于古而违于今也"②。因此，在还没有进入仕途以前，他便对"治道"进行了"上考前世兴坏之变，接乎今日利害之实"的系统研究。实际上，正是这个研究，形成了他早期对儒学的独立认识，并受到了朱熹的质疑与批评。只是叶适没有像陈亮那样正面回应这些质疑与批评③，而是在归隐以后才如他的学生孙之弘所言，"间玩群书"，将自己的实践与认识印证于经史，在以往学习摘录的基础上，撰成了他的思想代表作《习学记言序目》，从而完整地阐释与证明了他所认定的儒学。概言之，为学是叶适一生的主轴与重心，而经世则体现了他的为学。

淳熙五年（1178），29岁的叶适考中进士第二名时，南宋士林已摆脱"绍兴以来，闻卑见陋；士失常心，颠错昏昼"④的局面，"东南之学起"⑤，南宋儒学正处在方兴未艾之际。五年前（乾道九年，1173），朱熹已完成《伊洛渊源录》的编撰，对南宋以来洛学分流所呈现出的"混乱"作了阶段性梳理；三年

---

① 《光绪青田县志》卷八《官师志·名宦》。
② 叶适：《叶适集》，刘公纯、王孝鱼、李哲夫点校，中华书局2010年版，第536页。
③ 参见拙著《南宋儒学建构》。
④ 叶适：《叶适集》，刘公纯、王孝鱼、李哲夫点校，中华书局2010年版，第565页。
⑤ 同上，第273页。

前（淳熙二年，1175），朱熹又与吕祖谦合编了《近思录》，旨在传播他所建构的道学。①朱熹如此，活跃于乾淳年间的南宋诸儒也都处于思想的交流与互动之中，使后辈士子争相追随。叶适曾对这样的思想氛围有非常亲切的感受，他后来清晰地回忆道：

> 每念绍兴末，淳熙终，若汪圣锡、芮国瑞、王龟龄、张钦夫、朱元晦、郑景望、薛士隆、吕伯恭及刘宾之、复之兄弟十余公，位虽屈，其道伸矣；身虽没，其言立矣。好恶同，出处偕，进退用舍，必能一其志者也。②

"乾道五六年，（道学）始复大振。讲说者被闽浙，蔽江湖，士争出山谷，弃家巷，赁馆贷食，庶几闻之。"③相对于上述人物，叶适晚出，他的思想正是在这样的氛围中形成的。在叶适以及其他人的文集中，记载了许多叶适请益的内容，譬如对于永嘉前辈郑伯熊，叶适讲："某之于公，长幼分殊；登门晚矣，承教则疏。"④对于郑伯英，叶适讲："我最晚出，公顾亦厚。"⑤对于薛季宣，叶适云："（执事）听于途说，不以某之不

---

①参见拙著《南宋儒学建构》。
②叶适：《叶适集》，刘公纯、王孝鱼、李哲夫点校，中华书局2010年版，第306页。
③同上，第246页。
④同上，第564页。
⑤同上，第569页。

肖，惠然肯顾，投以尺书，望我以急难，扣我以学问。"①对于
陈傅良，叶适讲："余亦陪公游四十年，教余勤矣。"②对于浙学
前辈，叶适不仅曾问学于吕祖谦，"昔从东莱吕太史，秋夜共住
明招山"③；而且也相伴过陈亮，叶适讲："余蚤从子，今也变
衰。"④即便是出道以后很久，叶适仍然保持着向前辈陈说自己
心得并冀望有所承教的开放心态，如对朱熹，叶适深知"彼建
安之裁量，外永嘉而弗同"⑤，但仍多次请教，朱熹文集中现存
的四封《答叶正则》证明了这一点。大约在淳熙十二年
（1185），叶适曾写书信向朱熹请教，叶适的信今佚，但朱熹在
给陈亮的信中记录了这件事，并在与门人论学时痛批了叶适的
观点。⑥直到绍熙二年（1191），叶适还向朱熹陈述自己读佛经
的心得，结果引来朱熹的直接批评。⑦但是，叶适并没有严格意

---

①《浪语集》卷二五《答叶适书》，四库全书本。

②叶适：《叶适集》，刘公纯、王孝鱼、李哲夫点校，中华书局2010年版，第300页。

③同上，第47页。

④同上，第5/2页。

⑤同上，第586页。

⑥参见朱熹撰：《晦庵先生朱文公文集》卷三六《答陈同甫》，《朱子全书》（第21册），
上海古籍出版社、安徽教育出版社2002年版，第1585—1586页；黎靖德编：《朱子
语类》卷一二三，王星贤点校，中华书局1986年版，第2966—2967页。

⑦参见朱熹撰：《晦庵先生朱文公文集》卷五六《答叶正则》，《朱子全书》（第23册），
上海古籍出版社、安徽教育出版社2002年版，第2651—2652页。

义上的师承。①在问学上，叶适以为"力学莫如求师，无师莫如师心"。这个"师心"，并不是指知识内容源于主观性的"心"，而是指顺应"心"的动力来寻求知识，显然这是因为叶适认为，"心"具有向学的内在主动性。他引《易·蒙》"山下出泉"以喻心之向学："泉之在山，虽险难蔽塞，然而或激或止不已其行，终为江海者，盖物莫能御，而非俟夫有以导之也。"②因此，学贵自善，很自然地成为叶适治学的心得。他讲：

> 师虽有传，说虽有本，然而学者必自善。自善则聪明有开也，义理有辨也，德行有新也，推之乎万世所共由不异矣。谓必用一说一本者，以学为诬者也；不一说，不一本，而不至乎其所共由者，以学为私者也。③

所谓"所共由者"，就是"道"。④换言之，叶适的"师心"与"自善"是有他的标准的，也就是把握"道"；至于有传有本的师说，其取舍概以是否合乎"道"为准。这种唯"道"是

①即使是叶适从游时间最长的陈傅良，也未曾被叶适称为师（参见周梦江：《叶适年谱》，浙江古籍出版社1996年版，第17页）。《水心文集》卷二七《与吕丈书》中有"同志林百顺，依君举兄为学"语，足可证之（参见叶适：《叶适集》，刘公纯、王孝鱼、李哲夫点校，中华书局2010年版，第548页）。

②叶适：《叶适集》，刘公纯、王孝鱼、李哲夫点校，中华书局2010年版，第217页。

③同上，第592页。

④《故运副龙图侍郎孟公墓志铭》曰："道者，天下共由之途也。"参见叶适：《叶适集》，刘公纯、王孝鱼、李哲夫点校，中华书局2010年版，第431页。

求，不必用一说一本，亦不必弃一说一本的意识，正构成了叶适思想中为后来黄宗羲所称誉的"异识超旷，不假梯级"[①]的风格。

四、释、老之妄与朱、陆之病

尤为难得的是，叶适的学风充溢着崇尚智识的理性精神。他在为陈傅良夫人张幼昭所撰的墓志中表彰陈夫人"不信方术，不崇释老，不畏巫鬼"[②]，实也反映了他本人的精神旨趣。宋人雅好风水，即便是通人大儒如苏轼、朱熹亦不免，但叶适对此深不以为然。即使不得已为友人的风水著作写序，他仍讥讽其妄。[③]

叶适对释、老的批评，集中在二氏之说"怪神虚霍，相与眩乱"[④]的反理性倾向上。叶适并不全盘否定佛学。在淳熙十六年（1189）出任荆州，继而转任蕲州的两三年间，他因"无吏责，读浮屠书尽数千卷。于其义类，粗若该涉"[⑤]。他对佛教的认识在此不详述，仅就其反理性倾向略作论述。叶适认为，传

---

① 《宋元学案》卷五四《水心学案上》，沈善洪主编：《黄宗羲全集》（第五册），浙江古籍出版社1992年版，第172页。

② 叶适：《叶适集》，刘公纯、王孝鱼、李哲夫点校，中华书局2010年版，第263页。

③ 参见叶适：《叶适集》，刘公纯、王孝鱼、李哲夫点校，中华书局2010年版，第206页。

④ 叶适：《叶适集》，刘公纯、王孝鱼、李哲夫点校，中华书局2010年版，第602页。

⑤ 同上，第599页。

入中国的佛学自有其经书，固有其智识，但学佛的中国人对其难以理解；胡僧干脆弃书不用，以己为佛，却又遭到怀疑而被视为荒诞；禅风兴起，始自以为宗，"荡逸纵恣，终于不返"①，其结果是：

> 举以聪明为障，思虑为贼，颠错漫汗而谓之破巢窟，颓弛放散而谓之得本心，以愚求真，以粗合妙，而卒归之于无有。②

叶适曾专门以"悟"为例，更具体地指出释、老在智识论上与儒学的根本分歧。他讲：

> 昔孔子称愤启悱发，举一而返三，而孟子亦言充其四端，至于能保四海，往往近于今之所谓悟者。然仁必有方，道必有等，未有一造而尽获也。一造而尽获，庄、佛氏之妄也。③
> 余每病学佛者徒守一悟而不知悟本，或外示超俗而实堕俗纷。④

---

①叶适：《叶适集》，刘公纯、王孝鱼、李哲夫点校，中华书局2010年版，第223页。
②同上，第142页。
③同上，第326页。
④同上，第602页。

甚至可以进一步指出，"乾淳诸老既殁，学术之会，总为朱、陆两派，而水心断断其间"①，其中一个非常重要的原因，就在于叶适对朱、陆两派学风中所表现出来的非智识倾向深为不满。叶适晚年批评近世之学：

> 古人多识前言往行，谓之畜德。近世以心通性达为学，而见闻几废，为其不能畜德也。然可以畜而犹废之，狭而不充，为德之病矣。②

宋儒的性命之学，究其本质，就是要确立起价值理念与伦理秩序，"畜德"即其表征。叶适所坚信的是儒家传统的思想，认为"畜德"的过程依赖于知识的增长，即所谓"多识前言往行"；而近世之学的弊病恰恰在于，或"见闻几废"如陆学，或"狭而不充"如朱学。叶适甚少提及陆学，但对于陆学的兴起、发展与影响，却是清楚的。他在为人撰墓志时说道：

> 初，朱元晦、吕伯恭以道学教闽、浙士；有陆子静后出，号称径要简捷，诸生或立语已感动悟入矣。以故越人为其学尤众，雨并笠，夜续灯，聚崇礼之家，皆澄从

---

① 《宋元学案》卷五四《水心学案上》全祖望案语，沈善洪主编：《黄宗羲全集》（第五册），浙江古籍出版社1992年版，第106页。

② 叶适：《叶适集》，刘公纯、王孝鱼、李哲夫点校，中华书局2010年版，第603页。

内观。①

　　由前文叶适对佛学"徒守一悟"的批评，我们便可想见他对陆学的"径要简捷"也显然不会认同。②《习学记言序目》中记录了他对陆学切中要害的批评。在论及祭祀之礼时，针对"墟墓之间，未施哀于民而民哀；社稷宗庙之中，未施敬于民而民敬"的说法，叶适强调，作为内在精神的"哀""敬"与作为外在礼仪的"墟墓""社稷宗庙"原本是统一的，"哀""敬"存于祭祀之中，祭祀的过程即是"哀""敬"的过程，二者之间并不存在且不应该存在一个所谓的转进过程。由此，叶适引出

---

①叶适：《叶适集》，刘公纯、王孝鱼、李哲夫点校，中华书局2010年版，第338页。
②后人如黄震以为，"先生于义理，独不满于陆氏，《胡崇礼墓志》讥陆学尤深"（《黄氏日抄·读叶水心文集》，四库全书本），但叶适对"以悟为宗"者并不全然否定，如他对徐谊的评价就很高（参见叶适：《叶适集》，刘公纯、王孝鱼、李哲夫点校，中华书局2010年版，第402—406页）。究其原因，心学所倡导的"悟"固然使之呈现出禅学的倾向，但心学所主张的"道事合一""道器不二"，却使之外拓求落实，与事功学有相同的一面（参见拙著《南宋儒学建构》第四章第一节）。叶适对徐谊的肯定便着眼于心学与事功学相同的一面，而此处对陆学的批评，针对的则是陆学在智识论上流于禅学，从而背离儒家的倾向。叶适对心学的这种一分为二的评价，在所撰《故运副龙图侍郎孟公墓志铭》中讲得非常清楚，叶适指出，"（孟）良甫之学，以观省密察为主。外所涉历，皆切于心；身所觉知，皆反于性。凡情伪错陈，横逆忽来，几若无所攫拂，而筋骸之束，肌肤之会，常得由于顺正。其专悟独了，动用不穷，盖非简策所载，笺训所及。然余欲其博达伦类，尽究古今之变，以进于昔之所谓知道者，而良甫亦未能也"（叶适：《叶适集》，刘公纯、王孝鱼、李哲夫点校，中华书局2010年版，第431页）。

了他对陆学的批评：

> 余记陆氏兄弟从朱、吕氏于鹅湖寺，争此甚切。其诗云："墟墓生哀宗庙钦，斯人千古最明心，大抵有基方作室，未闻无址可成岑。"噫！徇末以病本，而自谓知本，不明乎德而欲议德，误后生深矣！[①]

在叶适看来，陆学误导后生之处，就在于将"墟墓""宗庙"的外在礼仪与"哀""钦（敬）"的内在精神，一起归于人心之明，以"明心"为"基"与"址"。这实与叶适的思想完全相反。叶适以为，人心之明恰恰来源于墟墓之间、社稷宗庙之中的礼仪，因为正是这些礼仪的践行培植了哀钦之德；而礼仪的实施又有赖于相关的知识。因此，知识的获取不仅是行礼的保证，而且也培植了行礼者的德性。陆学以"明心"为本，甚至以为"明心"就等同于践履，那么有关礼仪的种种知识，不仅是次要的，甚至会产生副作用。由此，叶适所秉持的"畜德"有赖于多识前言往行、以知识培植价值的理性主义立场，与陆学"见闻几废"的非智识倾向[②]形成了鲜明对比。朱

[①] 叶适：《习学记言序目》（全二册），中华书局1977年版，第99页。陆氏诗句的前两句是陆九渊所写，其中"最明心"当是"不磨心"（《象山全集》卷二五《鹅湖和教授兄韵》），后两句是陆九龄所写（《象山全集》卷三四《语录》，四库全书本）。

[②] 陆九渊非常强调智识，但他所指向的是主观的"明心"，而不是客观的见闻。参见拙著《南宋儒学建构》。

熹自然非常重视以道问学，极为关注思想理论的知识基础①，但朱学何以会产生非智识的倾向尤需说明。叶适有一段话很值得玩味，他讲：

> 古圣贤之微言，先儒所共讲也；然皆曰"至二程而始明"。凡二程所尝讲，皆曰"至是止矣"。其密承亲领，游、杨、尹、谢之流，而张、吕、朱氏后时同起，交阐互畅，厥义大弘，无留蕴焉。窃怪数十年，士之诣门请益，历阶睹奥者，提策警厉之深，涵玩充溢之久，固宜各有论述，自名其宗，而未闻与众出之以扶翼其教，何哉？岂敬其师之所以觉我，而谦于我之所以觉人欤！②

虽然这段话中并举张、吕、朱，但此文作于嘉定十一年（1218）③，因此，叶适所针对的无疑主要是朱学。叶适表面上质疑的是朱学后人缺乏创造，但实际上批评的是程朱一系弃"先儒所共讲"而奉"二程所尝讲"为"始明"、为"止矣"。如此一来，结果便是"虽争为性命之学，然而滞痼于语言，播

---

① 参见拙著《南宋儒学建构》第三章第一节。
② 叶适：《叶适集》，刘公纯、王孝鱼、李哲夫点校，中华书局2010年版，第607页。
③ 参见周梦江：《叶适年谱》，浙江古籍出版社1996年版，第168—169页。

流于偏末，多茫昧影响而已"①。朱熹本人固然极为博学，以道问学为尊德性的基础，但道统的偏狭却足以使朱学产生"狭而不充"、权威取代理性的非智识倾向。

①叶适：《叶适集》，刘公纯、王孝鱼、李哲夫点校，中华书局2010年版，第405页。

第二节『利者，义之和』的实践思维 ①

一、"利者，义之和"的义利观

叶适在总结宋朝200多年的治乱得失时讲道：

> 其小者学通世务，则钱谷、刑狱不足以深知而徒以纷乱，其大者取三代之不可复行者勉强牵合，以为可以酌古而御今，二者皆足以败事。②

"其小者"概指王安石的新政、新学，徒兴利而不加以制

---

①按吴光老师语："叶适讲的'利，义之和'一语出自《周易》，意指'利物足以和义'，即对各方利益、行为的协调、调和，不能直接解释为'以利和义'，更不能解读为'义利并重'。叶适思想中有对利的承认，或重视义利兼顾，或曰义利贯通，但绝无'义利并重'之意，阐扬叶适的'以利和义''义利并重'，容易引向当代功利主义的陷阱。"
②叶适：《叶适集》，刘公纯、王孝鱼、李哲夫点校，中华书局2010年版，第675页。

约，致使利欲盛行、国家纷乱。"其大者"概指程朱理学，只知道高谈心性义理，"以为可以酌古而御今"，却对外在社会制度及兴国利民的实政不够重视，陷入空谈。这两者都是取乱之道，根本原因在于对"欲"的问题认识不清。

叶适反对"人欲有害于天理"的说法，他指出：

> "人生而静，天之性也，感于物而动，性之欲也。"但不生耳，生即动，何有于静？以性为静，以物为欲，尊性而贱欲，相去几何？[①]

程朱理学认为，天理在人身上表现为天命之性，所以人本来就是性善、道德的。而人后天之所以会作恶，是因为后天在理和气构成天地万物的时候，天命之性被气所遮蔽，变成了气质之性。天理是不动的，只是气质之性感于物而起欲望，造成欲望横行。因此，人要格物穷理，"存天理，灭人欲"。叶适认为，世界本就只有物，任何物从诞生开始就是不断运动发展的，性就是感物而动的，天道就是活泼泼、刚健有为的，"何有于静"？所以，把静看成性，把物看成欲，是十分荒唐的。而人本质上也是物，叶适说："夫内有肺腑肝胆，外有耳目手足，此独非物耶"[②]，人类同自然界的万事万物一样，都是物，在世间的

---

① 叶适：《习学记言序目》（全二册），中华书局 1977 年版，第 103 页。
② 叶适：《叶适集》，刘公纯、王孝鱼、李哲夫点校，中华书局 2010 年版，第 731 页。

首要目标就是生存，追求个人利益的行为本就是正当的，没有什么可以鄙夷的。人本就自然而生，没有善和恶的先天注定，相反，人的本性会在客观物质世界中随着时代的变化而产生新的要求。他说：

> 孟子"性善"，荀卿"性恶"，皆切物理，皆关世教，未易重轻也。夫知其为善，则固损夫恶矣；知其为恶，则固进夫善矣。然而知其为恶而后进夫善以至于圣人，故能起伪以化性，使之终于为善而不为恶，则是圣人者，其性亦未尝善欤？伊尹曰"兹乃不义，习与性成"；孔子曰"性相近也，习相远也，惟上智与下愚不移"。呜呼！古人固不以善恶论性也，而所以至于圣人者，则必有道矣。[1]

叶适认为，人性没有先天的善恶之分，如果人性本善或本恶，怎么会产生由恶变善或由善而不可避免地走向恶呢？在叶适看来，孟子的"性善"也好，"性恶"也罢，都是针对当时的具体情况提出的应对之策，无对错、轻重之分。在自然界中，人性本就是自然而然的。只有当人摆脱自然状态，进入人类社会，才需要通过后天的习染来加以塑造。

> 余尝疑汤"若有恒性"，伊尹"习与性成"，孔子"性

---

[1]叶适：《习学记言序目》（全二册），中华书局1977年版，第653页。

近习远"，乃言性之正，非止善字所能弘通。而后世学者，
既不亲履孟子之时，莫得其所以言之要，小则无见善之效，
大则无作圣之功，则所谓性者，姑以备论习之一焉而已。①

　　人的本性需要在具体的时代根据具体的需要，通过后天的实
践以及社会制度和伦理道德的规范来趋于"正"，这是需要后天习
得的。所以，无论是人性还是物欲，都是人的自然本性。我们要
看到人们追求物欲的正当性，而不能一味地禁欲。叶适说：

　　"仁人正谊不谋利，明道不计功"，此语初看极好，细
看全疏阔。古人以利与人而不自居其功，故道义光明。后世
儒者行仲舒之论，既无功利，则道义者乃无用之虚语尔。②

　　道不离物，仁义必须体现在功利之中，即让每个人得到自
己应有的利益而不居功。脱离利谈仁义，仁义就会成为没有实
际内容的概念。物欲是不能避免的，勉强去禁绝它，"勉而为
之"，只会陷入"疲瘁"③。
　　当然，承认人们追求物欲的正当性，不代表我们不讲求道
德，也不意味着要将一切东西物化。这并不是叶适的本意，也
是叶适与陈亮功利思想的分歧所在。在叶适看来，人类为了生

①叶适：《习学记言序目》（全二册），中华书局1977年版，第206页。
②同上，第324页。
③同上，第386页。

存，需要追求利益，但这种利益应当是适中的。如果用孤立的观点看事情、看个人，在一个理想的、资源无限的世界里，个人追求无限的利益、无止境地敛财是无可厚非的。但我们要清醒地认识到，我们生活在一个由无数独立的个体组成的人道世界，在这样的世界里，我们需要一个普遍的基于个体利益需求的超验的东西去协调各方利益，这个东西是各方自觉同意、自然而然且必然存在的，这个东西就是"义"。叶适指出：

> 人心，众人之同心也，所以就利远害，能成养生送死之事也。是心也，可以成而不可以安；能使之安者，道心也，利害生死不胶于中者也。①

在日常生活中，人们正是因为讲究利益，才会为了保护自身利益不受损，而远离那些危及自身安全的事。人最开始的本质就是利己的，从个体出发，本能地追求利益。但一个人终究是有限的存在，想要生存，就需要依靠团体和社会。于是，人们产生了共同发展、相互帮助的意识，这就是人心。但这并不意味着只讲求利益，因为一味追求利益，只会让人为了利益的最大化而不顾别人的生死，只有用义（即道）去调和各方的利益，使得利益在一个合理的范围内，才是道心。正如当今社会，市场经济的形成和发展有赖于对利益的追求，但过度私有化的

---

①叶适：《习学记言序目》（全二册），中华书局1977年版，第52页。

市场经济必然会导致资源集中在少数人的手中，逐渐形成金字塔式的社会体系，从而损害社会的公平与公正。

那么，该如何处理道心和人心的关系呢？叶适说：

> 盖未发之际能见其未发，则道心可以常存而不微；于将发之际能使其发而皆中节，则人心可以常行而不危；不微不危，则中和之道致于我，而天地万物之理遂于彼矣。①

叶适认为，在未发之时，人们通过"内外交相成"，获得对事物的认识，让道德常驻心中。这样，就能用道来引导人们的实践行为，使得已发时，"发而皆中节"，"则中和之道致于我，而天地万物之理遂于彼矣"。叶适认为，义与利是统一的，要在坚持义的基础上，使得每个人的利益可以实现、得以保障，同时又不会因此侵害他人的"公利"。而对于程朱理学所持的谈利会害义的论调，叶适说：

> 古人之称曰："利，义之和"；其次曰："义，利之本"；其后曰："何必曰利？"然则虽和义犹不害其为纯义也，虽废利犹不害其为专利也，此古今之分也。②

---

①叶适：《习学记言序目》（全二册），中华书局1977年版，第109页。
②同上，第155页。

义和利其实是互为表里、互相成就的。义恰恰是在众多利益集聚的基础上，为了调和各方而必然诞生的产物，不存在完全脱离利的纯义。叶适提出，君子不应该讳言利，因为正是由于君子讳言利，小人才有可乘之机，打着义的旗号，口头上只讲义而绝口不谈利，但在现实中遇到不可避免的私利问题时，就不再行义，侵害他人的利益，或者直接将义当成利，败坏人心和道德。所以，君子要从事经济活动，只有凭借君子的品德，才能在坚守义的基础上使利益正常运行，使得人民幸福稳定。古之圣人正是知道这一点，因而不是禁绝欲望，而是强调顺应人们获取利益的欲望来达成"治道"。圣人恰恰是要让天下人各得其利，各尽所能。

总而言之，叶适认为，人类的本性从来就没有先天规定的善与恶，人类同自然界的万事万物一样，本质上都是物，在世间的首要目标就是生存，追求个人利益的行为本就是正当的。只是人类由自然界走入人类社会，就需要有符合人类社会的意识和行为，所以需要后天通过社会制度和道德规范对人的本性加以习染，以形成社会所需要的性格。因此，追求利益并不是可耻的事情。而众多个体利益的集聚之下，必然且自然而然地会产生义，这有点像约定俗成。这种基于众多个体利益的义，也就是道，反过来又对利益进行协调，使得众多个体利益能得到充分实现。同时，在义的指导下，个人对利益的追求不会损害他人的利益。叶适鼓励道德高尚的君子从事经济活动，不让小人有可乘之机。

二、"以利和义"的现代价值

叶适的"以利和义"思想即便到了现代，还是有着旺盛的生命力和极大的借鉴意义。在17—18世纪，欧洲发生了一场伟大的思想解放运动——启蒙运动。但到了20世纪末，这场轰轰烈烈开启现代性革命的运动却消亡了，社会一下子陷入了后现代困境。原因就在于启蒙运动虽然宣扬理性主体，但没有有效的途径去回应并解决人们关于自身存在意义的困惑。帕斯卡尔曾指出，"看到人类的盲目和可悲，仰望着全宇宙的沉默，人类被遗弃给自己一个人而没有任何光明，就像是迷失在宇宙的一角，而不知道是谁把他安置在这里的，他是来做什么的，死后他又会变成什么，他也不可能有任何知识"[1]。科技的发展使人类对地球的认知远超古人，甚至对地球外的星空也有所了解。但随之而来的是深深的无力感。面对浩瀚无垠的宇宙，人类如同无垠之海中的一条孤帆，无知又无助。对于地球上的深海，人类的探索也一直十分有限。科学的进步使得人类增强情志，将传统神学乃至许多传统从人类社会驱逐出去，启蒙时代的人洋洋得意于此成就，而后现代的人则沉默于此成就。斩断神学，抛弃传统，而科学从来只能提供工具理性，不能提供价值理性，导致人们失去生存意义。

同时，在现代社会，随着科技的发展，生产力大爆发，人

---

①帕斯卡尔：《思想录》，何兆武译，商务印书馆1985年版，第376页。

口也不断增长。庞大的人口意味着诸多可能，也意味着更多不同的价值思考，但同时也很容易消解个体的价值思考。人类沉浸于互联网的虚幻世界，以为这就是一切，不断接受各种价值观点的灌输。人们可以随时随地通过网络浏览，在私人空间中汲取这些所谓的价值观点。由于人们所处的环境，混淆了私人空间与公共空间的界限，人们以为自己所获得的价值观和知识是通过个人努力学习的结果，却殊不知这只是互联网大数据推送下，一个个相似观点重复堆砌，从而在脑海中留下刻板印象。正如叶适所说，这还是停留在见闻之知的地步，缺乏内心思考。甚至由于沉浸于视频等虚拟实践，人们全然失去了在外在的客观世界中实践、验证知识以及在实践中提升自我的机会。可人们还在沾沾自喜，炫耀着自己虚幻的价值提升，沉沦于虚幻的彩色互联网王国。

我们释放了利益的"猛兽"，却没能好好驾驭它。唯利思想充斥整个社会，似乎一切事物都可以用钱来衡量，被量化并被贴上价格的标签。虽然追求利益是每个人的本能，但过于追求利益只会造成社会的混乱。爱情等虽然要有一定的物质基础，但仅靠金钱等物质条件建立的爱情永远不会长久。利益是一个无止境前进的"巨兽"，只会不停地往前走，无情地吞噬一切。社会从来就不能建立在利益之上，那只会形成少数人占据顶端的社会结构。人虽然是利益的追求者，但人的最终目的从来不是利益，而是价值。

传统的断裂、最高价值的失落、互联网的虚幻泡沫、唯利主义的横行，使人们陷入极端个人主义、相对主义或者虚无主义的泥沼。启蒙不能填满的"空虚"，被自然欲望和暴力所操控。现代许多青年患上抑郁症等精神疾病；或者有人在无助中寻求宗教之安慰；还有很多人沉迷于"怀疑论"，认为科学是政治家编造的谎言，回归传统，宣扬"地心说"，想要切断科学的进程。

如何应对后现代的困境，为个体找到自身存在的意义？叶适的道物观或许能为此提供一些有益的启示。叶适承认物质世界的存在，区分人道和天道的界限，认为"道"在最开始则是先民在自然界中谋生的方法，儒家之"道"是基于人类对自然的尊重与认识而确立的。叶适也像康德一样，认为人需要摆脱自身的不成熟状态，但他并未将最高理想寄托于上帝，而是强调人在社会中通过实践实现自身价值。

在叶适看来，根本不需要上帝等超验存在，人是活生生的存在，应当在自我建构的社会中活出真实的自己。正如前文所述，人意识到自身的责任，这种责任不是某个神灵的有意赋予，而是人在"内外交相成"的过程中从自身与社会中得到的。人的生存意义能在也唯有在社会实践中得到坚实的依靠，实现真正的"中庸"。

当代温州人能在中国经济版图上留下一个又一个成就，其实离不开他们深刻意识到个人价值与社会价值的统一。每当取得成就，许多温州人更多地会回报社会，而不是极端利己。这种行为使他们实现了个人价值和社会价值的统一。

随着互联网的发展，短视频等新兴形式出现，知识传播范围似乎变得更加广泛，人们获取知识的渠道也更加多样化和便捷。但让人疑惑的是，现代的人们却陷入了反智的"怪圈"。这正是互联网传播和短视频兴起造成的。大数据和 AI 算法会根据用户平常的搜索以及热门内容来推荐相似的信息，视频网站如此，文学网站亦是如此。平台只展示用户喜欢的内容，视频的制作者也呈现他们想让用户看到的内容。而最可悲的是，人们全盘相信了自己所看到的，并认为这就是一切，这其实就是新时代的"空谈心性"。另外，随着短视频的兴起，知识不再系统，而是变得碎片化，加上人们沉浸于视频观看的见闻之知中，不再用心去思考，也不在外在世界中去实践，"内外交相成"之功尽废。这是知识爆炸的时代，也是人们知识水平普遍下降的时代。我们应重新审视叶适提倡的"内外交相成"思想。网络不应成为消解自我的工具，而应该成为新时代的"外"的工具。人们不应该沉迷于网络，而应该到外在社会中去实践，在实践中遇到问题时，可以利用网络工具获得指导，并在实践中运用，一步步推动自身知识的发展。

一、"皇极"道统论的建构

朱熹在淳熙四年（1177）撰写的《中庸章句序》中第一次使用了"道统"一词，直接对道统的存在进行了肯定，并在前人道统思想的基础上形成了一个系统的儒家圣贤心性道统谱系。但是，朱熹的道统观念排斥了"蜀学""新学"以及南宋时期永康、永嘉等与自己思想有异的学派。叶适对于这一点很不满，他说：

> 道学之名，起于近世儒者，其意曰："举天下之学皆不以致其道，独我能致之，"故云尔，其本少差，其末大弊矣。①

叶适认同先贤建立道统的合理性，但他反对朱熹将理学视

①叶适：《叶适集》，刘公纯、王孝鱼、李哲夫点校，中华书局2010年版，第554页。

为唯一能传承道统的学说，而将其他学说排除在外。叶适认为，整个儒家道统的精髓不在于传心，而在于措物以成治，即三代之"治道"。叶适引用《尚书·尧典》中的一段话，他说：

> 道始于尧，"钦明文思安安，允恭克让"；……乃命羲、和"历象日月星辰，敬授人时"。①

"日月星辰"即是天地自然的运行之道，即天道，"钦明文思安安，允恭克让"就是人类社会的道德准则和礼仪制度。此时的"道"尚未成熟，人尚未完全从自然状态中脱离出来，还需要"历象"来适应自然，从自然中谋生，"敬授人时"。叶适有一句话十分贴切：

> 尧敬天至矣，历而象之，使人事与天行不差。若夫以术下神，而欲穷天道之所难知，则不许也。②

从这里可以清楚地看出，叶适所认为的儒家之"道"就是人道。"道"在最开始是先民在自然界中谋生的一种方法，儒家之"道"是基于人类对自然的尊重与认识而确立的。但这并不是神秘怪诞的术数，而完全是一种理性的思考。在尧之后，叶

---

①叶适：《习学记言序目》（全二册），中华书局1977年版，第735—736页。
②同上，第736页。

适认为，通过舜、禹等人的努力，人类社会进入了一个新的阶段，从最初的"历而象之"发展到了更高级的"以器求之"①，人们从单纯地适应自然过渡到了开始发挥自身的能力。而这之后，商汤、文王等人建立了国家，建立起一套社会制度和伦理道德规范，最终在周公的完善下，三代之"治道"终于完成。而孔子的伟大之处不在于"创道"，而在于"述道"。

因此，儒家之道从来不是先天就已经存在的本原，或者如理学家所认为的先验本体，而是一种具有集众人之才以开物成务功能的治教之道。叶适将三代的"治道"视为儒学的精神，而这一认知受到了牟宗三的指责：

> 然历史是在发展中，综和构造亦在历史发展中为一期一期之形成，故综和构造有其历史阶段中之形态……历史既是如此矣，综和构造既是有其历史阶段中之形态矣，而如果复仍是停于此原始之综和构造中，总是直接就此原始之综和构造以明道统，以为只此才是"本统"，才是"古人体统"，而不准有任何相应历史发展之开合，凡离此综和构造而有所开合以辟理想、价值之源，以期重开史运文运者，皆非道之本统，皆失古人之体统，如是，则即为现象主义之不见本源，落于皇极一元论之封闭隔绝而不自知，虽曰内外交相成，而实永不开眼者也。虽曰即事达义、即器明

---

① 叶适：《习学记言序目》（全二册），中华书局1977年版，第736页。

道，而实永粘着于名物度数而并不知何为义何为道者也。①

　　牟宗三认为历史是不断发展和形成的，而叶适所构建的道统观把三代的历史视为最高准则，不容许历史出现不同于三代之治的模式，无视了背后的儒家精神。

　　牟宗三的批评显然带有门户之见，没有完全理解叶适的道统论。叶适的道统观亦是承载着儒学的理想和价值。叶适的立足点无疑是坚守儒学精神传统，而其阐释的方法是历史的方法，通过寻找历史脉络中的儒学价值源头，来确立儒学的正统地位。但这种儒学正统不是三代之"治道"，而是儒家的真正精神所在。这才是儒家真正之"治道"，沿着这一精神实质，圣贤才能在现实中开物成治。例如，从尧之"历而象之"到舜之"以器求之"，其社会制度等"外王"措施已经发生了变化，向更高层级发展，但其内里的精神实质其实从未改变。拙著《南宋儒学建构》中提道："道的创设源自尧，至周公而集大成，它是在人们创造生活的过程中逐步完善起来的，而这个逐步完善的过程，既是一个实在的历史过程，同时也是儒家之道历然如贯联成统的过程。"拙稿《叶适论道学与道统》中对此有更为详尽的解释："儒家之道的确没有人世–彼岸性质的空间维度的超越，但却存在前辈–后代性质的时间维度的绵延。超越性的道实际上是介于虚实之间的建构，故必有牟宗三所讲的'圆融'要求，

────────────

①牟宗三：《心体与性体》，吉林出版集团有限责任公司2013年版，第212—213页。

而叶适建构的儒家之道完全存于实相中的历时性展开，因此，其阐释的确呈现出'现象地'。然而，这个'现象地'呈现，并不必然是'外在地平面地'"。在叶适看来，最初的道是从人道设立开始就有的，但它不是当时具体的社会制度和伦理道德规范，而是规定着物的发展，蕴含着将物变为人类所需价值之物的内涵，有着构建人道社会的精神实质。只是这个"道"在人道设立之初还不成熟，需要随着事物的发展而逐渐成熟。在这时间维度的前后相继发展变化中，"物"顺道而成，"道"亦可借人类创造社会生活的过程逐渐完善。叶适反对程朱理学将"道"定为天理以及老子将"道"当作先天地而生的万物本原，其本质是为了给"道"留下多样化作用的空间。在自然界万事万物中，"道"可以针对不同的实践目标和最终需要达成的价值目的，展现出独特的作用。如果将"道"定为某物，容易陷入教条主义，排斥任何多样化的可能，抹杀世界的多元化，限于一元单质化。

叶适虽然承认"物"是世界的第一性，但并不否认有超越性的东西存在，只是他反对宗教性的超越体干涉正常的人道运行。相对于这种先验的本体，他更赞同一种超越的现实性规则，而这就是"中庸"。

那么，"中庸"到底是一种什么样的状态？叶适说：

> 日月寒暑，风雨霜露，是虽远也而可以候推，此天之中庸也，候至而不应，是不诚也。艺之而必生，凿之而及

泉，山岳附之、人畜附之而不倾也，此地之中庸也。是故天诚覆而地诚载。[①]

　　叶适认为，中庸就是"诚"，也就是物的真实无误的本来面貌。这种本来状态虽然不断变化，但内里有着自身的规律。人可以通过把握这一内在规律来推断之后要发生的事情乃至结果，而这一内在规律就是"道"。但如果在推知该出现某种气候的时候却没有出现，那就是天出现了"不诚"的情况；如果打井却没有出泉水，那就是地出现了"不诚"的情况。当然，这都要建立在人正确推知的前提之下。出现这种情况的原因在于，世界由物组成，但物由内部的阴阳之气构成，单个事物内部乃至每个相对事物之间的运行始终处于矛盾和斗争之中，而这种斗争的结果是不确定的，有可能好，也有可能坏。例如，风雨霜露，久旱逢甘霖为好，但连续的大雨却会造成不好的结果。而这一切其实都是相对于人道来说的，因为这里蕴含着人对物的价值需要。不管是久旱还是骤雨，都是物的正常现象，是天地运行的一部分，而只有人道需要物的目的化、价值化。所以，天道和人道之间需要达成一种和谐的关系，一切事物的矛盾发展都需要有一个限度，而能把握这一限度的，叶适认为只有人。叶适在批评和重新阐发《中庸》时说道：

---

① 叶适：《叶适集》，刘公纯、王孝鱼、李哲夫点校，中华书局2010年版，第733页。

按《书》称"惟皇上帝降衷于下民"，即"天命之谓性"也，然可以言降衷，而不可以言天命。盖万物与人生于天地之间，同谓之命；若降衷则人固独得之矣。降命而人独受则遗物，与物同受命，则物何以不能率而人能率之哉？盖人之所受者衷，而非止于命也。[1]

叶适以《尚书》"皇上帝降衷于下民"为根据，认为人和自然界的万物都是由五行八卦等构成的物，人和物在生成角度上并无区别，其区别在于人独受皇上帝所降之"衷"。此"衷"落到人的身上乃至心上，使人禀受了天道之定言命令，具备了推之可致中和的潜能，并肩负起人文化成天下的责任。不过，人文化成天下的这一责任只有圣人才能实现，圣人以外的常人由于各自呈现的自我特质的不同，还需要向圣人学习，学习圣人传下的经典，并在圣人制定的社会制度和伦理道德中实践，从而明白自己被天所赋予的责任，"然人具一性，性具一源，求尽人职，必以圣人为师，师圣人必知其所自得，以见己之所当得者"[2]。虽然人的本质都是物，但构成要素不同，有八卦五行十三种之多，内里还有阴阳相互对立的性质，所以万物都有自身独有的特质，呈现不同之理，拥有独属于自己的价值目标。但人往往一时难以知晓，因此需要向更高明的圣人学习，明白自

---

① 叶适：《习学记言序目》（全二册），中华书局1977年版，第107页。
② 同上，第467页。

己的责任，从而实现自身的价值目标。这与韦伯在《新教伦理与资本主义精神》中提到的观点相似，虔诚的基督教徒认为自己生在这个世界上是由于上帝的旨意，当然也就被上帝赋予了责任，要在现世完成责任，以期死后回归伊甸园。在叶适看来，天扮演着与上帝相似的角色，这也是叶适道物观的不彻底之处，他在一定程度上将天人格化和神秘化了。但与韦伯不同的是，叶适依然注重天和人之间的分隔，圣人承担起与天相沟通的职责，"尽人道以事天者，圣人也"①，而且对于天，圣人持敬而不求的态度，更多地把视野放在人道社会的建构上。圣人"观天道以开人治"②，根据天道及自然界的运行规律来确立人类社会的发展方向，而人们通过学习圣人传下的经典，在圣人制定的社会制度和伦理道德中实践，进而明白自己所需承担的责任，在道的指引下尽力完成独属于自己的责任，使"日与人接"的万事万物达到"中庸"。

不过，叶适也知道在实行"中庸"的过程中，人的主观能动性即人心，常会带来困难。他说：

> 惟人心之取舍好恶，求同者皆是，而求和者千百之一二焉；若夫慕而至人主？又万一焉。贤否圣狂之不齐，治乱存亡之难常，其机惟在于此，可不畏哉！③

①叶适：《习学记言序目》（全二册），中华书局1977年版，第76页。
②同上，第736页。
③同上，第171页。

人心又容易堕入一种求同的趋势，或者以自己的规则否定他人的规则，并强制他人遵守自己的规则，使得大家相互攻击，社会不再和谐。在这种状况下，就需要建立一种能让不同立场的人都能接受的公共准则，即从不同的"诚然"的内容出发而建立的准则。这种准则既能保持各自的差异，又能让各自认同，这就是"皇极"。

"皇极"一词最早出自《尚书·洪范》。武王灭商后向箕子询问治国之道，箕子于是陈述洪范九畴，其五曰"皇极：皇建其有极"①。叶适在《进卷》之《皇极》一篇中，重新解释了"皇极"这一概念：

> 极之于天下，无不有也。耳目聪明，血气和平，饮食嗜好，能壮能老，一身之极也；孝慈友弟，不相疾怨，养老守孤，不饥不寒，一家之极也；刑罚衰止，盗贼不作，时和岁丰，财用不匮，一国之极也；越不瘠秦，夷不谋夏，兵革寝伏，大教不爽，天下之极也；此其大凡也。至于士农工贾，族性殊异，亦各自以为极而不能相通，其间爱恶相攻，偏党相害，而失其所以为极；是故圣人作焉，执大道以冒之，使之有以为异而无以害异，是之谓皇极。②

---

①阮元校刻：《十三经注疏》，中华书局1980年版，第188页。
②叶适：《叶适集》，刘公纯、王孝鱼、李哲夫点校，中华书局2010年版，第728页。

　　万事万物虽然都是"物"，但构成的要素不同，有八卦五行十三种之多，内里还有阴阳相互对立的性质。所以，万物都有自身独有的特质和情理，也都有各自的价值目标，即"极"。在追求各自价值目标的过程中，如果没有外力的干扰，在很大程度上会损害其他物的利益，如水多则漫，淹没动植物。圣人看到了这一点，建立了完善的社会制度和伦理道德规范，使得万事万物在追求各自之"极"时互不冲突，这样的社会就是"皇极社会"。可以说，"皇极"就是指先贤顺应各种"物"的情及理来进行治理，建立一套行之有效的社会制度和道德规范，使得万物能和而不同，异而不相害。叶适将社会制度和伦理道德的建设寄托于先王，体现了他的"得君行道"思想，但也反映了他思想的局限性——将社会的规范寄托于个人。不过，叶适最终强调的还是正确社会制度和伦理道德的建设，这一点还是值得我们借鉴的。

　　当然，"皇极"是一个抽象的概念，无所不包，其作用是维持各种准则之间的和谐秩序，没有任何实质内容。或者说，"皇极"是一个准则，没有固定的范式。在三代，它即是三代之治；在其他的时代，则又是其他内容。它随着物的变化而不同，即"理一分殊"。所以，叶适"皇极"观的重点亦不是落在对"皇极"概念的阐述上，而是在于"建皇极"的实践。

　　简言之，叶适的道统论是以三代之"治道"为基础，传承其精神实质，区分天道和人道的界限，引导人们从求天转向人道实践，而天则是赋予人的实践以道德性、正当性。圣人借由观察天地自然的运行规律来开人治，建立"皇极社会"，人则在"皇极社会"中明白并践行自身责任。叶适的思想并非没有超越性，他否定的是超越性的实体，强调实践的无限性原则。

二、"皇极社会"的当代价值

叶适的"皇极社会"思想对如今社会建设仍有借鉴意义。尽管现代社会在许多方面与叶适所处的宋代有着极大的不同，但也存在很多相似之处。叶适与我们一样，面临环境变化带来的挑战和文化重建的问题。所以，我们可以停下来思考，从古人的智慧中汲取有益的启示。

叶适以人为本的思想，重视人在实践中的作用，更多地强调人在社会中的建设性作用。固然，社会的形成在一定程度上依赖于强权，但要从中看到，人类社会的一次次发展，更多地取决于人与人之间的合作。从原始时期开始，为了抗衡野兽的侵袭和天灾人祸，人们展开个体间的合作。在一次次合作中，道德逐渐形成并不断丰富，从而也促进了合作的深化。从刚开始的以三四人为主的合作，逐渐发展到十人、百人乃至更多人的国家间合作，人们各自特长的发挥以及劣势的互补，推动了人类社会一次次进步。人类的生命有限，面对自然乃至宇宙，我们显得微不足道。如果不是人们之间的一次次联合与协作，不断积累经验、传承知识，我们如今可能还处于原始的生存状态。所以，只强调英雄史观无疑是片面的。要知道，爱因斯坦的成功固然有其自身的原因，但不可忽视的是，其理论被证明的背后是无数科学家的实验和技术创新，更重要的是前人经验的奠基。因此，当代社会，我们不能只谈竞争，更要重视合作。在与人合作的过程中，道德也会得以重构并注入新的活力和内容。

不过，重视集体并不意味着忽视个人的利益。在叶适看来，人生活在物质世界中，追求利益是自然而然的选择，也是正当的行为。但同时，我们也需要关注义利的问题，不能一味追求利益。在过度私有化的市场经济主导下的现代社会，资源必然集中于少数人手中，逐渐形成金字塔式的社会体系。在贫富差距巨大的社会环境中，底层民众为了温饱奔波，容易滋生暴戾情绪，渐趋冷漠。虽然美国等发达国家建立了以个人绝对自由为核心的道德体系和社会秩序，但这种道德体系和社会秩序建立在无止境的欲望满足之上。在这种体系下，在利益面前，人是孤立的、敌视他人的，道德体系只会带来毁灭和混乱，而人的全面发展只能在极少数社会阶层中实现。这样的社会永远不会是和谐的社会。

因此，如何处理社会和个人的关系，激发个人的主观能动性，是社会建设的重点之一。我们可以从叶适的理论中得到启示。天有天之中庸，地有地之中庸，每个人也都有自己的中庸，都有独特的特质。个体的多样化发展不但不会对社会造成破坏，反而能促进社会的多元化和经济发展。政府不应该限制人们的多样化发展，而应该建立一套完善的社会制度和社会价值观，引导人们的多样化发展。以温州为例，温州的私营经济、小微企业和个体工商户能够迅猛发展，在"七山二水一分田"的温州各地建立一座又一座塑编城、皮革城、礼品城等，就是因为政府给予了温州人民足够的发展空间，个体可以发挥主观能动性。个体自主谋生、自担风险的方式不仅给社会各阶层创造了致富机会，而且促进了城镇的建设，增加了政府的税收。同样，浙江在改革开放之初没有得到太多的政策支持，却能在这种情况下发展出独特的浙江模式，如义乌的小商品市场、杭州的互联网产业。这些成就都是在政府尊重个体利益发展的基础上实现的。浙江的经济在全国不是排在首位，其文化亦面临同属江南儒学的江苏地区以及其他地区的竞争，但浙江为何能被选为"共同富裕示范区"呢？笔者私以为，今日之浙江能被选为"共同富裕示范区"，正是在于"得人"，得益于传统永嘉学派以人为本的儒学传统。这种传统造就了一群继往开来的人，他们在没有政策扶持的情况下，凭借自己的双手过上了幸福的生活，推动了浙江的经济发展，而这也正符合共同富裕的原则。共同富裕从来不是依靠强制手段能达成的，关键还是在于人的思想觉悟，即在客观世界中奋斗，在不损害他人利益的情况下发展。这也正是叶适、鲁迅等人孜孜不倦著书以启民智的原因所在。

　　如叶适所说，政府应建立一个"皇极社会"，并建立一套行之有效的社会制度和伦理道德规范。个人在有充分理由的情况下，为了自身利益的发展，可以向政府提出诉求，而政府则有必要为人们提供有效的途径，听取人们的合理诉求，并保障人们价值的实现。同时，在保障个人合理利益的基础上，政府应通过社会契约，根据社会公共道德，建立一套行之有效的社会制度、法律体系等，以此保障人们在"皇极社会"中凭借自身特质实现自己的独有价值，保护弱势群体免受资本集团等的侵害。纵观人类历史，正是先辈们在通过劳动获取自我生存和发展的过程中，推动了人类社会的发展进步。正是在"利者，义之和"的义利发展道路上，人类实现了时间和空间上的双向扩展。在几千年的历史中，人类发展出了高度的文明，并将足迹遍布世界各地乃至外太空。

后　记

2024年1月，我收到浙江省文史馆的通知，示知文史馆在2023年底筹划编纂"浙学大家"系列丛书，由吴光老师主持。丛书中设有叶适一册，吴老师嘱我承担，要求在2024年6月底前完成。因为时间紧迫，各项工作都在预定计划中，实难完全抽身来撰写此书。所幸我与陈正祥选编的《〈习学记言序目〉选注》刚由浙江人民出版社出版，正祥年轻，精力上较我好许多，时间也宽裕一些，我便请他继续与我合作来完成吴老师交托的这项任务。

我与正祥商讨了全书的章节安排。其中，第一章第一节"宋代永嘉事功学的兴起"、第二章"叶适与道学运动"、第四章"叶适对事功学的自我疏证"，以及第五章第一节"叶适的士风与学风"，由正祥根据我往年的相关论文，按照丛书力求简明的要求改编而成；其余关于叶适生平、思想概论和当代意义的部分，则由正祥新撰完成。概言之，此书得以交稿，主要是正祥的功劳。

吴光老师的工作态度向来认真，要求从不马虎，整个工作都在他的督促下推进。稿成以后，他又细读一遍，给予了肯定，也提出了意见，最后据此又通读了一遍。省文史馆的领导与相关同志在组织上做了大量工作，保证了这一紧急任务得以顺利完成。这些都是我应该感谢的。

一直以来，我想对叶适的《进卷》作一个专题分析。本来，这次工作是一个机会，可以促我了了此愿，我在初拟章目中也作了相应安排，但终因无暇，我也不想草了，只能留待日后了。

何俊

2025 年 5 月